Nuestros niños sicarios

MONTABER

NUESTROS NIÑOS SICARIOS

Elena Azaola Garrido

MONTABER

Colección: Doctrina jurídica contemporánea
Directores: José Ramón Cossío y Rodolfo Vázquez

Nuestros niños sicarios
1.ª edición (2020), Editorial Fontamara, SA de CV, México, ISBN 978-607-736-651-5
2.ª edición, octubre 2024

© Elena Azaola Garrido
© Editorial Fontamara, SA de CV
© de esta edición, ICG Marge, SL

Edita: Montaber
Director editorial: David Soler
Brutau, 160 – 08203 Sabadell (Barcelona)
Tel. 931 429 486 – montaber@montaber.es
www.montaber.es

ISBN: 978-84-10238-46-6

Agradecimientos

Realizar el estudio *Nuestros Niños Sicarios* fue posible gracias a la iniciativa y el apoyo que brindaron la Comisión Nacional de Derechos Humanos y el Centro de Investigaciones y Estudios Superiores en Antropología Social, institución esta última en la que me desempeño como investigadora.

Agradezco a quien fuera presidente de la Comisión Nacional de Derechos Humanos, Luis Raúl González Pérez, por la confianza y el apoyo brindados para poder llevar a cabo esta investigación. A Christian Rojas por su invaluable colaboración en el levantamiento de entrevistas a los adolescentes y a Liliana Arellanos por su apoyo en la organización y administración del proyecto. También a Cristina Montaño, Fernando Figueroa y Luis Fernando Figueroa por su participación en el análisis estadístico.

De manera especial, agradezco a los adolescentes privados de su libertad quienes estuvieron dispuestos a compartir sus historias, animados solo por la expectativa de contribuir a que no haya otros niños y niñas que tengan que vivir lo mismo que a ellos les ha tocado. Y sí, a pesar de ser sicarios, son nuestros niños.

Elena Azaola
Ciudad de México, febrero, 2020.

Presentación

Esta investigación aborda uno de los temas que actualmente preocupan más tanto a nuestro país como a muchos otros: el papel que toca desempeñar a los jóvenes en contextos donde sus oportunidades de desarrollo son reducidas y donde prevalecen altos niveles de marginalidad y vulnerabilidad.

Nuestros niños sicarios examina las circunstancias de vida y los factores de vulnerabilidad que desempeñaron un importante papel para que los y las adolescentes incurrieran en violaciones graves a la ley. Lo que se propone es arrojar luz sobre los factores que precedieron, y en buena parte contribuyeron, a que adoptaran esas conductas.

Se trata de un análisis sólidamente sustentado en los enfoques teóricos, las metodologías y las herramientas que emplean las Ciencias Sociales y del comportamiento humano, así como también en los aportes de los estudios internacionales más recientes sobre la materia. Con estos fundamentos, el estudio da voz a los y las adolescentes que nos narran sus experiencias, lo que constituye el principal aporte de este trabajo, ya que nos permite conocer y entender sus puntos de vista. La autora sostiene que, "si no nos acercamos a escucharlos, difícilmente nuestro país podrá elaborar las políticas más apropiadas y eficaces para reducir los actuales y muy preocupantes niveles de violencia".

Los testimonios de los y las adolescentes que se citan en el estudio no tienen por objeto emitir juicio alguno: no tienen la pretensión de justificarlos, pero tampoco de juzgarlos o condenarlos, ya que esta tarea compete solo a las autoridades correspondientes.

Anima a este trabajo el deseo de proporcionar algunos de los elementos que se requieren para hacer inteligibles realidades que la mayor parte de las veces permanecen ocultas, como es el análisis del contexto donde crecieron y se desarrollaron quienes decidieron apartarse del camino de la ley.

El estudio sigue los aportes científicos más recientes que ubican a la *adolescencia* como "un periodo transitorio en donde el proceso de maduración no se ha completado" (Cauffman and Steimberg, 2000; Steimberg *et al.*, 2015), y por lo mismo, hace que las y los adolescentes sean personas más propensas a actuar de manera irreflexiva, sin medir las consecuencias de sus actos, situación que la mayor parte de las veces se resuelve de manera natural una vez que completan su proceso de desarrollo. Sin embargo, para que este proceso de desarrollo logre completarse adecuadamente, se requiere que la respuesta institucional que los adolescentes reciban por sus conductas, les proporcionen los elementos y las herramientas que necesitan para conducirse como personas responsables y respetuosas de las normas.

Desafortunadamente, el estudio muestra que existe una distancia importante entre las normas que se han diseñado para sancionar las conductas de los adolescentes que se apartan de la ley, y las instituciones y las prácticas que se instauran para su aplicación. En este sentido, el presente trabajo aporta un conocimiento valioso y pertinente para poder repensar desde sus prácticas al sistema de justicia para adolescentes, así como para generar las políticas de protección y atención a los niños, niñas y adolescentes que se encuentran en situaciones de vulnerabilidad, a fin de poder evitar que cometan actos violatorios de las leyes.

Al mostrar los caminos que los han llevado a la transgresión, este estudio se propone contribuir a imaginar el entorno que se requiere construir para evitar que haya más niños, niñas y adolescentes que tengan que transitar ese camino, al tiempo que nos deja ver lo mucho que el Estado y la sociedad les hemos fallado.

Este estudio, que se llevó a cabo en 2016, ha sido posible gracias al convenio de colaboración que suscribieron la Comisión Nacional de los Derechos Humanos y el Centro de Investigaciones y Estudios Superiores en Antropología Social. Fue esta última institución la que designó para realizarlo a la antropóloga y psicoanalista Elena Azaola, quien cuenta con una amplia y reconocida trayectoria en el tema.

Finalmente, quisiera resaltar que *Nuestros niños sicarios* es un análisis sociológico de gran envergadura que será de gran utilidad para diversas instituciones del Estado mexicano.

Luis Raúl González Pérez,
Presidente de la CNDH.
Ciudad de México, enero de 2017.

"...da la palabra al dolor,
porque el dolor que no habla,
gime en el corazón hasta que se rompe".

William Shakespeare

Este estudio se propuso analizar las condiciones de vulnerabilidad que enfrenta una porción significativa de la población adolescente en nuestro país. Para abordar este tema, elegimos a un pequeño sector de esta población, que es el de los adolescentes que se encuentran privados de su libertad por haber cometido delitos graves y, específicamente, a aquellos que han hecho un mayor uso de la violencia. Para realizar el estudio recogimos numerosos testimonios vertidos por los adolescentes privados de libertad en nuestro país, los que transcribimos de manera literal con el propósito de invitar a la reflexión sobre lo que nos dicen.

Para recolectar la información, empleamos un conjunto de métodos y técnicas de investigación tanto de corte cuantitativo como cualitativo. Entre ellos, levantamos una encuesta y recogimos los testimonios directos de 730 adolescentes que, en 2016, se encontraban privados de su libertad en centros de internamiento de 17 estados de la República Mexicana. Esta población representa casi la quinta parte (19%) de la población total de los y las adolescentes privados de libertad en aquel momento, por lo que el estudio que realizamos nos ofrece un panorama bastante completo y detallado de la problemática que enfrenta este subgrupo de adolescentes vulnerables en nuestro país.

Integran el estudio siete capítulos. El primero realiza un breve recorrido a través de las diferentes teorías que las Ciencias Sociales y estudios del comportamiento humano han propuesto para explicar la participación de los jóvenes en las conductas delictivas. El segundo está dedicado al análisis de la violencia, tanto desde el punto de vista de lo que diversos estudios han aportado para entender este complejo fenómeno, así como acerca del escalamiento de la violencia durante los últimos años en nuestro país. El tercero está dedicado al análisis de los factores de vulnerabilidad que afectan a la población de adolescentes en general en nuestro país. El cuarto analiza los datos que recogimos acerca de los factores de vulnerabilidad que antecedieron a la Comisión del Delito entre los adolescentes que entrevistamos en centros de internamiento. El quinto analiza de manera detallada tres modalidades de delitos que encontramos entre los adolescentes entrevistados que hicieron un mayor uso de la violencia: los que formaban parte del crimen organizado, los que formaban parte de pandillas y los que cometieron delitos violentos debido a conflictos interpersonales. El sexto analiza las circunstancias en que los adolescentes fueron detenidos y el nivel de cumplimiento de las normas del debido proceso y, el séptimo analiza las condiciones en que se encuentran los y las adolescentes privados de su libertad, los programas que se les imparten y las expectativas que tienen para su futuro. Por último, se incluyen las conclusiones y las recomendaciones que se desprenden de los resultados de la investigación.

El estudio se enmarca en los hallazgos científicos más recientes acerca del proceso de desarrollo en la adolescencia, que luego fueron reforzados por la investigación neurocientífica. Hoy en día la adolescencia es entendida como el periodo durante el cual el cerebro, no solo se halla en proceso de maduración, sino que es extraordinariamente maleable y vulnerable. Estos avances en las ciencias del comportamiento y la neurociencia constituyen el soporte conceptual que ha apuntalado las reformas a los sistemas de justicia juvenil que han tenido lugar durante la última década en distintos países. Estas reformas han sido también impulsadas por el reconocimiento creciente de los efectos psicológicos y sociales negativos que han tenido las políticas punitivas y de mano dura, tanto para los adolescentes involucrados como para sus comunidades. Hoy se tiene claro que, la gran mayoría de los y las adolescentes desiste de las conductas delictivas como resultado de su proceso natural de maduración, y que los programas que les brindan atención y servicios mientras permanecen en su comunidad rinden mejores resultados que aquellos que los privan de la libertad, especialmente si esto ocurre por un periodo prolongado.

Uno de los objetivos fundamentales del estudio fue poder escuchar las voces y los testimonios de las y los adolescentes que se encuentran privados de libertad y que, por la misma razón, carecen de la posibilidad de hacerse escuchar. De hecho, el estudio está construido a partir de sus historias, de los numerosos testimonios que hemos podido recabar y que reproducimos de manera textual. Es importante advertir que estas historias han sido colocadas dentro de un horizonte de inteligibilidad fuera del cual se corre el riesgo de que, en una lectura equivocada, puedan ser utilizadas para denostar o estigmatizar a los y las adolescentes infractores. Esto sería un despropósito y una grave distorsión de los objetivos de este trabajo. La única razón que tenemos para contar aquí sus historias es darles a estos adolescentes el derecho a la palabra y a ser escuchados, con el ánimo de que podamos hacerlo con empatía y logremos comprender sus circunstancias. Por esta razón hemos hecho todo lo posible por crear ese horizonte de inteligibilidad fuera del cual las historias pierden el sentido con el cual fueron recogidas y, más aún, con el cual los adolescentes se animaron a compartirlas. La única razón por la que lo hicieron fue la esperanza de que dar a conocer lo que ellos y ellas han vivido, sirva esto para evitar que otros adolescentes tengan que vivir las mismas experiencias. Cabe destacar que transcribimos sus historias después de algún tiempo razonable de haberlas recogido y utilizando nombres ficticios para proteger la identidad de los y las adolescentes.

La investigación nos permitió concluir que una buena parte de los adolescentes que escuchamos atravesaron por experiencias difíciles y dolorosas que les han producido daños importantes y que ellos, a su vez, han replicado en los demás. Desafortunadamente, los elementos que les brindan los centros en donde se hallan privados de su libertad no siempre les permiten hacerse cargo de su responsabilidad, comprender a fondo su situación y estar en condiciones de reparar los daños físicos y emocionales que han sufrido y que han hecho padecer a otros.

Como algunos estudios han señalado de manera repetida, es importante ayudar a los adolescentes en el sistema de justicia a sanar, respondiendo de manera apropiada a sus necesidades de desarrollo y asegurando que el sistema en sí mismo no les produzca más daños. Cuando los adolescentes con déficits importantes de todo tipo violan las leyes y se involucran en actividades delictivas, incluso de manera repetida, aún necesitan y merecen ser ayudados tanto por el Estado como por la sociedad. Los sistemas deben tener la capacidad para reconocer la pesada carga que algunos niños y adolescentes llevan y ayudarlos a transitar hacia una adultez saludable y productiva, proveyéndoles servicios que tomen en cuenta los daños que les ha provocado el haber estado expuestos a la violencia. Con mucha frecuencia los sistemas de justicia se apoyan en respuestas punitivas y hacen juicios que resultan tan dañinos como inefectivos para los adolescentes infractores.

Este trabajo deja en claro que nuestro país tiene mucho por hacer para brindar mejores condiciones a sus niños, niñas y adolescentes, especialmente a aquellos que se encuentran en circunstancias de mayor vulnerabilidad. Y también hay mucho por hacer para que los sistemas de justicia logren proporcionar a los y las adolescentes los elementos, las herramientas que requieren para poder efectuar el tránsito hacia la edad adulta en las mejores condiciones posibles que les permitan reducir su situación de desventaja en relación con otros jóvenes del país. De no hacerlo, se les estará condenando a vivir de manera permanente en condiciones de desventaja, sin que logren desarrollar todo su potencial y sus capacidades y sin que tengan la oportunidad de aportarlos en beneficio de ellos mismos y de la sociedad.

Elena Azaola
Ciudad de México, febrero de 2020.

El problema

Este estudio se ha propuesto centrar su mirada sobre las condiciones de vulnerabilidad que enfrenta una porción significativa de la población adolescente en nuestro país, eligiendo para ello a este sector que posiblemente manifiesta de la manera más extrema y dolorosa los efectos de dichas condiciones de vulnerabilidad. Nos referimos a la población adolescente que se encuentra privada de su libertad por haber cometido infracciones graves. Intentamos con ello mostrar lo que estas condiciones son susceptibles de producir cuando no existen o no operan de manera adecuada, los mecanismos que deberían haber protegido a estos jóvenes e impedido que llegaran a los extremos que lo han hecho, produciendo graves daños tanto a la sociedad como a ellos mismos.

De manera específica, nos enfocamos en el subgrupo de edad de las y los adolescentes que pueden ser sujetos a la privación de libertad cuando han cometido infracciones graves; es decir, a aquellos entre 14 y 17 años.

En números redondos, México cuenta con 11 millones de adolescentes de 14 a 17 años, que representan cerca de 10% de la población total del país.

Recientemente, Save the Children publicó un valioso informe al que tituló *Las y los adolescentes que México ha olvidado*. En dicho informe señala que es frecuente que la adolescencia se incluya dentro de grupos de población más amplios, como el de las niñas y niños (0-17 años) o el de los jóvenes (15-29 años), borrando con ello los rasgos y las necesidades específicas de los y las adolescentes (12-18 años). Este es uno de los rasgos que caracterizan a las y los adolescentes como una población excluida, señala el informe, lo que resulta en la carencia de datos desagregados para esta población que permitan tener mayor claridad de los problemas que enfrenta y de la integralidad que requiere su atención. Esto, a su vez, impide diseñar políticas públicas enfocadas a los adolescentes, que cumplan con los criterios básicos de pertinencia, claridad y sustento del problema o problemas que se proponen resolver (Save the Children, 2016).

El presente estudio no se propone subsanar estas carencias, pero sí intenta hacer visible y, en la medida de lo posible, inteligible, la realidad que viven las y los adolescentes que se encuentran privados de su libertad por haber cometido infracciones graves, particularmente en aquellos casos en que han hecho uso de la violencia. Hemos seleccionado a este subgrupo, no porque pensemos que pueden representar a los y las adolescentes en su conjunto y ni siquiera a todos los adolescentes que han infringido las leyes, sino precisamente porque consideramos que se trata de aquellos que están colocados en el extremo menos visible y más estigmatizado de entre los que, ya de por sí, se encuentran excluidos. De igual modo, hemos elegido particularmente a aquellos que han hecho uso de la violencia porque consideramos que este es uno de los problemas más graves que enfrenta hoy en día nuestro país. Siendo así, aportar elementos que contribuyan a entender en profundidad el fenómeno de la violencia constituye un paso imprescindible para poder reducir tanto su incidencia como los severos daños, muchas veces irreparables, que ocasiona y que provoca consecuencias que pueden afectar a varias generaciones.

Cabe aquí referirnos a un reporte que rindió el procurador general del Departamento de Justicia de Estados Unidos, quien ordenó la conformación de un grupo especial de trabajo para que indagara los efectos que tiene la violencia en los niños y adolescentes que han sido expuestos a ella. En dicho reporte se incluyó un capítulo que hace referencia a la necesidad de repensar el sistema de justicia juvenil en aquel país, en él dice: "la gran mayoría de los niños involucrados en el sistema de justicia han sobrevivido expuestos a la violencia y viven con el trauma de dicha experiencia" (*Report of the Attorney General's National Task Force on Children Exposed to*

Violence). Señala también que la mayoría de estos niños han sido expuestos a diversos tipos de violencia durante el curso de sus vidas y la relación entre haber sido expuestos a la violencia y estar en manos de la justicia, no es una coincidencia. La exposición a la violencia, de acuerdo con el reporte, a menudo conduce a la desconfianza, la hipervigilancia, el comportamiento impulsivo, el aislamiento, las adicciones, la falta de empatía o la dificultad para poderse preocupar por los otros y la agresión como una manera de auto protegerse. Cuando los niños y adolescentes experimentan violencia de manera repetida o por periodos prolongados, su cuerpo y su cerebro se adaptan para enfocarse en su sobrevivencia. Esto reduce dramáticamente su habilidad para controlar sus impulsos y demorar la gratificación. Los adolescentes que están tratando de protegerse a sí mismos de la violencia, o que no saben cómo lidiar con las experiencias de violencia que han vivido, pueden engancharse en comportamientos delictivos como una manera de obtener una sensación de control sobre sus caóticas vidas y de lidiar con la confusión emocional y las barreras que genera la violencia para poder alcanzar la seguridad y el éxito (Department of Justice, 2012: 171-172).

La investigación sobre el desarrollo del cerebro durante las últimas dos décadas, de acuerdo con el mismo reporte, ha mostrado que las áreas del córtex prefrontal, responsables de procesar el conocimiento y la habilidad para inhibir los impulsos y sopesar las consecuencias antes de actuar, no se desarrollan plenamente sino hasta la mitad de la década de los 20 años. Los adolescentes experimentan elevadas emociones y son más vulnerables al estrés y más propensos a reaccionar sin pensar que los adultos. La violencia traumática, en particular, puede retrasar o descarrilar el desarrollo cerebral, dejando incluso a los adolescentes más inteligentes y resilientes con una capacidad severamente disminuida para inhibir los impulsos intensos, demorar la gratificación, anticipar y evaluar las consecuencias de los comportamientos riesgosos o socialmente inaceptables, también se ven disminuidos para tolerar los desacuerdos o conflictos con otras personas. Los niños y adolescentes expuestos a la violencia que requieren ayuda inmediata a menudo terminan aislados. En lugar de responder de manera en que se pueda reparar el daño que han sufrido por el trauma y la violencia, la respuesta más frecuente por parte de comunidades, cuidadores y pares es el rechazo y el ostracismo hacia estos niños, lo que los empuja aún más lejos en sus comportamientos negativos. A menudo estos niños son aislados de sus familias, escuelas y vecindarios, y terminan en múltiples hogares y albergues y, en último término, en los centros de internamiento de las instituciones de justicia (Department of Justice, 2012: 172).

Muchos adolescentes en los sistemas de justicia, continúa el reporte, parecen enojados, desafiantes o indiferentes, pero, en realidad, se encuentran temerosos, deprimidos y solitarios. Se hallan lastimados emocionalmente y se sienten impotentes, abandonados y sujetos a dobles estándares tanto por parte de los adultos con quienes han vivido, como de las instituciones. A menudo, el sistema ve a estos niños como carentes de un futuro esperanzador e incontrolable, por lo que suelen etiquetarlos como 'oposicionistas', 'deliberadamente irresponsables' y, en último término, como 'intratables'. Lo que parece como un desafío intencional y una actitud agresiva, es, a menudo, una defensa en contra de la desesperación y la falta de expectativas que la violencia ha provocado en la vida de estos adolescentes.

Por último, el reporte advierte que, cuando el sistema de justicia juvenil responde solo con castigos, estos adolescentes pueden ser impulsados a formar parte del sistema de justicia penal para adultos, resultando entonces en una pérdida permanente para sus familias y para la sociedad. "Al fracasar en identificar y tratar adecuadamente a los niños y adolescentes que han sido expuestos a la violencia, el sistema pierde la oportunidad para modificar su comportamiento delictivo" (Department of Justice, 2012: 173).

Hemos citado extensamente este reporte del Departamento de Justicia norteamericano porque nos parece que resume de manera muy apropiada, no solo la situación de las niñas, niños y adolescentes expuestos a la violencia en aquel país, sino también en el nuestro. El presente estudio, como podrá constatarse en los capítulos siguientes, ofrece múltiples datos, testimonios e historias de vida que constituyen una evidencia sólida en favor de las tesis que sostiene dicho reporte y que hemos expuesto en los párrafos anteriores.

No sostenemos que existe un factor único que pueda explicar los comportamientos delictivos de los adolescentes, sino que invariablemente se trata de un conjunto de factores, cuyo peso específico varía, y que interactúan siguiendo ciertos patrones o trayectorias que es posible trazar y que conducen a ese resultado. No obstante, en el imaginario social, pero también incluso entre el personal de las instituciones que atienden a los adolescentes, suelen prevalecer creencias que tienden a simplificar los factores que pueden dar origen al comportamiento delictivo juvenil. Por ejemplo, la pobreza suele citarse como una de las causas, siendo que 53% de la población de adolescentes está en esta situación y ni siquiera 1% se encuentra detenido por haber cometido algún delito. Lo mismo ocurre con el tema de la separación de los padres, ya que sabemos que en nuestro país 29% de los hogares se hallan encabezados por mujeres. En ambos casos se trata de circunstancias que, con frecuencia, afectan a las familias, pero que dependerá de sus capacidades, de la resiliencia, la calidad de los vínculos que existan entre sus integrantes y de sus lazos con la comunidad, entre otros factores, la manera en que podrán hacer frente, o no, a dichas circunstancias. Es decir, la pobreza y la separación de los padres, si bien pueden tener alguna incidencia, requieren del concurso de otros factores como, por ejemplo, el bajo nivel de escolaridad de los padres, sus dificultades para supervisar, guiar y contener a los hijos y para trazar normas y ejercer límites, la deserción escolar de los hijos, el abandono, el rechazo, la negligencia, la violencia, el abuso sexual, el consumo de sustancias y el contacto con grupos delictivos, para que, combinados, tengan un impacto en la conducta de los adolescentes. Cabe señalar que estos factores pueden asociarse a la pobreza, pero también pueden tener lugar en cualquier otro estrato social.

Lo anterior, no significa que la pobreza no coloque en situaciones de grave desventaja a quienes la padecen y que, a menudo, se asocie con otros factores de vulnerabilidad que, sumados, puedan tener un impacto en los comportamientos que se apartan de las normas. Nuestro estudio pretende también ocuparse de los subgrupos que acumulan diversos factores de vulnerabilidad, lo que los coloca en situación de mayor desventaja aun dentro del conjunto de los adolescentes infractores. Nos referimos a la situación específica que enfrentan los y las adolescentes indígenas, así como las mujeres y las y los adolescentes que son padres o madres y que, por hallarse privados de libertad, no pueden hacerse cargo del cuidado de sus hijos e hijas quienes, a su vez, también se encuentran en situaciones de desventaja en relación con otros niños y niñas.

Esbozaremos a continuación brevemente las características del marco jurídico aplicable a los y las adolescentes en conflicto con la ley en nuestro país.

Marco jurídico

Si bien no es el propósito de este estudio emprender un análisis jurídico pormenorizado de las leyes e instrumentos nacionales e internacionales que son aplicables a los adolescentes en conflicto con la ley en nuestro país, solo quisiéramos hacer una breve mención de los principios que orientan hoy en día esta materia a partir de las sucesivas reformas que han tenido lugar a partir de 2006.

Con la reforma al Artículo 18 constitucional que entró en vigor en 2006, nuestro país adoptó una serie de principios plasmados en diversos instrumentos internacionales,[1] obligando a todas las entidades de la república a crear nuevos sistemas integrales y especializados de justicia para adolescentes.

Esta reforma dejó en claro que ningún adolescente puede ser juzgado sin observarse la garantía del debido proceso legal al tiempo que, para los delitos menores, prescribió la posibilidad de formas alternativas de justicia que suponen una intervención mínima por parte del Estado. Igualmente, estableció el internamiento solo como medida extrema y por el tiempo más breve que proceda, únicamente para los adolescentes mayores de 14 años y menores de 18 que incurran en una conducta delictiva grave.[2]

---

[1] Entre ellos, las Reglas Mínimas de las Naciones Unidas para la Administración de Justicia de Menores, o Reglas de Beijing, de 1985; las Directrices de las Naciones Unidas para la Prevención de la Delincuencia Juvenil, o Directrices de Riad, de 1990, y la Convención sobre los Derechos del Niño de 1990.

[2] En la parte relacionada con el tema de este estudio, el Artículo 18 Constitucional establece textualmente lo siguiente: "[…] en todos los procedimientos seguidos a los adolescentes se observará la garantía del debido proceso legal, así como la independencia entras las autoridades que efectúen la remisión y las que impongan las medidas. Estas deberán ser proporcionales a la conducta realizada y tendrán como fin la reintegración social y familiar del adolescente, así como el pleno desarrollo de su persona y capacidades. El internamiento se utilizará solo como medida extrema y por el tiempo más breve que proceda, y podrá aplicarse únicamente a los

Al haber establecido la reforma como objetivo del nuevo sistema de justicia para adolescentes la reintegración social y familiar de estos, así como el pleno desarrollo de su persona y de sus capacidades, la ley dispone expresamente como finalidad la de maximizar los derechos de las y los adolescentes y restringir los efectos contraproducentes de la exclusión carcelaria y de la estigmatización de los infractores. Con ello lo que se privilegia es el carácter educativo de las medidas que se imponen a los adolescentes, por encima del carácter retributivo o punitivo.

De hecho, la aplicación del principio del interés superior del niño, de acuerdo con la jurisprudencia sobre la materia, "implica que la actuación de las instituciones, tribunales y autoridades encargadas de la aplicación del sistema penal para adolescentes deba orientarse hacia lo que resulte más benéfico y conveniente para el pleno desarrollo de su persona y sus capacidades" (Instituto de Justicia Procesal Penal, 2013: 20).

A pesar de que existen estudios (Vera Institute, 2009; McGuire, 2010) que cuentan con evidencia robusta acerca de los resultados significativamente más favorables cuando se decide no internar a los adolescentes sino brindarles atención mientras permanecen en su comunidad y con su familia, con anterioridad a la aprobación en 2016 de la nueva *Ley Nacional del Sistema Integral de Justicia para Adolescentes*, se había incurrido en el error de elevar significativamente las penas privativas de la libertad para los adolescentes, siendo los casos más extremos los de San Luis Potosí y Aguascalientes que contaban con penas de hasta 18 y 20 años, respectivamente.

Además del Artículo 18 Constitucional, se encuentran: la *Ley General de los Derechos de Niñas, Niños y Adolescentes*, de 2014, que cuenta, como instrumento general de la garantía de cumplimiento de los derechos, con el Sistema Nacional de Protección para los Derechos de los Niños, Niñas y Adolescentes, creado en 2015 con el propósito de gestionar, de manera coordinada, los recursos y los esfuerzos multisectoriales.

Sin embargo, en cuanto a la justicia para adolescentes, el instrumento principal que debe tenerse en cuenta hoy en día es la nueva *Ley Nacional del Sistema Integral de Justicia para Adolescentes*,

---

adolescentes mayores de 14 años de edad, por la comisión de conductas antisociales calificadas como graves".

de 2016. Esta ley es aplicable a los adolescentes de entre 12 y 18 años, y también aplica para los mayores de esa edad que hubieran cometido el delito siendo adolescentes. Los mayores de edad que hubieran cometido el delito siendo menores de edad, de acuerdo con la ley, deberían estar en espacios diferentes tanto a los de los adolescentes como a los de los adultos. La ley también estipula que la privación de la libertad de los adolescentes solo debe emplearse como último recurso y por el menor tiempo posible.

Uno de los aciertos importantes de esta ley es que establece con claridad los límites de edad para los cuales esta ley será aplicable a nivel nacional. La nueva ley señala que, para los menores de entre 12 y 14 años, solo podrán aplicarse medidas de protección distintas a la privación de la libertad, mientras que esta última medida solo podrá prescribirse para los adolescentes de entre 14 y hasta antes de cumplir los 18 años.

Esta ley establece, por primera vez en la materia, los principios y normas que deberán regir en todas las entidades de la República para los adolescentes que cometen delitos. En primer término, establece el principio de no discriminación e igualdad sustantiva por origen étnico, nacional, género, edad, discapacidad, condición social, de salud, religión, opinión, preferencia sexual, identidad de género, estado civil o cualquier otra. También establece que la pena máxima de privación de libertad para los y las adolescentes será de cinco años, límite que se halla en consonancia, tanto con las recomendaciones de los especialistas, como las de los organismos internacionales especializados en la materia. En este sentido, Rubén Vasconcelos, señala: "el encarcelamiento no produce ningún efecto positivo para nadie […] y, si no es posible evitar [la privación de la libertad] porque se trata un delito grave, hay que regresar a la sociedad lo más pronto posible al adolescente que ha sido encarcelado" (Instituto de Justicia Procesal Penal, 2013: 9).

Asimismo, y en consonancia con el nuevo sistema de justicia penal acusatorio que entró en vigor plenamente a nivel nacional en junio de 2016, la nueva ley establece para los adolescentes las garantías del debido proceso. Entre los principios que rigen la justicia para adolescentes a partir de esta ley, se encuentran: especialización, legalidad, mínima intervención, aplicación de la ley más favorable, presunción de inocencia, aplicación de mecanismos alternativos, justicia restaurativa y reinserción social. De igual modo, la ley establece el derecho de los adolescentes a ser escuchados en los procedimientos judiciales que les atañen, así como la prohibición de tortura y de otros tratos o penas crueles, inhumanas o degradantes.

En el sistema universal de protección de los derechos humanos, el Comité sobre los Derechos del Niño, en la Observación General N. 10 "Los derechos del niño en la justicia de menores", ha enfatizado que la Convención de los Derechos del Niño tiene un conjunto de principios fundamentales relativo al trato que debe darse a las niñas, niños y adolescentes que tienen conflicto con la justicia, a saber: *1)* un trato acorde con el sentido de dignidad y el valor del niño; *2)* un trato que fortalezca el respeto del niño o niña por los derechos humanos y las libertades de terceros; *3)* que tome en cuenta la edad y se fomente su reintegración y el desempeño de una función constructiva en la sociedad, y 4) que, al respetar la dignidad del niño o niña, requiere la prohibición y prevención de todas las formas de violencia en el trato de los niños que estén en conflicto con la justicia.

Hasta aquí dejamos esta breve reseña de los instrumentos y los principios que rigen la justicia para adolescentes. Cabe señalar que, como este estudio lo irá mostrando, existe todavía un largo trecho por recorrer para que estos principios adquieran plena vigencia en los procedimientos que se siguen en contra de los adolescentes que cometen delitos en nuestro país.

Metodología

Un conjunto de métodos y técnicas de investigación, tanto de corte cuantitativo como cualitativo, se emplearon para poder alcanzar el objetivo principal de este estudio que consiste en conocer la naturaleza y la extensión de las condiciones de vulnerabilidad y violencia que han enfrentado los y las adolescentes que han cometido infracciones graves, y la manera como estas circunstancias han afectado sus vidas, haciéndolos más propensos a incurrir en conductas delictivas violentas.

La población objetivo es la población total de las y los adolescentes en conflicto con la ley que, por haber cometido infracciones graves, se encuentran privados de su libertad en el país. A inicios de

2016, esta población era de 3 761 adolescentes de los que 3 600 eran hombres (96%) y 161 mujeres (4%).[3]

Cabe señalar que en el país también existía en ese momento un total de 13 327 adolescentes sujetos a diversas medidas por haber cometido delitos, por lo que los 3 761 que se encontraban privados de su libertad, representaban 28% de los adolescentes; es decir, que 72% restante había cometido delitos no graves, que no ameritaron la privación de la libertad y, por tanto, no son sujetos de este estudio.

Con el propósito de tener un panorama lo más completo posible, seleccionamos 17 entidades de la República, que representan a todas las regiones del país, a las que acudimos para entrevistar a las y los adolescentes que se encuentran privados de su libertad. La selección de las entidades solo tuvo como propósito que quedaran representadas todas las regiones con las que cuenta el país. Las 17 entidades que elegimos como representativas, son:

- *Región Norte*: Chihuahua, Durango, Sonora, Coahuila, Sinaloa, Baja California y Zacatecas.
- *Región Centro*: Puebla, Morelos, Hidalgo, Ciudad de México, Estado de México y Jalisco.
- *Región Sur*: Oaxaca, Yucatán, Tabasco y Veracruz.

Se precisa que, de los 17 estados comprendidos en la muestra, cuatro (Hidalgo, Morelos, Sinaloa y Coahuila), fueron visitados en 2014; sin embargo, toda vez que se cuenta con los datos recabados y los resultados obtenidos en aquel primer diagnóstico son incluidos en el presente informe, ya que fueron recopilados con la misma metodología e instrumentos que se utilizaron en las 13 entidades restantes. Adicionalmente, hemos podido constar que la situación que encontramos en aquel momento, no se ha modificado de manera significativa dos años después (Azaola, 2015).

Como instrumento principal utilizamos una encuesta específicamente diseñada para los y las adolescentes de los centros de internamiento. La encuesta fue levantada durante el periodo de marzo a mayo de 2014 para las cuatro entidades que comprendió el primer

---

[3] Datos proporcionados por el Órgano Administrativo Desconcentrado de Prevención y Readaptación Social.

diagnóstico, y de marzo a julio de 2016 para las 13 entidades restantes.[4]

En las primeras cuatro entidades entrevistamos a 278 adolescentes y, en las 13 restantes a 452, por lo que los resultados de nuestro estudio se refieren a un total de 730 adolescentes hombres y mujeres que fueron entrevistados en 17 entidades de la República durante el periodo de 2014 a 2016. El total de las y los adolescentes entrevistados (730) representa 19% de la población total (3 761) de adolescentes privados de su libertad en nuestro país.

La encuesta que aplicamos a las y los adolescentes contenía preguntas tanto cerradas como abiertas, lo que nos permitió reconstruir sus historias a partir de las frases textuales que utilizaron para responder a nuestras preguntas. Estas frases quedaron registradas de manera cuidadosa, pero anónima, para impedir que la información que nos proporcionaron pudiera eventualmente ser utilizada en su perjuicio. Las entrevistas con las y los adolescentes tuvieron una duración, en promedio, de 50 minutos cada una.

Es importante advertir que, la manera como seleccionamos a los y las adolescentes que entrevistamos, contiene varios sesgos deliberados que son compatibles con los objetivos de nuestro estudio. Es decir, de entre los adolescentes privados de su libertad, elegimos principalmente a aquellos que cometieron delitos haciendo uso de la violencia, por un lado, y a aquellos que reunían condiciones adicionales de vulnerabilidad al estar privados de libertad, como es el caso de las mujeres y los indígenas. En este sentido, no podemos considerar los resultados de este estudio como representativos de todos los adolescentes que cometen delitos, y ni siquiera de todos los adolescentes privados de su libertad sino fundamentalmente de aquellos que han cometido delitos violentos, puesto que, como lo hemos señalado, entender la violencia para proponer políticas que logren prevenirla y reducirla, es uno de los objetivos prioritarios de nuestro estudio. Asimismo, hacer visibles las condiciones de las y

---

[4] En el estudio de 2014 colaboraron en el levantamiento de la encuesta: Cristina Montaño, Fernando Figueroa, Nallely Reyes, Lorena López y la autora de este estudio. En el de 2016, participó Christian Rojas y la autora de este estudio. La elaboración de los datos estadísticos en ambos casos estuvo a cargo de Luis Fernando Figueroa.

los adolescentes que acumulan diversos tipos de vulnerabilidad, es otro de nuestros propósitos fundamentales.

En relación con la cobertura, el estudio proporciona información precisa y confiable de las características socio-demográficas y económicas de las y los adolescentes que han cometido infracciones graves, especialmente de tipo violento, de los factores de vulnerabilidad que en su historia y su entorno contribuyeron a que su conducta se apartara de las normas, de los tipos de delitos en que participaron, de los patrones de ingreso y permanencia en grupos delictivos y del cumplimiento de las normas del debido proceso, a partir del momento en que fueron detenidos hasta la situación en que se encuentran en los centros de internamiento y de los programas que se les ofrecen para su reinserción.

La combinación de las herramientas de tipo cuantitativo y cualitativo nos brinda, en este caso, la posibilidad de obtener dos tipos de conocimiento que son muy valiosos y que resultan complementarios. La encuesta nos permite, por un lado, formarnos una idea muy clara acerca de las características del conjunto de la población que se halla interna en los centros de internamiento para adolescentes de las entidades que estudiamos. Las historias que reconstruimos nos permiten, en cambio, tener una perspectiva más profunda de los rasgos específicos y de las trayectorias individuales, por lo que merecen ser escuchadas de manera cuidadosa para poder tener una mejor comprensión acerca de la manera como la vulnerabilidad y la violencia interactúan. En este sentido, tenemos claro que el estudio contiene una riqueza de datos e información que nuestro análisis e interpretación está muy lejos de haber podido agotar.

Capítulo I

TEORÍAS QUE EXPLICAN EL COMPORTAMIENTO DELICTIVO JUVENIL

Pocos fenómenos han ocupado de manera tan constante la atención de los estudiosos de las distintas manifestaciones delictivas como la participación de los jóvenes en las conductas violentas. De igual modo, la violencia juvenil constituye uno de los principales motivos de preocupación –con sustento real o imaginario–, que comparten hoy en día un buen número de países de todas las latitudes.

Solo como una manera de aproximarnos al tema de nuestro estudio, comenzaremos por esbozar, de manera sucinta, un panorama acerca de las diferentes teorías que se han propuesto para explicar la participación de los jóvenes en las conductas delictivas. No pretendemos efectuar un recuento exhaustivo ni profundizar en dichas teorías, sino únicamente ilustrar el interés que el tema ha suscitado entre los estudiosos y tomar algunos elementos que puedan resultar útiles para nuestro estudio.

Las teorías que explican el comportamiento delictivo juvenil pueden clasificarse de la siguiente manera:[5]

- Teorías de carácter individual.
- Teorías socio estructurales.
- Teorías sobre procesos sociales.

[5] La clasificación de las teorías que proponemos está basada en los textos de Levinson (2002: 990-991) y Roberson (2010: 48-70), con excepción de las teorías sobre el desistimiento, que hemos agregado a partir de estudios más recientes: Steinberg *et al.* (2015) y MacArthur Foundation (2015).

- Teorías sobre la reacción social.
- Teorías sobre el desistimiento.

Teorías de carácter individual

Estas teorías se desarrollaron a finales del siglo xix y se enfocan en factores individuales tales como: la composición genética, los rasgos físicos, el funcionamiento neurológico u hormonal, las disfunciones cerebrales y las deficiencias nutricionales. La idea central de estas teorías es que el individuo se halla predispuesto a cometer delitos debido a dichos factores bioquímicos o hereditarios. Otras teorías dentro de este grupo se centran en los factores psicológicos tales como las características de la personalidad, los trastornos psicológicos o los eventos traumáticos durante la primera infancia. Ambos enfoques ven al individuo como único, con características distintivas que contribuyen a su comportamiento delictivo y buscan explicar por qué los individuos se involucran en actos delictivos con base en dichas características con independencia de los factores socioambientales. Entre los autores que han contribuido a desarrollar esta clase de teorías, se encuentran: Lombroso (1876), Sheldon (1949), Freud (1966), Goring (1972) y Wilson (1993).

En contraste con las teorías anteriores, también denominadas positivistas, que suponen que el comportamiento se encuentra determinado ya sea por factores internos (teorías de carácter individual) o externos (teorías socio estructurales) a los cuales el individuo no puede sustraerse, se encuentra la postura de la escuela clásica de criminología que postula que el comportamiento es el resultado de las decisiones que adoptan las personas, motivadas por el deseo de obtener el máximo de placer o gratificación, reduciendo al mínimo la pena o el dolor. Los principales exponentes de la escuela clásica son: Cesare Beccaria (1738-1794) y Jeremías Bentham (1748-1832), a quienes se consideran los precursores de la Criminología moderna.

Teorías socio estructurales

Estas teorías tuvieron como origen el pensamiento de Durkheim (1858-1917), uno de los primeros autores en examinar los efectos de la estructura social sobre los comportamientos desviados. Posteriormente, diversos autores contribuyeron a desarrollar esta línea de pensamiento. Para algunos de ellos, el comportamiento delictivo juvenil tiene como origen la falta de cohesión y estabilidad en el medio social donde se desenvuelvan, que limita sus oportunidades de éxito individual, situación que principalmente fue analizada en los barrios bajos de las áreas urbanas estadounidenses. De acuerdo con los principales exponentes de estas teorías, como resultado de la imposibilidad de ascender en la escala social por medios legítimos, emergen subculturas entre los jóvenes, que les ofrecen un conjunto de normas y valores alternativos que van a contracorriente de los valores dominantes de la sociedad. Los jóvenes se involucran, así, en actividades delictivas como una manera de obtener un estatus y ser aceptados en la cultura de los estratos bajos. Los exponentes más destacados de estas teorías son: Shaw y McKay (1942), Merton (1957), Cloward y Ohlin (1960), Cohen (1955) y Miller (1958).

Estas teorías suponen que los jóvenes se encuentran sujetos a presiones que los llevan a delinquir dado que la sociedad no les proporciona los medios para cumplir con sus aspiraciones económicas de manera legítima. Sin embargo, estas teorías no podrían explicar los delitos violentos ni aquellos que cometen los jóvenes que no pertenecen a estratos bajos de la sociedad (Roberson, 2010: 56).

En realidad, hoy en día, tanto las teorías que se enfocan únicamente en los factores de carácter individual ya sean fisiológicos o psicológicos, así como las que se centran en los factores socio-estructurales, se consideran insuficientes para poder dar cuenta de la complejidad de la conducta delictiva juvenil en la cual pueden influir, en mayor o menor medida, múltiples factores, como podremos constatarlo en este estudio una vez que entremos al análisis de los datos que recabamos.

Teorías sobre procesos sociales

Entre estas teorías se encuentran las de la desorganización social que atribuyen las fluctuaciones en la criminalidad a la ausencia o la ruptura de las instituciones que mantienen la vida en común (familia, escuela, Iglesia y gobierno local) y que tradicionalmente promueven las relaciones de cooperación entre las personas. Las teorías sociales se enfocan en el comportamiento colectivo de las personas, más que en sus características individuales, y tienden a ver el comportamiento delictivo como un comportamiento aprendido que es el resultado de los procesos de socialización; es decir, de la manera como un individuo es incorporado y de las relaciones que establece en la sociedad. Plantean, así, que los jóvenes se identifican con sus grupos de referencia que, a su vez, tienen una fuerte influencia sobre sus valores.

Estas teorías explican el comportamiento juvenil en términos de procesos microsociológicos y de interacciones sociales que contribuyen a la delincuencia. Una rama de estas teorías, la denominada de la asociación diferencial, explica la delincuencia juvenil como resultado de los procesos de aprendizaje y de socialización que tienen lugar en la familia, la escuela, las organizaciones, los grupos de pares y la sociedad en general. Dentro de estos contextos, los valores que apoyan comportamientos violatorios a la ley impulsan la delincuencia. En contraste, donde predominan los valores convencionales, los actos violatorios a la ley son desalentados. El aprendizaje incluye los métodos, los motivos, los impulsos, las racionalizaciones y las actitudes del comportamiento delictivo. Asimismo, estas teorías suponen que el proceso de aprendizaje del comportamiento delictivo se produce mediante la asociación con patrones de conducta delictivos y no delictivos e involucra los mecanismos que comúnmente participan en cualquier otro proceso de aprendizaje. Entre los exponentes de esta perspectiva se encuentran: Sutherland (1939), Sykes y Matza (1957) y Akers (1977).

Matza y Sykes consideran que las personas no cometen delitos cuando actúan controlados por la moral, pero esta puede ser "neutralizada" mediante diversas técnicas que facilitan que la persona pueda cometer delitos. Entre las técnicas de neutralización se encuentran: *a*) la negación de la responsabilidad; *b*) la negación del daño; *c*) la negación de la víctima; *d*) la negación de la competencia de la autoridad, y *e*) la apelación a la lealtad a causas más elevadas que las normas (Roberson, 2010: 59).

Otra rama de estas teorías, la del control social, considera a las conductas delictivas como el resultado de la falta de control externo del individuo que, en el caso de los jóvenes, se realiza a través de la familia, la escuela, el empleo y las leyes, o bien del control interno, o auto control, que el individuo va desarrollando con respecto a su propio comportamiento. En esta perspectiva destacan los trabajos de: Hirschi (1969) y Gottfredson y Hirschi (1990). Cuando se carece de estos controles, la necesidad de buscar gratificación inmediata puede actuar como catalizadora, empujando a los jóvenes a involucrarse en comportamientos delictivos.

Para Hirschi, los jóvenes se detienen de cometer actos delictivos solo si determinadas circunstancias se hallan presentes y estas existen solo cuando los lazos que unen a la persona con la sociedad son fuertes. Los vínculos que unen a una persona a la sociedad están basados en cuatro elementos:

1. *El apego*. Que supone la habilidad de la persona para ser sensible y responder frente a las ideas, los sentimientos y los deseos de otros.
2. *El compromiso*. Que es el componente racional que supone el comportamiento conforme a las normas.
3. *El involucramiento*. Que supone la participación en la vida comunitaria apegada a las normas.
4. *La creencia*. Que implica que la persona cree y comparte los valores que unen a la sociedad.

La premisa fundamental que sostiene la teoría del control social de Hirschi es: aquellos que cometen actos delictivos, lo hacen como resultado de tener débiles vínculos con la sociedad. Esta teoría sostiene que la mayoría de las personas obedecen las leyes, no por el temor a las sanciones que podrían eventualmente recibir, sino como resultado de los lazos de afecto que los unen con aquellos que resultarían lastimados por sus actos, esto es, por el daño que el delito ocasionaría a sus expectativas para el futuro. De ahí que, aquellos que cuentan con un débil lazo de apego a los otros o con limitadas perspectivas de alcanzar logros en el futuro, son más propensos a vivir el momento y a cometer delitos. El futuro no cuenta porque tiene un valor escaso para ellos (Levinson, 2002: 311-315).

Las teorías del control social son las que hoy en día gozan de una mayor aceptación entre quienes se dedican al estudio de los comportamientos desviados (Britt y Gottfredson, 2003).

Teorías sobre la reacción social

Estas teorías ven a la delincuencia como producto de la respuesta que la sociedad da a los jóvenes que se involucran en comportamientos que violan las normas sociales. Las personas que tienen el poder de hacer obedecer las leyes colocan la etiqueta de delincuente a quien las viola, perpetuando de esta manera el comportamiento y estigmatizando a la persona. El individuo internaliza el estigma, transformando el concepto que tiene de sí mismo que, a su vez, refuerza el comportamiento delictivo. El joven que ha sido etiquetado de esta manera comienza a actuar de acuerdo con la etiqueta que le ha sido colocada, perpetuando el comportamiento delictivo. Los exponentes más destacados de las teorías del etiquetamiento social son: Lemert (1951) y Becker (1963).

Tanto las teorías del etiquetamiento social como las de la asociación diferencial (Sutherland, 1939), a la que nos referimos en el inciso anterior, han sido también denominadas teorías del interaccionismo simbólico. Ambas comparten la premisa de que el comportamiento delictivo es aprendido y que estos comportamientos tienen como origen la manera como son interpretados o etiquetados por la sociedad. Por ello, también se les llama teorías de la reacción social puesto que involucran la manera como la sociedad decide nombrar, clasificar o tipificar determinadas conductas como delictivas y no otras. Las teorías del etiquetamiento se ocupan no solo de los factores que explican las conductas delictivas, sino también de los efectos que la estigmatización y el etiquetamiento producen en el comportamiento y en la autoimagen de los jóvenes. Señalan que, con frecuencia, someter a un joven a una audiencia en un tribunal o expulsarlo de la escuela pueden convertirse en "ceremonias de degradación" (Roberson, 2010: 63).

Teorías sobre el desistimiento

Diversos estudios llevados a cabo durante los últimos años en Estados Unidos han señalado que existe un estrecho vínculo entre la maduración psicológica y el abandono o desistimiento de las conductas delictivas. Estos estudios han encontrado que los sistemas cerebrales responsables de la autoregulación no maduran completamente sino hasta alrededor de los 25 años. La conclusión fundamental que han obtenido es que, la gran mayoría de los ofensores juveniles, aun cuando hayan cometido infracciones graves, abandonan las actividades delictivas en la transición hacia la adultez en la medida en que logran completar su proceso de maduración cerebral. Los autores que han desarrollado estos estudios señalan que, aquellos que persisten en el comportamiento delictivo, y que son una reducida minoría, tienen bajos niveles de madurez psicológica y presentan déficits en el desarrollo de su proceso hacia la madurez. Entre los autores que han desarrollado esta teoría se encuentran: Farrington (1986); Cauffman y Steinberg (2000); Monahan *et al.* (2009); Steinberg, Chung y Little (2004); Steinberg y Monahan (2007); Steinberg *et al.* (2015); Sweeten, Piquero y Steinmerg (2013), y Sweeten, Pyrooz y Piquero (2013).

Esta teoría plantea que el desistimiento de la actividad delictiva es el producto de la maduración psicosocial del individuo, que incluye: el auto control de impulsos, la posibilidad de considerar las implicaciones de las acciones propias sobre los otros, la posibilidad de postergar la gratificación inmediata en aras de metas más valiosas de largo plazo y, la posibilidad de resistir a la influencia de los pares. El desistimiento de la actividad delictiva es, entonces, una consecuencia natural del crecimiento emocional, social e intelectual de las personas (Steinberg *et al.*, 2015).

Cauffman y Steinberg (2000) plantean que, durante la adolescencia y la parte temprana de la edad adulta es cuando generalmente se desarrollan tres importantes aspectos de la madurez psicológica:

1. *La temperancia.* Que es la habilidad de controlar los impulsos, incluyendo los de carácter agresivo.

2. *La perspectiva*. Que es la habilidad de considerar los puntos de vista de los otros, incluyendo aquellos que toman en cuenta las consecuencias de largo plazo.
3. *La responsabilidad*. Que consiste en la habilidad para asumir las consecuencias por los propios actos y resistir a las presiones de otros.

Es importante destacar que esta teoría del desistimiento es complementaria y se ajusta a la teoría del control social de Gottfredson y Hirschi (1990), a la que antes nos referimos, ya que en ambos casos se propone que los déficits en la capacidad de autocontrol son básicamente los responsables de las conductas delictivas. También estos últimos autores centraron su interés en factores como: la orientación hacia el futuro (en lugar de la gratificación inmediata); la capacidad de planear hacia adelante (en lugar de tomar decisiones impulsivas); la contención física (en lugar de usar la agresión como respuesta ante la frustración) y la capacidad de preocuparse por los otros (en lugar de tener un comportamiento autoreferenciado o indiferente frente a los demás), como elementos que contribuyen a evitar los comportamientos delictivos.

En la misma línea de lo que plantea la teoría del desistimiento, cabe citar el *Reporte de las Naciones Unidas* sobre la Delincuencia Juvenil (2003) cuando concluye que, el comportamiento antisocial puede ser, tanto una expresión normal en el proceso de desarrollo de los jóvenes; o bien, el inicio de una carrera delictiva de largo plazo. El reporte asienta: "el comportamiento juvenil que no se ajusta por completo a las normas sociales y valores, es a menudo parte del proceso normal de maduración y crecimiento, y tiende a desaparecer de manera espontánea en la mayoría de los individuos con la transición hacia la adultez". La gran mayoría de los jóvenes comete algún tipo de ofensas menores en algún punto durante su adolescencia, sin que ello los haga adoptar una carrera delictiva en el largo plazo (Roberson, 2010: 47-48).

Otro informe reciente sobre la reforma al sistema de justicia juvenil en Estados Unidos, elaborado por la Fundación MacArthur, toma como base los aportes de un estudio publicado por la Academia Nacional de Ciencias que propone el llamado "enfoque sobre el desarrollo de la adolescencia" (Bonnie, Johnson, Chemers y Shuck, 2013).

El informe de la Fundación MacArthur, señala: "Quizás el impulso más importante para las reformas recientes en el sistema de justicia juvenil tiene que ver con los avances en la comprensión del desarrollo en la adolescencia, primero, a través de los estudios sobre el comportamiento que luego fueron reforzados por la investigación neurocientífica. La adolescencia es ahora entendida como el periodo durante el cual el cerebro, no solo se halla en proceso de maduración, sino que es extraordinariamente maleable y vulnerable. El cerebro de los adolescentes responde a experiencias en un grado tal que solo es comparable a lo que ocurre durante los tres primeros años de vida, y que no sucederá después en ningún otro momento de la vida. Esto sugiere que los adultos tienen la responsabilidad de proveer a los jóvenes con experiencias que faciliten y promuevan su desarrollo positivo y lo protejan de las experiencias dañinas. Los avances en las ciencias del comportamiento y la neurociencia constituyen el soporte conceptual que ha apuntalado las reformas a los sistemas de justicia juvenil que han tenido lugar durante la última década. Estas reformas han sido también impulsadas por el reconocimiento creciente de los efectos psicológicos y sociales negativos que han tenido las políticas punitivas tanto para los adolescentes involucrados como para sus comunidades. Las duras políticas implementadas en los años noventa no solo no mejoraron las vidas de los jóvenes infractores, sino que les hicieron mucho más difícil convertirse en adultos exitosos. Los análisis más sofisticados sugieren que, comparadas con las opciones de tratamiento que se proporcionan en las comunidades, el encarcelamiento incrementó las posibilidades de reincidencia hasta en 26%, dejando a las comunidades aún menos seguras" (MacArthur Foundation, 2015: 9).

El mismo informe señala que los adolescentes tienden a ser impulsivos, incontrolables y se sienten atraídos hacia las experiencias nuevas y riesgosas, especialmente cuando se hallan en grupo con otros adolescentes. Estos no son rasgos de carácter individual sino, como lo muestran los estudios del comportamiento y del cerebro, son rasgos normales y transitorios del desarrollo de la adolescencia. Ello no justifica el comportamiento delictivo: los adolescentes deben rendir cuentas por sus actos, solo que debe haber la garantía de que, cuando ingresen al sistema de justicia, reciban un trato acorde con sus características y diferente del que se da a los adultos.

Desde la pubertad hasta la mitad de los 20 años, el cerebro atraviesa por cambios dramáticos tanto en el crecimiento de las neuronas, las sinapsis, las regiones del cerebro y en las conexiones entre diferentes grupos de neuronas. Estas conexiones crecen en número, efectividad y especialización. Mientras esta maleabilidad hace a los adolescentes altamente vulnerables, al mismo tiempo los dota de una gran capacidad para el cambio. De hecho, los cambios en el carácter, los rasgos de personalidad y especialmente en el comportamiento, son las características más sobresalientes de la adolescencia (MacArthur Foundation, 2015: 11).

Dejamos hasta aquí el recorrido breve que hemos hecho a través de las teorías que, a lo largo de la historia, han tenido un mayor impacto en el intento por explicar, por hacer inteligible, el comportamiento delictivo de los adolescentes. Conviene tener presentes algunos de los elementos que han aportado estas teorías, ya que seguramente nos arrojarán luz sobre algunos de los datos que encontramos, así como sobre las historias que nos compartieron las y los adolescentes que entrevistamos.

CAPÍTULO II
LA VIOLENCIA

Definición

Aunque existen muchas maneras de definir la *violencia*, una de las más frecuentemente citadas es la que ha propuesto la Organización Mundial de la Salud que la define como: "el uso intencional de la fuerza o el poder físico, de hecho, o como amenaza, contra uno mismo, otra persona o un grupo o comunidad, que cause o tenga muchas probabilidades de causar lesiones, muerte, daños psicológicos, trastornos del desarrollo o privaciones" (Organización Mundial de la Salud, 2003: 5).

Para entender las raíces de la violencia este organismo internacional propone un enfoque ecológico, ya que señala que ningún factor por sí solo puede explicar por qué algunos individuos adoptan comportamientos violentos. Sostiene, así, que la violencia es el resultado de la acción recíproca y compleja de factores individuales, relacionales, sociales, culturales y ambientales.

Figura 1. *Modelo ecológico para comprender la violencia*

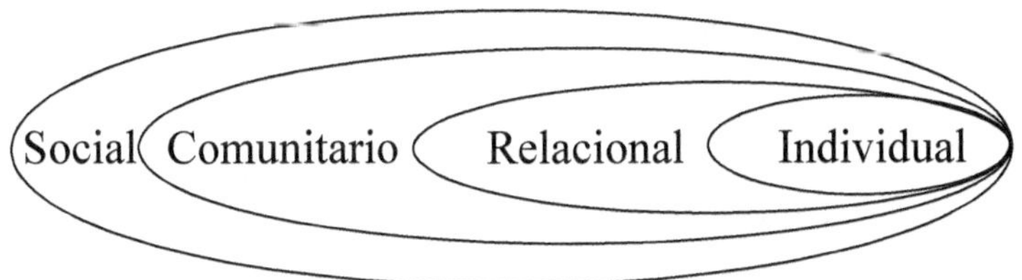

Fuente: Informe Mundial sobre la Violencia y la Salud (OMS, 2003: 14).

El nivel individual pretende identificar los factores biológicos y de la historia personal que influyen en el comportamiento de una persona. Además de los factores biológicos y personales, se consideran otros como: la impulsividad, el bajo nivel educativo, el abuso de substancias y los antecedentes de comportamiento agresivo o de haber sufrido maltrato.

El nivel relacional se refiere al modo en que las relaciones sociales más cercanas (la pareja, los amigos, la familia) incrementan el riesgo de convertirse en víctima o perpetrador de actos violentos. La familia, la pareja y los amigos tienen el potencial de configurar el comportamiento de un individuo. En el caso de los jóvenes tienen muchas más posibilidades de involucrarse en actos violentos cuando sus amigos promueven, aprueban o hacen uso de estos comportamientos.

En el nivel de la comunidad se examinan los contextos como la escuela, el lugar de trabajo y el vecindario, y se busca identificar las características de estos ámbitos que se asocian con ser víctimas o perpetradores de actos violentos. A menudo, los cambios frecuentes de residencia, la heterogeneidad de la población (cuando existe baja o nula cohesión social) y una alta densidad de población, han sido asociados con altos niveles de violencia. De igual modo, las comunidades aquejadas por el tráfico de drogas, altos niveles de desempleo y el aislamiento social generalizado (por ejemplo, cuando las personas no conocen a sus vecinos, desconfían de los demás o no participan en actividades locales), también se han asociado con altos niveles de violencia.

En el nivel social se examinan los factores sociales más generales que determinan las tasas de violencia. Entre ellos: las normas sociales que apoyan la violencia como una manera aceptable de resolver conflictos; normas que refuerzan el dominio masculino sobre las mujeres y los niños; normas que asignan prioridad a la patria potestad por encima del bienestar de los hijos; normas que respaldan el uso de la fuerza excesiva policial contra los ciudadanos y políticas económicas y sociales, que mantienen altos niveles de desigualdad entre distintos grupos de la sociedad (OMS, 2003: 13-15).

Estudios sobre la violencia

A partir del análisis y los aprendizajes que dejaron los conflictos internos que se vivieron en la década de los ochenta del siglo pasado en varios países de Centroamérica, Tani Adams (2012), una antropóloga norteamericana-guatemalteca, realizó una amplia revisión y sistematización de los estudios sobre la violencia. Esta revisión sistemática se propuso extraer las lecciones que tendríamos que aprender acerca de lo que la autora denomina *la violencia crónica*. Para esta autora, la violencia crónica afecta las relaciones sociales y la práctica de la ciudadanía en la región, y es estimulada y perpetuada por una variedad de fuerzas profundas que destruyen el tejido social de comunidades y países vulnerables (Adams, 2012: 1).

Los altos niveles de violencia y de conflictos de largo plazo no son excepcionales, ya que, de acuerdo con el Banco Mundial, 25% de la población del mundo vive en esta clase de conflictos de largo plazo que tienen repercusiones intergeneracionales.

La pregunta de la que parte la autora es: ¿cómo afecta la violencia a las relaciones sociales y a la práctica de la ciudadanía? Adams apunta que la mayoría de los estudios sobre las causas de la violencia intentan focalizarse en procesos sociales macro, tales como la globalización, la nueva pobreza, el tráfico de drogas o la democratización. En cambio, otros estudios se enfocan en lo micro; es decir, en cómo dichos procesos o tendencias sociales afectan a ciertos grupos o localidades. Sin embargo, señala, hay pocos intentos que nos permitan mirar cómo los factores macro y micro interactúan, cómo las transformaciones en la naturaleza de la familia, el uso del espacio, las estrategias de sobrevivencia y las fuerzas económicas y políticas nacionales e internacionales interactúan para producir las tendencias sociales que nos preocupan. Tener en cuenta esta interacción macro/micro, nos permitirá contar con estrategias más sofisticadas e integradas para poder diseñar las respuestas apropiadas (Adams, 2012: 5).

Quienes han vivido por largo tiempo en contextos de violencia crónica, reconocen que esta provoca sentimientos y actos que la gente no puede reconocer fácilmente y que tampoco suelen compartir con extraños. El silencio social ha sido documentado como resultado de los daños ocasionados en contextos de conflicto armado.

Otros sentimientos incluyen: culpa, vergüenza, impotencia, denegación y remordimiento, para no hablar de la vulnerabilidad moral o legal y de los peligros inmanentes que sufren aquellos que viven en contextos permeados por las actividades ilícitas e ilegales (Adams, 2012: 6).

La violencia crónica, nos dice Adams, es provocada y reproducida por un conjunto de factores profundamente arraigados que van desde la socialización de género y la dinámica familiar hasta la formación del estado y la globalización. Destruye las relaciones sociales en modos específicos y consistentes, y pervierte los comportamientos sociales de manera que son crecientemente naturalizados entre grupos vulnerables. También pervierte la práctica de la ciudadanía y disminuye el apoyo hacia la democracia, provocando mayor violencia, y se convierte en práctica común en ciertos espacios sociales, al tiempo que puede ser transmitida de manera intergeneracional.

Adams cita el concepto de *zona gris* propuesto por Primo Levi, a partir de sus experiencias en los campos de concentración, quien describió cómo la vida dentro de un régimen de terror crónico deshumaniza a todos. El concepto de zona gris se refiere a cómo las líneas entre el bien y el mal, lo correcto y lo incorrecto, se vuelven borrosas y cómo víctimas y perpetradores actúan de manera crecientemente similar en condiciones dominadas por la violencia, el temor y la represión social.

Existe una serie de factores que reproducen la violencia crónica. Entre ellos, Adams menciona los siguientes (2012: 11-19):

1. Los efectos no intencionales de la globalización, tales como: el tráfico de drogas, de personas, de armas, de propiedad robada, de especies y la acumulación de capital entre actores más allá del alcance nacional y de los mecanismos de gobierno internacionales. Este lado oscuro de la globalización ha ensanchado las desigualdades entre países y entre sectores específicos.

2. La desigualdad social, la nueva pobreza y la exclusión social crónica. Existe evidencia robusta de la correlación que existe entre la desigualdad y la incidencia del crimen y violencia. En cuanto a la nueva pobreza, Adams destaca que 46% de la

44

Población Económicamente Activa en Latinoamérica trabaja en el sector informal, en actividades de subsistencia primaria. Asimismo, los recursos provenientes de la migración o el crimen producen estratificación interna adicional a la ya existente en las comunidades, lo que amplía la brecha entre las aspiraciones y las posibilidades, y auspicia los conflictos y la violencia.

3. El poder creciente del comercio ilícito. Existen ingresos crecientes en la región debido a la producción y el tráfico de drogas. Hay también una correlación entre el tráfico de drogas y el incremento de homicidios. Al mismo tiempo, se produce una diversificación de las actividades delictivas, mientras que el lavado de dinero propicia la participación en actividades económicas por la vía formal e informal. Se amplía el control de territorios por parte de grupos delictivos que, con su consumo extravagante, transforman los valores culturales, la recreación y los cimientos de la organización local y estatal. Grupos delictivos armados expanden su control e influyen en la manera como otros grupos comienzan también a hacer uso de la violencia.

4. La justicia se percibe a menudo como injusta, arbitraria, inaceptable o simplemente inexistente, lo que fortalece el apoyo a formas paralelas de justicia. Existen también efectos perversos mediante los cuales el Estado promueve la violencia en nombre de proveer seguridad. Asimismo, de acuerdo con el Banco Mundial, cuando el Estado no logra proveer protección básica a los ciudadanos, se deslegitima la noción de derechos humanos y los conflictos suelen escalar. Los países y regiones que cuentan con una débil legitimidad institucional y gobernanza son los más vulnerables a la violencia y a la inestabilidad, al tiempo que tienen menor capacidad para responder a las tensiones internas y externas.

5. El creciente poder de los medios. En contextos de creciente fragmentación y disfunción estatal, los medios tienden a jugar un papel creciente en la producción, reproducción y amplificación de la violencia en la región. Algunos estudios han documentado cómo los medios, con sus reportes sensacionalistas de violencia, tienden a trivializar algunos tipos de

violencia y a incrementar el temor y el sentimiento de inseguridad en la población.

6. La relación entre el capital social y la violencia crónica. Por capital social se entiende el apoyo social a sistemas y relaciones que permiten la existencia de confianza, obligaciones mutuas y respeto en las comunidades. Se ha demostrado que bajos niveles de capital social son tanto causa como consecuencia de violencia crónica, en tanto que, altos niveles de capital social se relacionan con desempeños positivos en múltiples campos. Putnam atribuye los niveles decrecientes de capital social en Estados Unidos, por ejemplo, al uso creciente de medios electrónicos y la televisión, la incertidumbre creciente en el empleo, los traslados prolongados y la urbanización, así como a la tolerancia creciente hacia bajos niveles de involucramiento cívico que han tenido lugar durante varias generaciones. Bajos niveles de capital social estimulan la violencia, así como los efectos perversos de la violencia dañan aún más los componentes del capital social (confianza, obligaciones mutuas y redes sociales). En América Latina, los esfuerzos para establecer la democracia y el cumplimiento de la ley ocurren en contextos con bajos niveles de capital social e involucramiento cívico. En el mejor de los casos, la tarea de reforzar el imperio de la ley se hace más costosa económica, política y socialmente cuando las condiciones sociales que fomentan la obediencia se encuentran ausentes.

7. La traumatización política extrema. Este término se utiliza para describir los efectos desorientadores que tienen las experiencias de violencia política extrema sobre la vida de las personas. Estos efectos permanecen por largo tiempo aun cuando la situación de conflicto haya sido superada e incluso tienen repercusiones a nivel intergeneracional.

Mientras que los puntos anteriores se refieren a las causas que provocan la violencia, los que se exponen a continuación se refieren, de acuerdo con Tani Adams, a las consecuencias de esta (2012: 20-33):

1. La ruptura de las relaciones familiares e intergeneracionales, la destrucción de las protecciones comunales tradicionales y la intensificación de la violencia de género. Estos son los efectos que, a nivel micro, se producen como resultado de procesos macro tales como: la urbanización desordenada, los crecientes niveles educativos combinados con la reducción de oportunidades de empleo, la falta de servicios públicos, la migración y el comercio ilícito. También son el resultado de la exposición a patrones y niveles de consumo inaccesibles para grandes capas de la población. La migración, otro factor macro, erosiona la legitimidad parental que, a nivel micro, también se ve afectada cuando los hijos adoptan pautas de conducta distintas a las de los padres y a las de sus comunidades. De igual modo, se produce una pérdida de interés en la educación puesto que no logra garantizar el acceso a los niveles y estilos de vida que se desea imitar. Todo ello lleva a la ruptura de estructuras familiares y al incremento de la violencia. La crueldad se manifiesta cuando disminuye la capacidad para la empatía.

2. La humillación y la búsqueda perversa por ser alguien respetado, la deprivación relativa y la muerte social. La sensación de deprivación relativa se produce; por ejemplo, después de tener un cierto nivel de escolaridad y tener aspiraciones que no logran satisfacerse. Surge, entonces, la sensación de desesperanza, de fatalismo, de resignación, de ser socialmente nada, invisibles, de segunda clase o no ciudadanos. Este sentimiento de abandono y de deprivación relativa provoca una mezcla compleja de vergüenza, entrampamiento e impotencia. Se producen actos de violencia inspirados por el deseo de eliminar el sentimiento de humillación al que se desea sustituir por su opuesto: el sentimiento de orgullo. Se busca obtener respeto, un lugar, reconocimiento o se tiene la idea de que se pueden hacer las cosas por sí mismo toda vez que el Estado o la sociedad los ha abandonado, lo que justifica desde los linchamientos hasta la oposición agresiva. Dada la ausencia de una vida valiosa, particularmente los jóvenes experimentan una especie de muerte social dado que no pueden hacer factible el pasaje a la adultez. De ahí que vean la vida corta de

las actividades ilícitas como una alternativa para trascender, lo que puede acrecentar los conflictos intergeneracionales y la alienación.

3. Creciente percepción del Estado como el enemigo y creciente oposición a la democracia. Mientras que se experimenta un sentimiento de abandono e indefensión, se considera a las autoridades como responsables del caos social. Cuando los niveles de violencia se incrementan, algunos sectores aceptan poner en cuestión a la democracia mientras que otros se descolocan con respecto a los valores democráticos y son susceptibles de apoyar salidas autoritarias.

4. Altos niveles de aceptación y legitimación de la violencia. Cuando el Estado es débil o ausente, los ciudadanos tienden a operar por fuera de la ley. Crecen los niveles de violencia, así como se legitima la justicia por propia mano y se incrementan las fuerzas privadas de seguridad, la violencia doméstica y el uso de alcohol y drogas. Se aprueban las políticas de mano dura o el uso de la violencia para defender a familiares o a la comunidad. Los vínculos entre la violencia en el hogar, la calle y las bandas han sido ampliamente documentados. La violencia en el hogar lleva a los chicos a la calle, donde encuentran un ambiente hostil que refuerza sus propias experiencias violentas. Se produce un escalamiento de la violencia y la brutalidad, que se vuelven impredecibles. El escalamiento de la brutalidad suele ser obra tanto de narcotraficantes, como de grupos paramilitares, pandillas y agentes del Estado. El desmembramiento y otras prácticas de tormentos tienen por objeto incrementar el poder de los victimarios, enviando mensajes para aterrorizar a las poblaciones vulnerables. La brutalidad creciente también puede representar la búsqueda perversa de respeto por parte de los socialmente muertos que sienten haber sido expulsados de la sociedad.

5. Creciente legitimación de las fuentes informales del ingreso. Las fuentes de ingreso informales e ilícitas ofrecen oportunidades en un contexto de empleo informal crónico y de exclusión. Una vez que los jóvenes son absorbidos por redes del crimen, pueden pasar el punto de no retorno y formar grupos más centralizados, antidemocráticos y violentos.

De este modo, las alternativas principales, que son la migración y el sector informal, entrañan una creciente vulnerabilidad o propensión hacia la violencia.

6. El silencio social, la indiferencia, el abuso de sustancias y los trastornos físicos y psicológicos. El temor y la incertidumbre provocados por la violencia crónica tienen efectos en la salud que han sido documentados. El silencio social, la amnesia, los olvidos sociales, las actitudes de indiferencia y denegación son respuestas comunes al miedo y han sido documentados en situaciones de conflicto. El efecto neto de estas respuestas es el incremento de la pasividad y la capacidad decreciente para entender, analizar e intercambiar ideas con otros abiertamente y para actuar de manera estratégica. En el vacío dejado por estos intercambios sociales productivos prevalecen interacciones que giran de manera preponderante en torno a la autovictimización o al señalamiento de chivos expiatorios. En otras ocasiones, el delito pasa a ser el tema de conversación más frecuente, pero, más que para analizar o buscar soluciones, para circular estereotipos o designar chivos expiatorios que; a menudo, son los sectores más vulnerables, se tiende a criminalizar a los jóvenes pobres y, con ello, se asumen las posiciones de los grupos dominantes, se auspicia la segregación y la estigmatización, se niegan los derechos ciudadanos y, en último término, se justifica la violencia.

7. Chivos expiatorios, xenofobia y autovictimización. El uso de la identificación de chivos expiatorios con el propósito de producir temor social es bien conocido. Se construyen imágenes de temor en torno a los jóvenes para sustentar las políticas de exclusión social. Identificar chivos expiatorios sirve para crear un sentido común que justifica acciones extremas en contra de ciertos sectores. La autoidentificación como víctima reduce el sentido personal de responsabilidad, alienta la impotencia y encubre la realidad de la zona gris en la que la víctima y el perpetrador coinciden y se condicionan mutuamente. Esto permite la aceptación de actos que son reprochables, pero que se toleran en la medida en que es posible depositar la responsabilidad sobre grupos o personas identificadas como "otros".

8. Consumo extravagante exhibido públicamente. El incremento de las actividades ilegales y los enormes recursos disponibles ha propiciado una nueva estética del consumo, el derroche y la búsqueda de celebridad propia de personajes de países del primer mundo. Se compran propiedades, vehículos, joyas, armas, etc. Este derroche produce como efecto una desposesión simbólica para aquellos que quedan fuera del círculo de quienes puede adquirir esos bienes. Dicho estilo de vida busca ser imitado por otros sectores sociales, particularmente los jóvenes en situación de exclusión social.

9. Soberanía social y poder político paralelo. Grupos del crimen buscan defender un territorio ofreciendo bienes y protección a la población, substituyendo al Estado en la provisión de servicios que este no provee. La violencia es su herramienta de control social y proveen de derechos y libertades en función de sus intereses; sin embargo, pueden gozar de legitimidad y aceptación en contextos de violencia crónica y de incapacidad o debilidad por parte del Estado. Las pandillas pueden también jugar un rol importante para sus miembros en tanto que los proveen del sentimiento de pertenencia, protección, códigos de conducta, estatus y significado, además de opciones económicas.

10. Reorganización de los espacios públicos. La violencia crónica también ha reconfigurado el uso del espacio público, ya que los sectores altos y medios tienden a aislarse en comunidades cerradas y quienes viven en áreas peligrosas dejan de usar los espacios públicos por los riesgos que representan. Los medios tienden a llenar el vacío creado por la incomunicación entre zonas aisladas y contribuyen a dar sentido a las vidas. La televisión es la manera de dotarlos de pertenencia incluso a la ciudad donde viven (Adams, 2012: 23).

Hasta aquí el resumen que hemos elaborado sobre el estudio de Tani Adams. Hemos considerado importarte citarlo inextenso tanto porque constituye una de las propuestas más lúcidas que ofrece más elementos para comprender la complejidad del fenómeno de la violencia, así como porque nos permite entender, desde una perspectiva que va más allá del ámbito nacional, los elevados niveles de violencia que hoy sufre México; pero que, en mayor o menor medida, están presentes también en otras latitudes. Enseguida nos detendremos en el incremento de la violencia que ha experimentado nuestro país en la última década y en la manera cómo ha afectado particularmente a los jóvenes.

La violencia en México

Durante el periodo 2008-2017, México ha experimentado una grave crisis de seguridad que, ante todo, ha tenido un costo muy importante y lamentable con la pérdida, en números redondos, de 225 mil vidas humanas.[6] Asimismo, durante dicho periodo, México ha experimentado un incremento en la proporción de personas que han sido víctimas de delitos, así como un aumento en su incidencia delictiva, mientras que descienden el porcentaje de delitos que logran ser sancionados y los índices de confianza en las autoridades, así como también en las instituciones encargadas de brindar seguridad y protección a los ciudadanos. Aunque sería difícil poder demostrar un vínculo causa/efecto, por lo menos podemos decir que esta crisis de seguridad surgió de manera paralela a la decisión del gobierno del expresidente Calderón (2006-2012) de empeñar los recursos de todo tipo con que cuenta el Estado para lanzar una guerra en contra de las drogas y del crimen organizado. Intentaremos también mostrar que, desafortunadamente, esta guerra no ha logrado contener el avance de la delincuencia y sí, en cambio, ha traído consigo otra crisis igualmente grave que es la del incremento en las violaciones a los Derechos Humanos. Vale citar aquí las palabras de Elías Carranza:

[6] El dato proviene de las cifras que proporciona el Sector Salud, que son las que alimentan las Estadísticas de Mortalidad del Inegi y que arrojan un total de 120 237 muertes por homicidio durante el gobierno de Calderón (de diciembre de 2006 a noviembre de 2012). A pesar de que durante los primeros años (2013-2014) del gobierno del expresidente Enrique Peña Nieto el número de homicidios descendió, de todos modos, alcanzaron la cifra de 37 mil; sin embargo, durante el periodo 2015-2017 hubo un nuevo incremento alcanzando la cifra de 67 500 homicidios. Ello hace que, en total, durante el periodo de 2007 a 2017 tengamos una cifra, en números redondos, de 225 mil homicidios (Inegi, 2016; Secretariado Ejecutivo del Sistema Nacional de Seguridad Pública, 2017).

"la violencia en el delito se incrementa cuando las políticas que se emplean para combatirla también son violentas".[7]

Es importante no perder de vista que, si bien nos referimos a una crisis de seguridad y de derechos humanos durante el periodo 2008-2017, en realidad los cuatro componentes de esta crisis, a saber:

1   La existencia de grupos delictivos con la capacidad para representar una amenaza para el Estado.
2   La fragilidad o la incompetencia de las instituciones del Estado para contenerlos.
3. La descomposición social que se manifiesta en el creciente número de personas capaces de cometer delitos violentos.
4   La falta de controles eficaces frente a los abusos y la violación de derechos por parte de las instituciones del Estado.

Todos estos componentes, decíamos, suponen la existencia de procesos sociales, económicos, políticos y culturales que se han venido gestando a lo largo de décadas con los lamentables resultados que ahora conocemos. Bajo esta perspectiva, la guerra emprendida por el gobierno del expresidente Calderón en contra del narcotráfico, habría sido solo uno de los factores desencadenantes que propició la emergencia de una crisis que venía gestándose de tiempo atrás.

Es igualmente importante señalar que la crisis de seguridad y derechos humanos que México enfrenta persistió en el gobierno del expresidente Enrique Peña Nieto (2012-2018) a pesar de que su programa de gobierno, no colocó como prioridad la de enfrentar a los grupos delictivos (Gobierno de la República, 2013). Sin embargo, en los hechos, durante su administración se mantuvo la política de privilegiar el uso de la fuerza y la militarización para combatir al crimen organizado, mientras que la tasa de homicidios alcanzó su punto más alto en 2017 y las tasas de otros delitos violentos también se han incrementado. Como apuntó Eduardo Guerrero: "El despliegue de elementos militares y de la Policía Federal continúa siendo el componente central de las intervenciones en todas las entidades que enfrentan desafíos severos a la seguridad" (Guerrero, 2016: 50).

[7] Elías Carranza, conferencia impartida en el "Foro sobre Justicia Juvenil", Secretaría de Gobernación, 23 de septiembre de 2014.

Sin duda, el indicador más lamentable de la crisis de seguridad que México ha experimentado durante el periodo 2008-2017 es el incremento notable en el número de muertes por homicidio, que ronda los 225 mil habitantes y que rompió con la tendencia descendente que este fenómeno venía observando durante los 20 años previos a este periodo. Las dos gráficas siguientes muestran el número y la tasa de homicidios para el periodo 1995-2017, lo que permite apreciar con claridad la abrupta irrupción de la ola de violencia en el país a partir de 2008.

Gráfica 1. *Número de homicidios en México, 1995-2017*

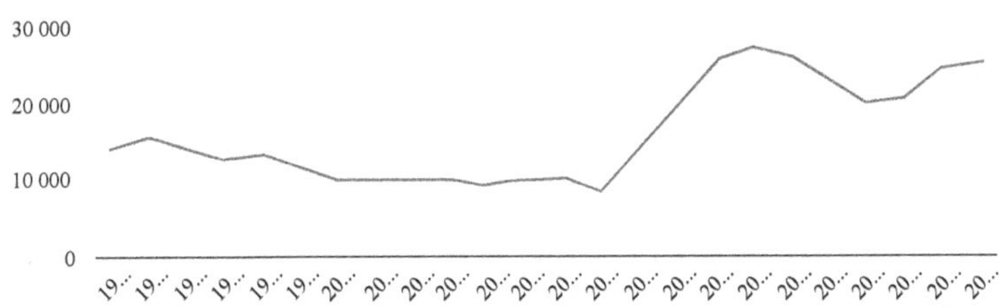

Fuente: Inegi, *Estadísticas Vitales* (1995-2016) e *Incidencia de los delitos de alto impacto en México,* Observatorio Nacional Ciudadano (2018).

Gráfica 2. *Tasas de homicidio en México por 100 000 habitantes (1995-2017)*

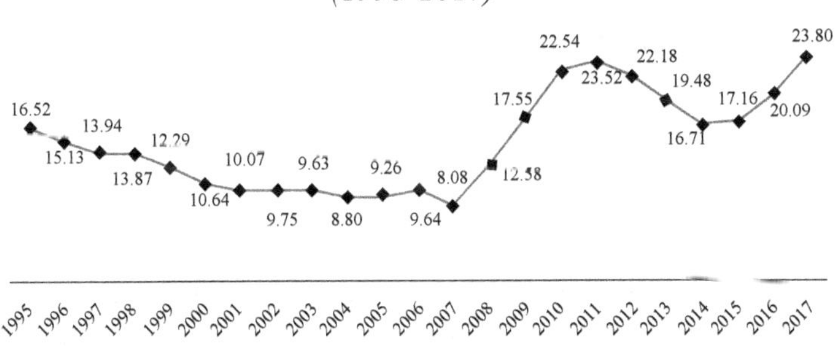

Fuente: elaboración propia con base en datos de Inegi 1995-2016; Observatorio Nacional Ciudadano (2018), y proyecciones de población del Consejo Nacional de Población.

El hecho de que la tasa de muertes por homicidio se hubiera prácticamente triplicado entre 2007 y 2011 es lo que permite a los especialistas calificar a este fenómeno como una epidemia. El estudio de *la Carga Mundial de la Enfermedad, Lesiones y Factores de Riesgo* ubica a México en 2010 dentro de los 15 países con mayor mortalidad por homicidios en hombres, con una tasa de 35 por 100 mil, siendo que en 2005 México se ubicaba en el lugar 40, con una tasa de 20 homicidios por 100 mil habitantes (Lozano, 2013: 16-17).

Asimismo, de acuerdo con las *Estadísticas de Mortalidad* del Inegi señala que, durante el periodo de 2007 a 2016 murieron asesinados un total de 45 339 jóvenes de entre 15 y 24 años, casi la cuarta parte del total de personas asesinadas durante dicho periodo. Ello significa que, en promedio, diariamente fueron asesinados 12 jóvenes de 15 a 24 años durante dicho periodo.

De la misma manera, resulta preocupante el incremento en los homicidios de mujeres y niños. Durante el periodo de 2000 a 2014, el Inegi tiene registro de la muerte por homicidio de 26 267 mujeres en México, un promedio de cinco mujeres asesinadas al día (Gómez, 2015). Con respecto a los niños, la tasa de muertes por homicidio en México de niñas, niños y adolescentes es de 7 por 100 000 habitantes, tasa que resulta más elevada que la de Irak, Pakistán, Tanzania, Somalia y Yemen. De hecho, más de la mitad de los homicidios de niños, niñas y adolescentes se registran en 10 países del mundo y México ocupa el 5° lugar después de Nigeria, Brasil, India y República del Congo (Unicef, 2014).

Con respecto a los países de América Latina, solo entre 2002 y 2007, México ocupó un lugar entre aquellos que cuentan con una baja tasa de homicidios (es decir, menor a 10 por 100 mil habitantes), como la que tienen Argentina, Chile y Uruguay. En 2008 y 2009 pasó a situarse entre aquellos que tienen una tasa media de homicidios (entre 10.1 y 20 por 100 mil), como Bolivia, Paraguay y Perú, pero, a partir de 2010, de manera intermitente se ha situado entre los países que cuentan con las más altas tasas de homicidio en América Latina (de más de 20.1 por 100 mil habitantes) como las de Colombia, Brasil, Venezuela, Honduras, Guatemala y El Salvador (oea, 2011: 18; Observatorio Nacional Ciudadano, 2018).

Asimismo, desde 2008 México ha caído 45 posiciones en el *Índice Global de Paz* y en 2013 fue el segundo país menos pacífico en América Latina. De hecho, el nivel de paz en México en 2015 fue 18% más bajo que en 2003 (Institute for Economics and Peace, 2015).[8]

De acuerdo con los datos de las Estadísticas de Mortalidad del Inegi,[9] se observa que, durante el gobierno del expresidente Vicente Fox, hubo un promedio diario de 27.62 muertes por homicidio; en el del expresidente Felipe Calderón fue de 54.90 y durante el gobierno del expresidente Enrique Peña Nieto fue de 68.4.[10]

Durante el periodo 2008-2017 se estima que, aproximadamente, la mitad de los homicidios tuvieron lugar en el contexto de la llamada guerra en contra del narcotráfico, ya sea por la acción de las autoridades para enfrentar a los supuestos grupos delictivos o por disputas entre integrantes de estos.[11] No obstante, dado que muchas veces se utilizó la fuerza antes de que se realizara una investigación en contra de los presuntos delincuentes, es difícil saber cuántas personas de entre las que murieron estaban realmente involucradas en actividades delictivas y cuántas eran inocentes. Aún más, la mayoría de los homicidios cometidos no han sido investigados y permanecen impunes. Por ejemplo, de los 24 572 homicidios que contabilizó el Inegi en 2010, más de 21 mil no fueron sancionados, lo que significa

[8] El *Índice de Paz* se construye a partir de siete indicadores: homicidios, delitos con violencia, delitos cometidos con armas de fuego, encarcelamiento, financiamiento de las fuerzas policiales, delincuencia organizada y eficiencia del sistema judicial. Véase: www.visionofhumanity.org

[9] La diferencia entre los datos sobre homicidios del Inegi y los del Secretariado Ejecutivo del Sistema Nacional de Seguridad Pública, se debe a que los primeros tienen como base las actas de defunción del Sector Salud y los segundos las averiguaciones iniciadas por las procuradurías y fiscalías de las diferentes entidades, de lo que resulta que las cifras en el primer caso son más elevadas debido al número de casos que no son denunciados en el segundo.

[10] Promedio estimado con base en las cifras de homicidio del reporte del Observatorio Nacional Ciudadano del mes de junio de 2018, *Estadísticas,* http://onc.org.mx/tag/estadisticas/

[11] Las últimas estadísticas oficiales de la llamada Base de Datos de Fallecimientos Ocurridos por Presunta Rivalidad Delincuencial cerraron el 30 de septiembre de 2011 con un total de 47 515 muertos. *Reforma,* 15 de agosto, 2013.

que 84% quedaron impunes,[12] mientras que, para el *Índice de Paz México*, 90% de los homicidios cometidos en el país en los últimos años han quedado impunes (Institute for Economics and Peace, 2015). Esto último resulta especialmente preocupante, ya que la impunidad constituye otro factor más que contribuye a que la violencia continúe escalando, sin dejar de lado, por supuesto, la situación de cientos de miles de víctimas indirectas quienes han visto negados sus derechos a la verdad, la justicia y la reparación del daño. En este sentido, si hiciéramos un ejercicio para estimar el número de víctimas indirectas solo por el delito de homicidio y pensáramos, por ejemplo, que con cada homicidio se ven afectadas por lo menos 10 personas que formarían parte de sus familiares y allegados más cercanos, resultaría que estaríamos hablando de casi 2 millones y medio de víctimas indirectas, 90% de las cuales no han tenido acceso a la justicia. Ello permite dimensionar la tragedia humanitaria por la que atraviesa nuestro país y sus implicaciones en múltiples ámbitos de la vida social.

De igual modo, el Índice de Paz México apunta que es importante considerar el muy elevado número de personas clasificadas como "desaparecidas", ya que posiblemente la gran mayoría han sido asesinadas si se toma en cuenta el alto número de fosas que han sido descubiertas con restos humanos sin identificar (Institute for Economics and Peace, 2015: 26). Para 2017 el número de personas consideradas "desaparecidas" durante la última década ascendía a 37 435, dato que también nos permite dimensionar la crisis de derechos humanos que enfrenta el país (Holmes, 2018). Sin embargo, en enero de 2020 la Comisión Nacional de Búsqueda (2020) actualizó la cifra del número de personas desaparecidas hasta agosto de 2019 en un total de 61 637 personas, advirtiendo que se trata de una cifra incompleta puesto que varias entidades todavía no habían proporcionado sus datos.

En síntesis, es dentro de este contexto de violencia que ha tenido lugar durante los últimos años en México que debemos situar la violencia que cometen, así como la que padecen, los adolescentes en nuestro país. Sostenemos que, la violencia que afecta a este sector específico de la población no puede entenderse al margen o sin

---

[12] México, "El país de la impunidad", *24 horas*, 10 de enero de 2012.

tomar en cuenta la grave crisis de seguridad y violencia que afecta a nuestro país.

La violencia entre los adolescentes en México

De acuerdo con el informe de Save the Children: *Las y los adolescentes que México ha olvidado,* 8% de los homicidios que se cometen en el país tienen como víctimas a los adolescentes de 15 a 19 años. El promedio anual de muertes por homicidio en adolescentes durante el periodo 2001-2015, es el siguiente:

Tabla 1. *Promedio anual de adolescentes víctimas de homicidio, 2001-2015*

Periodo	Promedio anual de adolescentes víctimas de homicidio
2001-2006	871
2007-2012	1 743
2013-2015	1 407

Fuente: Save the Children (2016).

El mismo informe destaca que, durante el periodo 2013-2015, los adolescentes víctimas de homicidio fueron 84% hombres y 16% mujeres.

Por su parte, las Estadísticas de Mortalidad del Inegi, muestran que entre 2004 y 2013 fueron asesinados un total de 10 876 niños, niñas y adolescentes. La mitad de ellos eran hombres de entre 15 y 17 años y otro 10% eran mujeres de la misma edad. En efecto, mientras que la tasa de homicidios en la población de 0 a 17 años pasó de 1.9 a 3.1 por 100 mil habitantes en dicho periodo, la de los hombres de 15 a 17 años pasó de 9.9 a 26.5 por cada 100 mil habitantes, razón por la cual la Organización Mundial de la Salud califica a este incremento como una "epidemia" (Lozano, 2013: 16-17).

Siete de cada 10 homicidios de adolescentes de entre 15 y 17 años son por arma de fuego, lo cual deja en claro la presencia preocupante de una gran cantidad de armas pequeñas y ligeras en el país. Por su parte, las muertes de las mujeres adolescentes no se relacionan solo con la actividad de grupos de narcotraficantes, sino también con otros delitos como la violencia de género y la trata de personas.

Un reporte reciente de Unicef, *Hidden in Plain Sight: A Statistical Analysis of Violence Against Children,* muestra que la tasa de homicidios de niñas, niños y adolescentes en México es equiparable a las que tienen Myanmar, Botsuana, Mozambique y Togo. Asimismo, el reporte revela que, de 195 países, solo 23 superan la tasa de homicidios de menores de 20 años que tiene México. De hecho, más de la mitad de los homicidios de niños, niñas y adolescentes, se registran en solo 10 países del mundo y México ocupa, en números absolutos, el 5° lugar después de Nigeria, Brasil, India y República del Congo. El reporte concluye que "la evidencia indica que este patrón de violencia letal es en parte atribuible a las actividades ilícitas de grupos delictivos organizados, la presencia de pandillas calleras y la accesibilidad que se tiene a las armas de fuego" (Unicef, 2014). Como más adelante veremos, todos estos elementos están presentes en las historias de los adolescentes que entrevistamos.

Los datos más recientes indican que, lejos de disminuir, la violencia en contra de niñas, niños y adolescentes se ha incrementado durante los últimos años. Así lo señala *Red por los Derechos de la Infancia en México* que, en su último balance, informó que 3.6 niños, niñas y adolescentes fueron asesinados en promedio diariamente durante el periodo de 2018-2019, mientras que 7 niños, niñas y adolescentes desaparecieron diariamente en promedio durante el mismo periodo. En números redondos, esta organización señala que de 2007 a 2019 han sido asesinados 21 mil niños, niñas y adolescentes, mientras que 11 mil han desaparecido en el mismo periodo (Redim, 2020).

Por otra parte, es preciso tener presente que diversos estudios han constatado el incremento de la delincuencia juvenil en periodos de guerra y posguerra. Las guerras tienden a afectar no solo las tasas de delincuencia juvenil sino también su naturaleza y sus orígenes. La guerra genera las condiciones que propician el incremento de la delincuencia, ya que debilita las inhibiciones y alienta la expresión de los impulsos primitivos, con lo que contribuye a alterar las tasas, la estructura y la naturaleza de las conductas delictivas. Sin embargo, los mecanismos específicos que se ponen en juego en la relación entre guerra y delincuencia no han sido suficientemente estudiados, aunque se sabe que, durante las guerras, la violencia y la agresión parecen ser medios aceptables para la resolución de conflictos y los niños aprenden estos comportamientos. Una vez que termina la guerra no es fácil volver a adoptar modelos no-violentos para alcanzar los objetivos. Tampoco es fácil para los niños cambiar a los héroes de guerra que han operado como modelos, por otros. El hecho de que esos héroes puedan incluso tener responsabilidades criminales en la posguerra es una fuente de confusión para los niños, niñas y jóvenes (Levinson, 2002: 981).

También ocurre que, cuando terminan las guerras, se generan expectativas difíciles de alcanzar, lo que constituye una fuente de frustración que puede producir nuevas tensiones y agresiones. Los niños, niñas y jóvenes se ven afectados por este contexto, ya que disminuyen los estándares de vida mientras que prevalece el desempleo, la confusión en los valores morales y la falta de apoyo social, lo que influye en su capacidad para comportarse de acuerdo con las normas. De igual modo, los efectos del estrés postraumático pueden provocar disrupción o violencia doméstica la que, a su vez, impulsa a los jóvenes a abandonar sus hogares y cometer delitos. Desde tiempos remotos, Erasmo de Róterdam, Tomás Moro y Nicolás Maquiavelo ya habían hecho notar que las guerras promueven la criminalidad, así como otros comportamientos desviados, no solo entre los jóvenes sino en la población en general.

En resumen, muchas de las teorías que explican el comportamiento delictivo juvenil, como las del aprendizaje social, la frustración, la asociación cognitiva o la de la desorganización social, así como la evidencia empírica con la que se cuenta, permiten sostener que las guerras producen un legado de violencia en la posguerra, particularmente entre los jóvenes. Desafortunadamente, también ha sido una constante que, en los países en situación de posguerra, la justicia juvenil y las políticas de apoyo a los jóvenes no han sido una prioridad pues a menudo las autoridades se hallan ocupados en atender lo que para ellos constituyen temas más urgentes (Levinson, 2002: 982-983).

Si en este capítulo nos hemos ocupado de analizar cómo afecta la vida y el comportamiento de los niños y adolescentes la crisis de inseguridad y violencia que enfrenta nuestro país, en el siguiente nos ocuparemos de trazar un panorama más amplio acerca de las condiciones y el nivel de vida que prevalecen entre las y los adolescentes en México. De este modo, podremos contar con elementos que nos permitan situar dentro de este contexto más amplio los comportamientos delictivos violentos de los adolescentes que serán motivo de análisis en los capítulos restantes.

Capítulo III

La vulnerabilidad
de la adolescencia en México

Entre los distintos retos que enfrenta México, no hay posiblemente otro que tenga un mayor impacto para nuestro futuro que asegurar el cumplimiento pleno de los derechos de niñas, niños y adolescentes, y reducir las condiciones de exclusión y vulnerabilidad en las que vive una buena parte de este sector de nuestra población.

De acuerdo con las Estadísticas de Población del Inegi, México cuenta, en números redondos, con 11 millones de adolescentes de 14 a 18 años, que representan, en 2015, cerca de 10% de la población total del país.

La exclusión puede entenderse como una serie de procesos socioeconómicos y políticos que se vinculan con la ciudadanía plena; es decir, se trata de personas o grupos que no disfrutan de sus derechos y libertades fundamentales. Las y los adolescentes son un grupo excluido que, de acuerdo con Save the Children, no se está beneficiando de los progresos en el desarrollo "y, por el contrario, la combinación tóxica de la pobreza y la discriminación les está llevando a tomar una serie de decisiones que afecta de manera negativa sus oportunidades de desarrollo presente y futuro, así como el ejercicio pleno de sus derechos". Experimentar una combinación de discriminación y pobreza significa que los adolescentes son excluidos. Esta exclusión está impidiendo que millones de adolescentes accedan a la salud, la educación, el empleo y la protección que requieren. Y algo más grave aún, "es que ellos y ellas, así como las comunidades en las que viven, tienen poca influencia sobre las decisiones que les afectan" (Save the Children, 2016).

Pobreza

En efecto, de acuerdo con el *Informe sobre la situación de la infancia 2013* de la Unicef, de los 39.4 millones de niñas, niños y adolescentes que vivían en el país en 2012; 53.8%, es decir, 21.2 millones, vivían en condiciones de pobreza.

Por su parte, el más reciente informe de Unicef y Coneval (2016) apunta que, en 2014, la población infantil y adolescente sufría con más frecuencia las experiencias de pobreza en relación con otros grupos de edad. Es decir, la proporción de personas de 0 a 17 años en pobreza fue 12 puntos porcentuales más alto que en la población de 18 a 64 años, así como ocho puntos porcentuales mayor que en la población de 65 años o más. También el porcentaje de la población infantil en pobreza extrema fue aproximadamente 3 puntos porcentuales superior al que se obtuvo en otros grupos de edad.

Este informe destaca que, en 2014, 54% de la población de 0 a 17 años carecía de las condiciones mínimas para garantizar el ejercicio de uno o más de sus derechos sociales: educación, acceso a la salud, acceso a la seguridad social, una vivienda de calidad y con servicios básicos y alimentación. Además, el ingreso de su hogar era insuficiente para satisfacer sus necesidades básicas.

Asimismo, el estudio de Unicef y Coneval señala que la pobreza en la infancia y la adolescencia no se ha modificado entre 2010 y 2014, y no podrá bajar mientras no se incremente el ingreso de los hogares.

De igual modo, señala que existen procesos multifactoriales que afectan a la población infantil y adolescente, y aumentan la probabilidad de reproducir la pobreza. Entre estos menciona: hogares ampliados, con alta razón de dependencia económica, jefatura femenina, jefaturas con baja escolaridad, rurales e indígenas.

Unicef y Coneval (2016) destacan que, en 2014, 11.5% de la población infantil y adolescente se encontraba en situación de pobreza extrema al tener carencias en el ejercicio de tres o más de sus derechos sociales y ser parte de un hogar con un ingreso insuficiente para adquirir los alimentos necesarios a fin de disponer de los nutrientes esenciales.

Educación

El informe de Unicef (2013) señala que si bien la cobertura de la educación primaria para el ciclo escolar 2012-2013 fue de 100% la de educación preescolar fue de 70.7%, la de educación secundaria de 82.4% y la media superior de 52.9 por ciento.

Por su parte, la organización Mexicanos Primero, señala que, de cada 100 niños que entran a la primaria, 76 ingresan a la secundaria, 48 al bachillerato y 21 a la universidad, aunque solamente 13 logran titularse. Solo 54% de los adolescentes están inscritos en el sistema educativo, lo que constituye el promedio más bajo entre los países de la OCDE, y solo 76% de los adolescentes de 15 a 17 años cuenta con secundaria terminada (Save the Children, 2016). Sin embargo, entre los adolescentes indígenas de 15 a 17 años, solo 65% completó su educación secundaria frente a 76% de los que viven en hogares no indígenas. Asimismo, solo 69% de los residentes en localidades de alta y muy alta marginación terminó la secundaria, frente a 80% de los que residen en localidades menos marginadas.

El informe de la OCDE acerca del *Panorama de la Educación 2013*, señala que de los 34 países que integran la organización México es el que cuenta con mayor nivel de deserción escolar, especialmente en el nivel de los adolescentes de entre 15 y 18 años. Asimismo, apunta que se trata de una deserción que no es temporal, ya que 40% de los jóvenes que desertan no regresan a la escuela y tampoco cuentan con un empleo.

Las dos principales razones por las que desertan los adolescentes en el nivel medio superior son: las carencias económicas de sus hogares en 52% de los casos, y los embarazos tempranos o las uniones entre parejas jóvenes, que representan 23%. De este modo, durante el periodo entre 2000 y 2011 suman ya más de 6.5 millones de adolescentes los que dejaron sus estudios (Azuela, 2013), mientras que del total de nacimientos de 2012, 16.4%, (uno de cada seis), fueron de madres adolescentes.

De acuerdo con la *Encuesta Nacional de Deserción Escolar 2012*, cada día al menos 1 800 estudiantes de preparatoria abandonan la escuela, principalmente en el primer semestre. De hecho, 60.8% de los desertores dejan sus estudios en el primer año, 6% en el segundo y 13.2% en el tercero. Uno de los problemas principales que explica la deserción, de acuerdo con Sylvia Schmelkes, es tener un sistema educativo homogéneo que no ha sabido amoldarse a la diversidad de contextos, culturas y lenguas con las que cuenta nuestro país (SEMS, 2012).

Por su parte, el *Informe Nacional de Violencia de Género en la Educación Básica en México,* de 2009, señala que dos terceras partes de las niñas, niños y adolescentes de escuelas de educación básica en el país expresaron haber recibido al menos una agresión física durante el último año y 90% señalaron haber sufrido humillaciones e insultos (Azaola, 2009).

Empleo

De acuerdo con el *Informe Anual* de Unicef, 3 millones de niños de entre cinco y 17 años trabajaban en 2013 y 39% de ellos no asistían a la escuela. Asimismo, la *Encuesta Nacional de Ocupación y Empleo* de 2013 del Inegi reportó que 46% de los menores de edad que trabajan, lo hacen sin remuneración, principalmente en el sector agrícola.

Al panorama anterior habría que agregar que, de acuerdo con la *Encuesta sobre Juventud* levantada en 2013 por el Inegi, 24.7% de los jóvenes de 15 a 19 años no estudia ni trabaja, mientras que el promedio en los países de la OCDE es de 16%. Asimismo, que de los jóvenes que trabajan 62.6% lo hacen de manera informal y en su mayoría perciben entre uno y dos salarios mínimos. Por lo demás, 8.8% de los jóvenes encuestados declaró tener disponibilidad para trabajar, aunque dijo que ya no busca trabajo porque piensa que no tiene oportunidad de encontrarlo, mientras que solo 35.7% de los adolescentes de 15 a 19 años cuenta con algún grado aprobado en el nivel medio superior.

Por su parte, un estudio del Banco Mundial dado a conocer en enero de 2016, titulado *Ninis en América Latina,* señala que la quinta parte de los jóvenes de 15 a 24 años en América Latina no estudia ni trabaja y suman un total de 20 millones.

De acuerdo con la *Encuesta Nacional de Ocupación y Empleo* del Inegi, 2.5 millones de menores de entre 5 y 17 años desempeñaban en 2013 alguna actividad económica; de estos, 67% eran niños y 32% niñas. La mitad de ellos eran trabajadores subordinados,

4% trabajaban por cuenta propia y 46% laboraban sin remuneración alguna. Asimismo, 63% de las niñas trabajaban en el comercio, la prestación de servicios o la industria manufacturera. Entre los niños, 31% trabajaban en el sector agropecuario, 4% en la construcción y el resto en el comercio, la prestación de servicios y actividades diversas, 36% de los niños y niñas que trabajan no asisten a la escuela, en comparación con 4.5% de aquellos que no trabajan (Guerrero, 2015).

Por otra parte, 60% de las y los adolescentes tienen un empleo informal. De ellos, más de la mitad recibe solo entre uno y dos salarios mínimos. El empleo informal afecta más a quienes tienen menor nivel educativo, ya que 91% de los adolescentes ocupados que cuentan solo con primaria incompleta tienen un empleo informal (Save the Children, 2016).

Salud

El más reciente informe de Unicef y Coneval señala que 65% de los adolescentes carecen de protección social y 20% no tienen acceso a servicios de salud (2016).

Por lo que se refiere a los casos de maltrato infantil, la última cifra disponible por parte de las Procuradurías de la Defensa del Menor y la Familia señala que, entre 2013 y 2014, el maltrato infantil se incrementó 50%, ya que los casos reportados pasaron de 18 227 a 27 675, aunque se sabe que se trata de un fenómeno sub registrado pues apenas unos cuantos casos, en relación con los que ocurren, llegan a ser del conocimiento de las autoridades. Aun así, se trata de un incremento preocupante que debería dar lugar a acciones tanto por parte del Estado como de la sociedad civil debido a los daños que ocasiona en la salud física y emocional de los menores de edad y a la manera en que limita sus posibilidades de un desarrollo sano e integral.

Otro de los factores que indudablemente agrava las condiciones de vulnerabilidad de niños, niñas y adolescentes son los crecientes niveles de violencia que han experimentado durante los últimos años. Así, por ejemplo, según la *Encuesta Nacional de Salud y Nutrición* de 2012, durante el año anterior, un millón 712 485 jóvenes de entre 10 y 29 años reportaron daños a la salud, principalmente lesiones, como consecuencia de la violencia interpersonal en México.

La prevalencia nacional de daños a la salud en los últimos 12 meses previos a la encuesta fue de 4.1%, porcentaje mayor que el reportado en 2000 y 2006, cuando el promedio fue de 2%. Ante el aumento de las lesiones, desde leves hasta permanentes, es necesario, de acuerdo con Leonor Rivera, investigadora del Instituto Nacional de Psiquiatría, desarrollar un programa para combatir este problema, ya que "no existen en nuestro país esfuerzos articulados que permitan llevar a cabo acciones de prevención y atención de la violencia en este sector tan importante de la población".[13]

Otro tema relevante en cuanto a la salud de las y los adolescentes, lo constituye el consumo de sustancias. De acuerdo con la *Encuesta Nacional de Consumo de Drogas en Estudiantes* de 2014, 17% de los estudiantes de quinto y sexto año de primaria ha probado el alcohol o lo consume actualmente. En la población de secundaria y bachillerato, 53% de los estudiantes consume alcohol, mientras que 15% lo hace de manera excesiva. En cuanto a la marihuana, la prevalencia de consumo es de 3% a los 12 años, 11% a los 14 años, 18% a los 16 años y 29% a los 18 años. La marihuana es la droga más consumida entre los estudiantes de secundaria y bachillerato, seguida por los inhalables y los tranquilizantes (Instituto Nacional de Psiquiatría, 2014).

Al presentar los resultados de la encuesta, Jorge Villatoro señaló que en los últimos 23 años (de 1991 a 2014) el consumo de drogas ilícitas se duplicó entre la población de 10 a 18 años al pasar de 8 a 17% y agregó que el incremento es más notable en el caso de las mujeres pues pasó de 4 a 16%. Por su parte, María Elena Medina Mora señaló que la percepción del riesgo de consumir sustancias es menor en los usuarios, quienes también perciben una mayor tolerancia social ante el consumo de sustancias ilícitas tanto por parte de su familia, sus maestros y su mejor amigo. Al mismo tiempo, se ha incrementado la disponibilidad de los estupefacientes en el mercado nacional y el consumo de cocaína alcanza los mismos niveles en los estudiantes de secundaria y bachillerato que en Estados Unidos (*El Universal*, 26 enero 2016: 8).

[13] "Urgen frenar la violencia contra jóvenes", *Reforma*, 25 de agosto, 2013.

Tabla 2. *Tendencias en el uso de sustancias entre menores*
de 10 a 18 años, 1991-2014

Sustancias	% de consumo 1991	% de consumo 2014
Cocaína	0.7	3.3
Inhalables	3.5	5.8
Marihuana	1.5	10.6
Cualquier droga	8.2	17.2

Fuente: Instituto Nacional de Psiquiatría (2014).

Las mujeres adolescentes

A los factores de vulnerabilidad y exclusión que hemos venido mencionando y que afectan a las y los adolescentes en general, es preciso añadir y hacer visibles los que afectan en mayor medida a las mujeres adolescentes, ya que las colocan en situación de desventaja en relación con los varones de su mismo grupo de edad.

De acuerdo con las cifras de las Estadísticas de Población del Inegi, durante los últimos cinco años, la proporción de hogares encabezados por mujeres creció de 24.6 a 29%, siendo en 2015 un total de 9 millones 266 mil hogares los que se encuentran encabezados por mujeres en el país. Esto significa un mayor número de mujeres que tiene que asumir mayores cargas y responsabilidades, pero significa también un mayor número de niñas, niños y adolescentes en situaciones de desventaja al no poder contar con el apoyo de ambos padres. Esto último disminuye su potencial de desarrollo, ya que con frecuencia las madres se ven obligadas a trabajar durante largas jornadas, con lo que también disminuye la calidad de vida de todos los integrantes de la familia.

En efecto, si la encuesta anterior refleja la proporción de hogares encabezados por mujeres, en contraparte, la *Encuesta sobre Cohesión Social para la Prevención de la Violencia y la Delincuencia* del Inegi (ECOPRED, 2015) destaca que 23% de los jóvenes de entre 12 y 29 años que no son jefes de familia viven solo con su madre y otro 10% con algún adulto que forma parte de su familia (abuelos, tíos, hermanos, etc.). Esta es una situación que, como más adelante veremos, afecta con frecuencia a los y las adolescentes en conflicto con la ley quienes, a menudo, han vivido, en el mejor de los casos, un tiempo con su madre y otro con su padre o con algún otro familiar, pero también hay casos en que han quedado completamente desprotegidos, viviendo solos, en la calle o en su lugar de trabajo.

Por otro lado, si bien 15% de las y los adolescentes de 15 a 19 años en México no estudia ni trabaja, no obstante, este porcentaje es de 9% entre los hombres adolescentes, mientras que para las mujeres es de 22%, un factor más de desventaja.

Asimismo, de acuerdo con la Comisión Ejecutiva de Atención a Víctimas, entre 2010 y 2015 se han registrado casi 3 millones de casos de violencia sexual, lo que equivale a 600 mil casos por año. Sin embargo, el problema no afecta de la misma manera a hombres y mujeres, ya que 90% de las víctimas de violencia sexual son mujeres, la mitad son menores de edad y nueve de cada 10 agresiones son cometidas por hombres de entre 16 y 45 años. A ello hay que añadir que solo 1% de los agresores son consignados (Comisión Ejecutiva de Atención a Víctimas, 2016).

Otro grave problema que no impacta de la misma manera a hombres y mujeres es el alto número de embarazos entre adolescentes. De acuerdo con el informe de Save the Children (2016), en México hay casi medio millón de embarazos de adolescentes al año. En la presentación de este informe, Jorge Freyre, director regional de esta organización, hizo notar que muchos de estos casos se relacionan con la creciente violencia de género, ya que dentro de las familias se abusa de las niñas y adolescentes. También en ocasiones el embarazo se da por falta de opciones y de un proyecto de vida entre las adolescentes, más allá de los estereotipos culturales que, agregaríamos, les dejan la maternidad casi como única opción.

La prevalencia de uso de métodos anticonceptivos en adolescentes de 15 a 19 años sexualmente activas es de apenas 59%, resaltando los niveles más bajos en los estados que cuentan con mayor proporción de pobres. Otro reto importante, que afecta más a las mujeres que a los hombres adolescentes, es la falta de acceso a información, a servicios de salud sexual y reproductiva de calidad y a oportunidades de desarrollo que respondan a los cambios biológicos, cognitivos y socio emocionales que se presentan en esta etapa de la vida.

De igual modo, la incidencia de infecciones de transmisión sexual entre adolescentes de 10 a 19 años es 13 veces mayor en las mujeres que en los hombres, con una tasa de 115 en comparación con nueve por 100 mil, respectivamente.

Especialmente preocupante es el hecho de que uno de cada cinco nacimientos en México es de una mujer adolescente menor de 20 años. Asimismo, que entre 2006 y 2012 el número de nacimientos en mujeres adolescentes se incrementó 15% y que entre 2006 y 2014 se han registrado casi 100 mil nacimientos de mujeres menores de 15 años. Asimismo, 12% de las mujeres que abandonaron la educación media superior reportaron que el embarazo fue la principal causa de su deserción. En contraste, solo 2% de los hombres reportaron esta como la principal causa de su deserción escolar (Save the Children, 2016).

Se encuentran en mayor desventaja las mujeres adolescentes de estratos socioeconómicos más bajos, ya que 60% de las adolescentes sexualmente activas de estos estratos se embarazaron, en contraste con 20% de las que pertenecían a un estrato socioeconómico alto. A su vez, una adolescente que vive en condiciones de pobreza y tiene un hijo a temprana edad, tiene mayor probabilidad de reproducir el ciclo de la pobreza, pues esta situación la coloca ante un conjunto de vulnerabilidades que disminuyen sus oportunidades de desarrollo y las de sus hijos e hijas. A ello hay que agregar que los embarazos de adolescentes que pertenecen a algún grupo indígena enfrentan todavía más desventajas derivadas tanto de la pobreza que predomina en estos grupos como de elementos discriminatorios que las excluyen de mejores oportunidades.

Con respecto a la elevada tasa de fecundidad entre las adolescentes, la presidenta de El Colegio de México, Silvia Giorguli, subrayó que no basta con proveer de servicios de planificación familiar a las adolescentes, tiene que impartírseles una mayor y mejor educación sexual, de derechos reproductivos, de proyectos de vida, de oportunidades, de poderse construir una imagen en la que puedan decirse a sí mismas, "retrasar mi etapa como madre después de los 20 años, va a tener este beneficio".[14]

Por su parte, los resultados de la *Encuesta Nacional de Dinámica Demográfica*, 2014, muestran que las tasas de embarazo adolescente

---

[14] *Reforma,* 11 de julio de 2016.

se incrementaron durante el periodo de 2009 a 2013. Mientras que en el primer año referido ocurrían 71 nacimientos por cada mil adolescentes de 15 a 19 años, en el segundo la tasa se incrementó a 77. Si a estos nacimientos se agregan los que ocurren entre mujeres menores de 15 años, tenemos que, durante el periodo de 2004 a 2013, hubo un total de 4.5 millones de nacimientos de madres menores de 19 años. Esto implica un promedio diario de 1 232 nacimientos o 51 nacimientos cada hora por parte de niñas y adolescentes madres menores de 19 años (Arellano, 2015).

La misma encuesta destaca una correlación que ya otros estudios a nivel internacional, como los del Banco Mundial, han señalado de manera repetida: que existe una tasa más elevada de fecundidad entre las mujeres que cuentan con más baja escolaridad. La encuesta de 2014 mostró que, en México, las mujeres que cuentan con escolaridad media y superior tienen 1.79 hijos en promedio, mientras que las que carecen de escolaridad tienen 3.3 hijos en promedio.

Los datos anteriores constituyen una evidencia abrumadora acerca de las condiciones de mayor vulnerabilidad y desventajas que enfrentan las mujeres adolescentes y sus hijos e hijas en relación con las de los varones del mismo grupo de edad. Ello debería ser motivo suficiente para que el Estado y la sociedad ampliaran y reforzaran las políticas de equidad de género que han fallado en proteger los derechos de las mujeres adolescentes en nuestro país.

Consulta Juvenil del Instituto Nacional Electoral

La Consulta Infantil y Juvenil que el Instituto Nacional Electoral (INE) llevó a cabo de manera paralela a las elecciones de 2015 arrojó datos interesantes en torno a la situación que viven y las opiniones que sostienen los 487 600 adolescentes de entre 14 y 17 años que participaron en la consulta.

En torno a las oportunidades con las que cuentan y con las que les gustaría poder contar, en educación, trabajo, deporte, recreación y participación, los adolescentes opinaron lo siguiente:

> 28% señalaron que no cuentan con lugares adecuados para divertirse y hacer deporte, por lo que 55% dijeron que en el lugar donde viven les gustaría que hubiera centros recreativos

y digitales, 53% que hubiera becas y más escuelas, 40% oportunidades de empleo digno, 32% apoyos para la organización de jóvenes y 22% para conocer y ejercer sus derechos.

Uno de los rubros cuyos resultados son preocupantes es el de los bajos niveles de confianza que los adolescentes manifiestan tener, particularmente hacia las instituciones gubernamentales.

Gráfica 2. *Niveles de confianza*

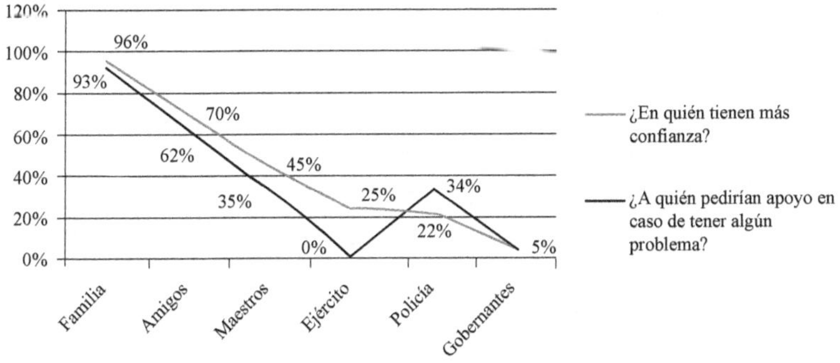

Fuente: *Consulta Infantil y Juvenil*, Instituto Nacional Electoral, 2016.

Queda claro que los lazos familiares y los de amistad son los más significativos para los adolescentes, en tanto que los niveles de confianza hacia los maestros y las instituciones gubernamentales son sumamente bajos y preocupantes.

Otro bloque de preguntas que respondieron en la consulta tiene que ver con la seguridad. En este caso, los y las adolescentes dijeron que no se sienten seguros:

- 4% en su casa.
- 27% en su escuela.
- 64% en su trabajo.
- 70% en la calle.

Adicionalmente, dijeron haber sufrido:

- 44% violencia física.
- 67% violencia verbal.

- 33% violencia psicológica.
- 12% violencia sexual.

Resulta preocupante saber que no se sienten seguros en distintos espacios y que un alto porcentaje ha experimentado diversos tipos de violencia. Otros datos que llaman la atención de la consulta son que 31% dijo que a ellos o a sus amigos les han ofrecido drogas, mientras que 4% señaló que los habían obligado a formar parte de algún grupo delictivo.

Aunque el porcentaje de los adolescentes que dijeron que los han obligado a formar parte de un grupo delincuencial pudiera parecer bajo, en realidad no lo es. Tomando en cuenta el número de adolescentes que participaron en la consulta, 4% significa que 19 504 dijeron haberse encontrado en esta "situación", dato que sorprende y que sería conveniente indagar, sobre todo porque el total de adolescentes que en 2016 se encontraban privados de su libertad ronda los 3 mil.

Para concluir este capítulo quisiera retomar algunas de las ideas que, de manera muy apropiada, expresó Save the Children en su reporte: *Las y los adolescentes que México ha olvidado*. El reporte (2016) destaca que: deserción escolar, empleos poco dignos, carencia y baja calidad de servicios esenciales, falta de protección social, embarazo adolescente y reproducción del círculo de la pobreza, son solo algunos de los impactos que afectan de por vida a las y los adolescentes, y afectan aún más a quienes, por sus características étnicas, de género o de exclusión, sufren de mayores riesgos de caer o perpetuar estas condiciones. Es preciso tener claro, de acuerdo con la misma fuente, que estas condiciones son destructivas, socavan la confianza, la cohesión social, el crecimiento económico y la paz, como de alguna manera lo muestran las respuestas de los y las adolescentes que participaron en la Consulta Juvenil realizada por el Instituto Nacional Electoral.

Capítulo IV

Factores de vulnerabilidad
previos al delito

En este y en los próximos capítulos abordaremos los resultados que obtuvimos en las entrevistas que realizamos a los adolescentes que cometieron infracciones graves, particularmente aquellos que reúnen diversos tipos de vulnerabilidad y aquellos que hicieron uso de la violencia, quienes, en ambos casos, se encuentran privados de su libertad en 17 entidades de la República. En estos capítulos, cederemos en buena parte el uso de la palabra a los y las adolescentes, a fin de que puedan ser escuchados y comprendidos en sus propios términos, y de que podamos aproximarnos a sus historias con las palabras que ellos y ellas utilizaron para narrarlas.

En el presente capítulo abordaremos los siguientes aspectos: el perfil sociodemográfico de los y las adolescentes que entrevistamos, así como las características de la familia con la que crecieron, la escolaridad y su situación socioeconómica y laboral. Todo ello con el propósito de conocer, con el mayor detalle posible, las circunstancias que antecedieron a su participación en hechos de violencia, así como los factores de vulnerabilidad que estuvieron presentes en su entorno personal y familiar.

Como explicamos al exponer el diseño de la metodología, procuramos que quedaran representadas en nuestro estudio todas las regiones del país, por lo que la selección de las entidades quedó como sigue:

- Región Norte: Chihuahua, Durango, Sonora, Coahuila, Sinaloa, Baja California y Zacatecas.
- Región Centro: Puebla, Morelos, Hidalgo, Ciudad de México, Estado de México y Jalisco.
- Región Sur: Oaxaca, Yucatán, Tabasco y Veracruz.

El cuadro siguiente muestra el número de entrevistas que realizamos por entidad.

Tabla 3. *Número de entrevistas realizadas por entidad en 2014 y 2016*

Entidad	Número de entrevistas
Puebla	38
Morelos	89
Ciudad de México	41
Jalisco	36
Yucatán	23
Veracruz	27
Hidalgo	64
Zacatecas	34
Oaxaca	25
Durango	38
Coahuila	42
Sonora	33
Estado de México	40
Sinaloa	83
Chihuahua	30
Tabasco	44
Baja California	43
Total	730

Las entidades estudiadas en 2014 fueron: Coahuila, Sinaloa, Morelos e Hidalgo. En el resto de las entidades las entrevistas se llevaron a cabo en 2016.

Perfil sociodemográfico

Con el propósito de entender mejor la problemática de los sectores más vulnerables entre los adolescentes privados de libertad, decidimos sobre representar en nuestra muestra a las mujeres y a los indígenas. Así, mientras que solo 4% de los adolescentes privados de libertad en todo el país son mujeres, nuestra muestra incluyó a 14% de mujeres y mientras que solo 3% son indígenas, nosotros incluimos a 10% de indígenas.

Tabla 4. *Número y porcentaje de adolescentes entrevistados por sexo y condición étnica*

Varones	Mujeres	Mujeres Porcentaje	Indígenas	Indígenas Porcentaje
631	99	14	73	10

Adolescentes entrevistados en 17 entidades de la República en 2014 y 2016.

Las mujeres

En cuanto a las mujeres, nos referimos a una situación de mayor vulnerabilidad en relación con los varones por varios motivos. En primer lugar, porque es más frecuente que ellas hubieran sufrido agresiones sexuales en comparación con los varones y que ello las hubiera dejado expuestas a una situación más frágil y de mayor desprotección, dado que a menudo los abusos tienen lugar dentro del ámbito familiar. Asimismo, es más frecuente que las mujeres hubieran cometido delitos al tener que huir de sus casas por diferentes motivos y que cometan delitos impulsadas por el deseo de acompañar, apoyar, encubrir o complacer a sus parejas, actitud que es consistente con los patrones de conducta de género dominantes en nuestra sociedad. No en pocas ocasiones las parejas se han apoyado en ellas para evadir la acción de la justicia o las han enganchado y seducido deliberadamente para obtener su complicidad.

Una vez que son detenidas y enviadas a los centros de internamiento, las mujeres también se encuentran siempre en situación de desventaja, ya que se las envía a la misma institución donde se encuentran los varones, pero se les coloca en una sección aparte con el fin de impedir que se relacionen con ellos. De este modo, con la intención de protegerlas, en realidad se les aísla y se les restan oportunidades al impedirles participar en las actividades que se imparten para los varones, ya sea de tipo educativo, deportivo o de capacitación laboral. Las mujeres permanecen, así, la mayor parte del tiempo encerradas en su sección con muy pocas actividades, mientras que a los varones se les permite hacer uso de los salones, los talleres y los espacios abiertos. Por último, otro motivo por el cual las mujeres se encuentran en desventaja tiene que ver con los estereotipos de género que prevalecen en la sociedad y por los cuales se suele reprochar más a las mujeres cuando cometen delitos, que a los hombres.

Los indígenas

Por lo que se refiere a los y las indígenas, entrevistamos adolescentes pertenecientes a los siguientes grupos étnicos: chatino, chinanteco, chol, huichol, maya, mazateco, mixe, mixteco, náhuatl, otomí, tarahumara, trique, tzeltal, tzotzil, zapoteco y zoque. Aunque la mayoría de ellos hablaban español al momento de ser entrevistados, su comprensión de este idioma y su capacidad para expresarse variaba notablemente. Muchos señalaron que cuando fueron detenidos hablaban y comprendían muy poco español, a pesar de lo cual solo en unos cuantos casos contaron con traductores durante su juicio. Varios de ellos señalaron que no comprendían las explicaciones que los jueces les dieron durante las audiencias y que, solo tiempo después de estar en el centro de internamiento, fueron poco a poco entendiendo el significado de los términos jurídicos que emplearon para juzgarlos y las razones por las que los privaron de su libertad.

Otros motivos adicionales por los que los indígenas se encuentran en situación de mayor vulnerabilidad, respecto al resto de las y los adolescentes, tienen que ver con el hecho de que pertenecen a los sectores más pobres y marginados de la sociedad y cuentan con niveles educativos bajos dado que comenzaron a trabajar siendo muy pequeños. Todo ello les restó oportunidades para poder desarrollar plenamente sus capacidades. Adicionalmente, cuando se les detiene, la mayor parte de las veces se les traslada a centros de internamiento distantes de sus comunidades de origen, por lo que sus padres no pueden acudir a visitarlos ni brindarles su apoyo e inclusive muchas veces tampoco pueden comunicarse con ellos por teléfono en muchos casos pierden el contacto con su familia. Si tomamos en cuenta que para los indígenas estar privados de su libertad significa, entonces, que dejan de tener contacto con su lengua, su cultura, su familia, su medio ambiente y su vida comunitaria, entenderemos por qué sus condiciones de vulnerabilidad y de desventaja son mayores que para el resto de los y las adolescentes privados de libertad. Sin embargo, estos factores adicionales de vulnerabilidad suelen ser pasados por alto, tanto por las instituciones de justicia, como por los centros de internamiento donde se hallan privados de la libertad.

Abriremos aquí un pequeño paréntesis para incluir algunas historias que ilustran muy bien la situación de mayor vulnerabilidad en que se encuentran las mujeres y los indígenas, en comparación con otros adolescentes privados de libertad. En primer lugar, incluimos la historia de Lisa, una chica de origen indígena a la que entrevistamos en un centro de internamiento de la Ciudad de México.

Lisa, una chica de 15 años que nació en Oaxaca y es de origen indígena, ella habla chinanteco. A pesar de no haber conocido a sus padres y haber vivido durante un tiempo en la calle, Lisa se expresa de manera muy inteligente y articulada. Ella dice:

"No conozco a mis verdaderos papás. Mi mamá me regaló a los 20 días de nacida con otras personas y anduve de mano en mano hasta que una señora comerciante me recogió y me cuidó. Yo solo fui hasta el tercer año de la primaria. Me salí de la escuela porque un niño me cortó un dedo con unas tijeras. Luego la señora le pidió a su hija que me registrara y, cuando la señora murió, me fui a vivir con su hija, pero como su esposo abusó de mí, esa señora ya no quiso que yo siguiera viviendo en su casa y me echó. Entonces me fui a vivir yo sola a la calle y me comencé a drogar y a robar para poder comprar las drogas. Ahí en la calle conocí a mi pareja y quedé embarazada. Él me golpeaba y me maltrataba mucho y los dos robábamos. Nos detuvieron por robo a transeúnte. Ese día nos habíamos peleado porque a mí no me gustaba que él fumara tanta piedra y entonces me picó. Era mi cumpleaños y entonces se robó un perrito y me lo regaló, luego pasó un señor y lo robamos, le quité su teléfono y mi pareja le quitó 60 pesos que traía y unos lentes de 25 pesos. A los cinco minutos llegó la patrulla y nos detuvo. No me han podido dar mi libertad porque el señor al que robamos no se ha presentado a declarar. A mi pareja lo detuvieron porque ya había estado antes en la cárcel por robo, pero esta vez lo encerraron porque también había picado a otra persona ese día".

Lisa dice que le gusta mucho estar en la institución porque las tratan bien y que, cuando se llega a sentir mal, platica con su psicóloga o bien se pone a leer y esto le ayuda mucho. No tiene ningún familiar que la visite y dice que no extraña nada de su vida anterior. Como está embarazada, piensa que, cuando salga, irá a un albergue para madres solteras y que quizá más adelante regresará a Oaxaca para intentar buscar a algunos de los familiares de la señora que la adoptó.

La siguiente, es la historia de Maribel, una chica que se encuentra interna en el estado de Puebla y cuya situación de vulnerabilidad inició cuando fue violada por uno de sus tíos.

Maribel se encuentra interna desde hace dos años en el estado de Puebla y aún le quedan más de tres para cumplir con su sentencia. Cuenta que vivía en Ciudad Juárez con sus padres, pero que se salió de su casa por problemas familiares y se fue a vivir con su novio con quien cometió el delito de secuestro. Estudió hasta el primer grado de la preparatoria y también su padre cursó la preparatoria, mientras que su madre solo la primaria. Su padre es carpintero y su mamá trabaja haciendo labores de limpieza. Ella relata que, cuando era pequeña, un tío abusó de ella, pero que no les dijo a sus padres a pesar de que no podía dejar de pensar en ello y tenía dificultades para concentrarse. Eso hizo que ella buscara relacionarse con algunas personas porque tenía la idea de vengarse de su tío.
Conoció a su novio a través de Facebook y él le ofreció trabajo, por eso se trasladó primero al estado de Guerrero, ya que él, junto con otras tres personas, formaba parte de un grupo que se dedicaba a secuestrar.

"Secuestramos a una mujer y nos venimos a Puebla para hacer ese delito. Cuando íbamos a cobrar el rescate, nos agarraron a los cuatro. Yo cuidaba a la señora que secuestramos, le daba de comer, la llevaba al baño; yo no lo hice por dinero sino porque quería que este grupo me ayudara a vengarme de mi tío que había abusado de mí. Una de las personas del grupo era exmilitar". Señala que, cuando la detuvieron, la policía ministerial la maltrató: "me dieron toques, me mojaron, me daban cachetadas en mi cabeza. Ellos querían que les dijera con quiénes trabajábamos, pero yo no sabía su nombre, solo su apodo". Con respecto al apoyo que recibió por parte de su defensor, señala: "son pésimos abogados, el que me tocó a mí no me defendió".

Con respecto a cómo se encuentra en el centro de internamiento, refiere: "si fueran buenos aquí, los chavos saldrían bien regenerados, pero no, no es así, si nos pusieran más atención no estaríamos así". Apunta que el trato que les dan en la institución es malo, en especial, "no me gusta el trato de las custodias porque nos sobajan". Dice que, por ello, los chicos salen peor de la institución "cuando nos enteramos, ya los mataron o están encerrados otra vez".

Enseguida añadiremos las historias de dos jóvenes indígenas, Wilfrido y Leopoldo, que se hallan internos en el estado de Oaxaca. Los diversos factores de vulnerabilidad que antes mencionamos son patentes en sus historias, incluyendo el hecho de encontrarse privados de su libertad a pesar de que ambos refieren ser inocentes.

Wilfrido es un joven mixteco que tiene 21 años, pues hace cuatro años que se encuentra en la institución y todavía le quedan cinco para terminar de cumplir su sentencia, aunque dice que quizás obtenga su libertad en la revisión que le harán en un año más. Relata que apenas cursó los primeros años de la primaria, pero se salió porque no le gustaba la escuela, ya que le costaba mucho trabajo entender el español porque su lengua materna es el mixteco. Tampoco sus padres fueron a la escuela y ambos trabajan en el campo, así que cuando Wilfrido se salió de la escuela comenzó a ayudarles en las labores del campo. Él es el más pequeño de ocho hermanos y, antes de ingresar al centro, vivía con sus padres y algunos de sus hermanos. Sus padres siempre se hicieron cargo de él cuando era pequeño, así que dice que considera que ambos son las personas más valiosas que ha tenido en su vida y quienes más lo han apoyado. Tampoco reporta haber sufrido maltrato y humillaciones cuando era pequeño y nadie de su familia ha estado antes en una prisión. Y, aunque su padre consumía alcohol, él no consumía alcohol ni drogas antes de ingresar al centro.

Wilfrido fue acusado de homicidio y relata lo siguiente:

"Fue porque yo siempre andaba con mi mamá y siempre trabajábamos en un terreno y ahí al lado mataron a un vecino y, como yo siempre estaba en el terreno de al lado, me acusaron. Yo dije que tenían que probarme el homicidio, pero no lo hicieron; me dejaron aquí porque según que un niño de 7 años me vio y, según la jueza, dijo que era yo porque el niño lloró cuando me vio, pero *no era eso,* sino que el niño hablaba mixteco y lloraba porque no entendía lo que le decían. Según me dijo la licenciada que ya no me pudo defender porque ese niño lloró, pero ni dijo nada, nomás lloró y por eso dijeron que yo maté a ese señor".

Relata que, cuando lo detuvieron, no lo maltrataron ni le hicieron nada: "yo estaba tranquilo porque no había hecho nada". Sin embargo, no le explicaron que tenía derechos ni que podía contar con un abogado. Por eso dice que no está de acuerdo en cómo lo trataron las autoridades ni la juez, pues no lo escucharon ni le dejaron rendir su testimonio. Sus padres y sus tíos lo apoyaron cuando lo detuvieron y, al ingresar al centro, se sintió mal pero ahora ya se siente mejor. Su familia solo lo visita tres o cuatro veces por año, pues viven lejos y no tienen recursos. Lo que más le gusta de estar internado es poder completar sus estudios y lo que menos le gusta es la comida, pues todos los días les dan lo mismo y es muy poca comida. Al salir, le gustaría poner una panadería, tener una casa, una familia, estar tranquilo y vivir feliz.

Wilfrido reflexiona: "Yo creo que, como yo hablaba mi idioma, por eso me dejaron aquí porque la jueza dijo: 'tú ni hablas bien el español, por eso te voy a dejar aquí y ya luego te dejo ir. Me sentí mal porque me dio a entender que era por falta de estudio que me dejaba aquí, pero no dieron pruebas de que yo fui, y eso me hizo sentir mal. Y en mi audiencia me engañó porque me dijo que iba a revisar mi caso al terminar mi secundaria y ya acabé y no me hizo caso y me engañó porque me dijo que me iba a apoyar al terminar la secundaria y no lo hizo. Mi familia sí me apoyó porque mi mamá dijo que yo estaba con ella, que yo no hice eso y la jueza dijo que no valía porque era mi mamá y yo no tuve otra persona que viniera a hablar por mí… Yo estoy aquí por algo que no hice, pero estoy aprendiendo cosas para salir adelante".

Escucharemos ahora la historia de Leopoldo, otro muchacho indígena cuyo padre, un policía municipal a quien él recuerda como un muy buen padre, fue mandado a asesinar por encargo. Leopoldo fue culpado de otro homicidio, del que dice ser inocente.

Leopoldo es un muchacho de 17 años que se encuentra interno en el estado de Oaxaca. Él lleva un año interno y todavía le quedan tres más para completar su sentencia. Su familia y él son hablantes del Chatino. Él no pudo completar la primaria. Dice que no le gustaba la escuela porque lo molestaban y porque los maestros no lo apoyaban. También refiere que, en su escuela, los más grandes abusaban de los más pequeños. Tampoco sus padres terminaron la primaria. Su padre era policía y además trabajaba en el campo y su madre vende tamales. Leopoldo comenzó a trabajar en el campo antes de los 12 años y después trabajó como chalán de albañil. Él contribuía con los gastos de su familia, ya que tiene cuatro hermanos y un medio hermano, y dice que la situación económica de su familia era mala y que a veces faltaba comida en su casa. Antes de ingresar vivía con su madre y sus hermanos, pues cuando tenía 14 años mataron a su padre: "mataron a mi papá por algo que él no hizo, él era policía municipal, pero él era tranquilo", dice. Cuando él era pequeño, sus padres lo cuidaban, se preocupaban de que comiera e hiciera las tareas escolares, aunque no podían llevarlo de paseo ni le celebraban sus cumpleaños. Él considera que tanto su padre como su madre son las personas más valiosas que ha tenido en su vida y quienes más lo han apoyado, así como las personas a quien más confianza les ha tenido. No reporta haber sufrido ningún tipo de malos tratos cuando era pequeño y dice que su padre no bebía alcohol ni consumía drogas y tampoco Leopoldo reporta haberlas consumido.

Leopoldo fue acusado de homicidio y explica lo siguiente: "como mataron a mi papá, me dolió mucho eso a mí, y los que lo mataron me fueron a buscar y me dispararon, pero no me dieron. Una de esas personas murió y le echaron la culpa a un primo que andaba en cosas malas. Cuando lo agarraron, mi primo dijo que yo lo acompañé a matar a esa persona y por eso me trajeron aquí.

La gente que mató a mi papá no tenía problemas con él, lo hizo por un sueldo porque mi papá era policía municipal".

Leopoldo relata que, cuando lo detuvieron, lo amenazaron de que lo iban a matar si no hablaba: "pero yo no sabía hablar bien español y les dije lo que yo sabía nada más. Yo no me podía defender porque no hablaba bien español. Ni siquiera entendía que me estaban diciendo que me iban a matar". Dice que, cuando lo detuvieron, le dijeron que tenía derechos "pero yo no entendía qué derechos tenía". Solo cuando llegó a la primera audiencia, le consiguieron un traductor que le explicó cada cosa que le decía el juez. Sin embargo, dice que no entendía mucho y ni siquiera pudo explicar que él no estaba ahí y considera que no pudo defenderse "porque yo no tenía pruebas de que yo no lo hice". Fue hasta que llegó al centro de internamiento que pudo comunicarse con su familia; sin embargo, le exigían que hablara en español con su familia "pero yo no podía hablar en español con ellos, pues ellos no saben hablar español".

Leopoldo se siente muy contento porque en el centro de internamiento pudo concluir la secundaria: "por eso estoy muy contento conmigo mismo porque estoy saliendo adelante y voy a entrar al bachillerato". Su mayor sueño sería "poder seguir estudiando y llegar a conocer muchos países". Leopoldo concluye: "aquí venimos a cambiar y a aprender".

La edad

Continuando con el perfil sociodemográfico de las y los adolescentes que entrevistamos, nos referiremos ahora a la edad. El cuadro siguiente muestra los porcentajes por subgrupos de edad de las y los 730 adolescentes que entrevistamos.

Tabla 5. *Edad de las y los adolescentes entrevistados*

Edad	%
Menos de 15 años	2
De 15 a 16 años	18
De 17 a 18 años	49

| Mayor de 18 años | 31 |
| **Total** | 100 |

Adolescentes entrevistados en 17 entidades en 2014 y 2016.

Como puede apreciarse, casi la mitad (49%) de los adolescentes privados de libertad entrevistados tiene entre 17 y 18 años, mientras que casi una tercera parte (31%) son mayores de 18 años y, quienes tienen entre 15 y 16 años, representan 18%. El hecho de que encontremos a mayores de edad en las instituciones para adolescentes se debe, por un lado, a que la ley señala que no deben ser enviados a centros penitenciarios para adultos quienes hubieran cometido un delito siendo menores de edad y, por otro, a que, antes de la entrada en vigor de la ley actual para adolescentes, algunas de las entidades contaban con penas de entre siete y hasta 15 años, por lo que los internos fácilmente permanecían en las instituciones para adolescentes siendo mayores de edad. Aunque la ley estipulaba que estos jóvenes deberían compurgar en lugares distintos tanto de los adultos como de los menores de edad, en los hechos, permanecían en las instituciones para adolescentes, en ocasiones, pero no siempre, en una sección separada de la población de menores de 18 años. En algunas instituciones esto ocasionaba severos problemas, ya que los mayores de edad tendían a someter y controlar a los menores de edad.[15]

Agregaremos aquí dos historias más, la de Alexis y la de Mitzi, ambos mayores de 20 años, quienes se involucraron en grupos de delincuencia organizada y ahora se encuentran en un centro de internamiento en el Estado de México.

Alexis es un joven de 20 años, originario de la Ciudad de México, quien lleva más de dos años internado en el Estado de México y le quedan aún más de tres para cumplir con la medida de internamiento. Se vinculó con el crimen organizado porque unos amigos lo invitaron a integrarse a la Familia Michoacana en el Estado de México. Desde los 12 años comenzó a trabajar como chalán de mecánico y de albañil y, desde esa edad, conoció al jefe

[15] Afortunadamente, con la nueva ley estos casos disminuirán, ya que la pena máxima que se prevé para los y las adolescentes en todo el país es de cinco años, modificación que es acorde tanto con los principios de la justicia juvenil a nivel internacional, así como con las mejores prácticas, sustentadas en evidencias.

de la plaza quien lo integró a su grupo como vendedor de droga al menudeo, aunque Alexis le pidió mantener su empleo "para no llamar la atención".

A los 14 años, el jefe de plaza lo designó como escolta y coordinador de esta, lo que le valió subir en el nivel de incidencia y tareas, así como de ingresos, por lo que dejó sus trabajos ocasionales para dedicarse de tiempo completo al grupo y se alejó definitivamente de su familia. Asistió solo a la escuela primaria y la secundaria la cursó en el sistema abierto, alternando las tareas escolares con las tareas de sicario, con la autorización del jefe de la plaza. El jefe de la plaza, cuando Alexis lo conoció, era un militar que imponía un sistema similar al castrense, tanto en la disciplina como en la forma de otorgar premios y castigos.

Su padre, con estudios de secundaria completa, siempre estuvo al pendiente de la familia y su madre, también con estudios de secundaria completa, trabajaba como costurera industrial. Alexis es el menor de sus hermanos y relata que, cuando era pequeño, sus padres trabajaban, por lo que la situación económica era buena y tenían todo lo necesario para vivir bien, aunque no podían darse lujos o gastos excesivos. Siempre sintió el apoyo de sus padres, pero como ambos trabajaban, disponían de poco tiempo, aunque se organizaban para llevarlo al doctor cuando se enfermaba, jugar, llevarlo de paseo y celebrar su cumpleaños y el de sus hermanos, eventos que recuerda con mucho cariño.

Refiere que sus padres son las personas que considera más valiosas y quienes más lo han apoyado en su vida, así como en quienes más confía. Alexis considera que nadie le ha hecho daño en su vida salvo él mismo. No refiere haber sufrido malos tratos, abusos o violencia cuando era pequeño.

Alexis fue acusado de secuestro y robo de vehículo, delitos que realizó como parte de las tareas que le encargaron como miembro del grupo de choque de la Familia Michoacana. Relata lo siguiente: "comencé vendiendo drogas y hacía trabajos por la derecha, al principio lo hice para ganar más lana, pero después para que no sospecharan... Después me fui ganando la confianza del jefe, pues comencé ganado 5 mil y llegué a ganar hasta 30 mil o más a la quincena". Relata que su patrón organizó diferentes grupos: "uno de secuestro, otro de venta de droga, otro de choque…

tenía varios. En cada uno, había un jefe que mandaba y se entendía con el patrón, pero yo no conocía todos porque eran muchos".

Sobre el delito por el que fue detenido, Alexis cuenta: "…ese día el patrón nos pidió darle piso a uno que no quería pagar o algo le hizo, uno no preguntaba, nomás cumplía… Fuimos por la persona que nos pidió el patrón. Los esperamos a la salida de un antro, ahí lo subimos en su coche y nos fuimos para darle piso, pero en el camino había un retén, nos pararon y al revisar nos encontraron armas y al secuestrado".

Antes de esa ocasión, lo habían detenido muchas veces, pero su jefe pagaba a los policías y lo liberaban, por eso ni se detuvo en el retén, porque pensó que sería igual que en las ocasiones anteriores. Menciona que su patrón murió días después en otro operativo de la policía.

Refiere que el trato que reciben en la institución por parte tanto del personal como de los custodios es bueno y que ahí no se mete en nada para no tener problemas. Señala que en la institución se encuentra cursando la preparatoria, participa en talleres de electricidad y guitarra, en sesiones de psicología y realiza actividades deportivas. Sin embargo, dice que no le gusta nada de la institución y todo le desagrada, especialmente el largo tiempo que pasan encerrados en los dormitorios. Lo que más extraña es a su familia, que lo visita cada 15 días, aunque hablan por teléfono. Dice que al estar en esa institución depende de cada quien aprovechar la oportunidad para salir mejor que como entraron. Cuando salga, piensa volver con su familia, además de buscar trabajo.

Veremos ahora la historia de Mitzi, otra joven mayor de edad quien se involucró en actividades delictivas, en buena parte, por carecer de apoyo por parte de su familia.

Mitzi tiene 21 años, pues lleva más de dos años interna y le quedan menos de seis meses para terminar de cumplir con su sentencia. Ella no logró terminar la preparatoria por problemas económicos, y señala que le gustaba asistir a la escuela a pesar de que había riñas, se robaban las pertenencias y en ocasiones los maestros maltrataban a las y los alumnos. Mitzi vivió desde los cinco años con una tía porque su padre, un hombre sin estudios, abandonó a la familia y su madre, quien cursó una carrera técnica, se fue a Estados Unidos y solo regresó a México cuando se enteró de la detención de su hija. Aunque su tía se hizo cargo de ella, no atendía sus necesidades de la escuela ni estaba al pendiente de que comiera, si bien le celebraban sus cumpleaños y la Navidad, y la llevaban de paseo porque su madre enviaba dinero para que lo hicieran.

Desde temprana edad, Mitzi decidió dejar a su familia para irse a vivir por su cuenta, ya que dice haber sufrido humillaciones pues a menudo le decían en casa de su tía que era "una arrimada". Refiere que, desde los 14 años, comenzó a consumir alcohol y drogas.

Mitzi fue acusada de secuestro y delincuencia organizada. Relata que: "cuando estaba en la secundaria, conocí al papá de mi hijo. Como me fui a vivir sola, él llegaba conmigo y comenzamos a vivir juntos. Entonces quedé embazada y poco después del nacimiento de mi hijo comenzaron los problemas. Mi expareja se robó a mi hijo y prometió que no lo encontraría, y así fue, no podía dar con mi hijo. Estaba tan desesperada que pedí ayuda a la Familia Michoacana para encontrarlo. A cambio, me pidieron trabajar para ellos como halcón y después me obligaron a participar en secuestros. Ellos dieron con mi hijo y me lo entregaron".

Sobre el delito por el que fue detenida, Mitzi cuenta: "…hicimos muchos secuestros, a mí me tocaba ir a investigar a los secuestrados o engancharlos para ponerlos. En el último secuestro en que participé, fuimos a un antro por un chavo de 18 años, bailamos y le pedí salir del lugar para ponerlo".

Mitzi relata: "desde que me subieron al auto, los policías comenzaron a pegarme, me llevaron a una casa donde estaban los ministeriales, ahí me pusieron una bolsa en la cabeza para ahogarme, me dieron toques eléctricos y golpes". Relata que, cuando la detuvieron, la apoyó su familia, especialmente su madre, quien regresó de Estados Unidos para ayudarla y para ver por su nieto. Refiere que el trato que reciben en la institución por parte tanto del personal como de las custodias es bueno, aunque algunas custodias las castigan por cualquier cosa.

Lo que más extraña estando en la institución, es a su hijo y poder caminar libremente. Mitzi refiere que, estando en dicho lugar, depende de cada uno el poder aprovechar o no el internamiento, aunque piensa que la mayoría de las internas salen peor que como entraron. Cuando salga, ella buscará estudiar Biología Marina para poder vivir en el mar junto con su hijo y verlo crecer, aunque primero buscará trabajar para ayudar a su hijo, quien dice, es su principal responsabilidad.

Dentro del perfil sociodemográfico, también incluimos el lugar de origen y de residencia de las y los adolescentes antes de ingresar al centro de internamiento. Recabamos, así, información precisa, tanto del municipio en donde nacieron, como de las veces y los motivos por los que se mudaron de un lugar a otro y del último lugar donde residieron.[16]

Encontramos tanto adolescentes que provienen del medio rural como del urbano, aunque la mayor parte de las veces los centros de internamiento están ubicados en la capital de los estados. Esto último constituye un obstáculo para que buena parte de las y los adolescentes puedan recibir la visita de sus familiares, ya que estos muchas veces residen en lugares distantes y carecen de los recursos necesarios para trasladarse y poder visitar a sus hijos con frecuencia.

Enseguida nos referiremos a la composición y las características de las familias de los adolescentes, ya que, sin duda, la familia tiene un peso decisivo entre los factores que más influencia tienen en el comportamiento de las y los adolescentes que han cometido infracciones graves.

La familia

Debido al peso decisivo y, en ocasiones, determinante que el contexto familiar tiene para definir las posibilidades de desarrollo de los hijos e hijas, especialmente durante la primera infancia, en la encuesta que levantamos incluimos una batería de preguntas que nos permitieron detectar las características y la calidad de los víncu-

[16] En las historias que transcribimos hemos utilizado nombres ficticios para proteger la identidad de los y las adolescentes. Por la misma razón, omitimos mencionar el municipio de donde son originarios o donde fueron detenidos y en el que residen sus familiares.

los que con mayor frecuencia se observan entre las familias de las y los adolescentes que han cometido infracciones graves, especialmente de tipo violento. Analizaremos en esta parte las respuestas que obtuvimos y que resultan preocupantes porque muestran un alto grado de deterioro y de descomposición, tanto en lo relativo a la capacidad de las familias para hacerse cargo y proteger a sus hijos, así como en la calidad de los vínculos familiares.

Del total de las y los adolescentes entrevistados, 62% dijeron que sus padres se habían separado. Si bien este dato, por sí mismo, no necesariamente es preocupante, lo es cuando los niños, niñas y adolescentes abandonan su hogar, quedan desprotegidos o tienen una situación familiar que es permanentemente inestable. Por ello, este dato debe analizarse en conjunto con otros que recabamos acerca de la situación de la familia. Por ejemplo, algunos datos relevantes, son:

- 51% de las y los adolescentes dijeron haberse salido de sus casas, en ocasiones, de manera temporal y, en otras, definitiva.

Ahora bien, del total (51%) de quienes se salieron de sus casas, a veces por un tiempo y, en 43% de los casos, de manera definitiva:

- 28% se fueron a vivir con otros familiares.
- 29% con amigos.
- 20% con su pareja.
- 16% vivían solos.
- 7% vivían en la calle.

En relación con los motivos que los llevaron a salirse de sus casas, dijeron lo siguiente:

- 31% lo hizo por problemas familiares.
- 27% para irse a vivir con amigos o con integrantes de un grupo delictivo.
- 17% para irse con su pareja.
- 10% para irse a trabajar a otro lado.

Es importante resaltar que casi la tercera parte dijeron que abandonaron sus casas por problemas familiares. Sin embargo, también un alto porcentaje (que mostramos de manera agregada con 27%), dijeron que lo hicieron porque preferían irse con sus amigos, hacer su propia vida o porque usaban drogas o sentían que sus padres no los entendían o porque no querían someterse a la disciplina familiar.

Es importante hacer notar que 23% de las y los adolescentes entrevistados tienen hijos o hijas y la mayoría de ellos expresaron que el hecho de estar privados de su libertad los hace sentir mal, porque no pueden hacerse cargo de la responsabilidad que tienen como padres o madres frente a sus hijos e hijas.

Otros datos relevantes con respecto a la composición de su familia son los siguientes:

- 22% no conoció y nunca ha vivido con su padre.
- 5% no conoció y nunca ha vivido con su madre.
- 6% señaló que su padre había fallecido, la mayoría de las veces, por homicidio.
- 58% tiene entre 1 y 3 hermanos o hermanas.
- 32% tiene entre 4 y 8 hermanos o hermanas.
- 56% tiene, además, medios hermanos o hermanas.

En estos datos cabe destacar que un alto porcentaje de adolescentes tiene más de tres hermanos y más de la mitad, medios hermanos. Ello permite suponer que las familias enfrentan mayores dificultades cuando tienen que hacerse cargo de varios hijos e hijas y que esta dificultad es aún mayor cuando los padres se separan, cuentan con bajos niveles de escolaridad y tienen empleos precarios. Es igualmente importante resaltar el alto porcentaje de adolescentes (22%) que nunca conocieron a su padre, así como el hecho de que 6% reportaran que su padre falleció, la mayor parte de las veces, asesinado. Por lo que narraron estos adolescentes, sabemos que, en estos casos, la muerte de su padre tuvo un fuerte impacto que, casi siempre, tuvo un peso decisivo para que se iniciaran en actividades delictivas. En algunos de estos casos, los chicos narraron que, como no supieron quién y por qué mataron a su padre, y no hubo nadie que les diera una explicación, intentaron ingresar a algún grupo delictivo, ya fuera para averiguar lo que había ocurrido o bien para tratar de vengar su muerte. Sin embargo, queda claro que también lo hicieron porque, después de que alguien mató a su padre o su madre, la vida no tenía para ellos el mismo significado ni valor que cuando ellos vivían. En otras palabras, la muerte de alguno de sus padres los llevó a las actividades delictivas porque el sentimiento que prevalecía es que no tenían nada que perder, pues ya habían perdido lo que para ellos era más importante.

A la pregunta de ¿con quién vivían antes de ingresar al centro de internamiento?, respondieron lo siguiente[17]

- 50% con su madre.
- 28% con su padre.
- 14% con su pareja.
- 12% con otros familiares (abuelos, tíos o hermanos).
- 8% vivían solos.
- 6% con amigos o integrantes del grupo delictivo.

Del total de adolescentes entrevistados, 51% señaló que alguna otra persona que no fueran sus padres se había hecho cargo de él o ella, por lo menos, durante algún tiempo. Quienes se hicieron cargo de ellos en estos casos, fueron:

- 63% los abuelos.
- 19% los tíos.
- 7% los hermanos o hermanas.

Es difícil generalizar respecto al resultado que tuvo para los y las adolescentes el hecho de haber quedado bajo el cuidado de otros familiares. En algunos casos, los adolescentes se adaptaron y se sintieron aceptados en el nuevo núcleo familiar e incluso consideran a sus abuelos o tíos como sus verdaderos padres; sin embargo, en otros casos, nunca lograron adaptarse o no se sintieron parte del nuevo núcleo familiar, lo que en ocasiones hizo que lo abandonaran, que se sintieran rechazados y que quedaran desprotegidos. También encontramos casos en que los adolescentes dicen haber ingresado a un grupo delictivo buscando que este fuera el sustituto de la familia que no tenían. Abriremos aquí un paréntesis para referirnos a dos de estos casos.

[17] En este caso, los datos no suman 100%, ya que una parte de los adolescentes que dijeron que vivían con su padre, también vivían con su madre.

Carlos es un joven originario del estado de Veracruz que lleva más de dos años interno en el estado de Puebla y aún debe permanecer por casi tres años más. Dice que, desde los 13 años, se salió de su casa por problemas familiares y se estuvo mudando de un lugar a otro "por sus actividades" y ya no regresó con su familia, sino que vivía con los integrantes de la organización para la que trabajaba. Durante algún tiempo, antes de ingresar a la organización, había vivido con sus abuelos quienes, dice, son las personas que más lo han apoyado, así como un tío, en contraste con su padre, que considera es quien menos lo ha apoyado pues, cuando era chico, lo golpeaba y lo humillaba con frecuencia. Su padre estuvo un tiempo en prisión y consumía alcohol frecuentemente. Carlos cursó el primer año de la secundaria y le gustaba la escuela, aunque a menudo había goles entre los compañeros, se robaban sus pertenencias, los más grandes abusaban de los más pequeños y los maestros los maltrataban o se burlaban de ellos. Su padre también estudió la secundaria y su madre solo la primaria. Su papá es plomero y su madre lavaba ropa. La situación económica de la familia era mala y no siempre había qué comer. Desde los 12 años, Carlos comenzó a trabajar, primero en la construcción, igual que su padre, y luego como cerillo. Él tiene dos hermanos y un medio hermano. Más tarde, Carlos comenzó a consumir todo tipo de drogas: marihuana, cocaína, crack, cristal y pastillas, y lo hacía diariamente.

Carlos está acusado de secuestro, portación de arma prohibidas y delincuencia organizada. Relata que él solicitó ingresar a un grupo delictivo, pues tanto en lo bares como en algunas tiendas se topaba a menudo con narcomenudistas, a quienes pidió que le presentaran a su jefe. "Hablé con el comandante de la organización y le pedí trabajo. Me mandó a capacitarme a Piedras Negras, Coahuila, durante cuatro meses, y me capacité en armas, tácticas militares, posiciones de tiro, ascenso y descenso de vehículos. Me tocó ir a reventar y, cuando se va a reventar una casa o rancho de otra organización, es para apoderarte de todo lo que hay ahí, pero se producen enfrentamientos, muertos, pero todo se planea de antemano. Estuve dos años con la misma organización y en ese momento me gustaba porque me lavaban el cerebro, te hacen ver que son como tu familia porque encuentras en ellos lo que no encuentras en tu familia, porque ellos son casi siempre mayores de edad".

Por su parte, también Gregorio dice haber considerado al grupo delictivo como una familia.

Gregorio es un chico de 17 años que nació en el estado de Chiapas y dice haberse mudado a distintas localidades, primero porque su familia se mudó, y después porque se salía de su casa por temporadas y se iba a vivir solo. Explica que se salía de su casa porque no le gustaba obedecer. Lleva casi dos años interno y le quedan todavía cinco años para terminar de cumplir su sentencia. Apenas logró cursar hasta el tercer año de primaria porque no le gustaba ir a la escuela y, después de que lo corrieran, ya no quiso regresar. Él nunca vivió con su padre, quien se dedicaba a la pesca, y Gregorio no sabe hasta qué grado escolar cursó. Su madre apenas completó la primaria y es ama de casa. Gregorio, por su parte, comenzó a trabajar desde los 11 años; primero lo hizo en la pesca y más tarde trabajó en una granja, vendiendo frutas y como ayudante de albañilería. Antes de ingresar al centro de internamiento vivía con su madre, un hermano y cuatro medios hermanos. Relata que, cuando era pequeño, su madre le ayudaba con las tareas de la escuela, lo llevaba al médico cuando se enfermaba y le preparaba regularmente los alimentos. Sin embargo, señala que nadie jugaba con él o lo llevaba de paseo, aunque sí le celebraban sus cumpleaños. Por temporadas, cuando se salía de su casa, se iba con unos tíos o con personas conocidas que lo apoyaban. Considera que su madre es la persona que más lo ha apoyado a lo largo de su vida, mientras que su padre es quien menos lo ha hecho. En cuanto a quién es la persona en la que más confía, responde que en nadie pues, en realidad, nunca sintió confianza para hablar con sus padres. "Con mis papás no tenía confianza, me daba pena comentarles cosas, no sabía cómo iban a reaccionar. Yo me escapaba porque me hartaban, no me gustaba que me dijeran lo que yo tenía qué hacer". También refiere que cuando era pequeño sufrió golpes, malos tratos y humillaciones, y que cuando esto sucedía no encontraba a alguien que lo pudiera apoyar. También reporta que, cuando era chico, alguna de las personas con las que vivía, consumía alcohol y drogas, y refiere que algunos de sus tíos y primos han estado en prisión. Antes de ingresar, él también consumía alcohol y drogas diariamente. Entre las drogas que consumía, señala: marihuana, cocaína, cristal y solventes. Considera que la situación económica de su familia era mala pues, si bien no faltaba comida, no tenían todo lo necesario para vivir bien.

Gregorio relata que perteneció a un grupo delictivo: "era un grupo que yo ya conocía y que al principio solo me llevaban a 'rolar', pero luego ya supe que había cosas más grandes como robar 'trailers', autobuses o secuestrar. No estuve solo con un grupo, sino que luego me iba a otro lugar y me metía con otro grupo. Los grupos más pequeños con los que estuve eran como de siete y los más grandes como de 15 chavos. En Minatitlán me puse en contacto con un amigo que era de otro grupo y así me iba relacionando mediante conocidos para poder entrar. También en Chiapas fue así, por contactos con conocidos. Todos en el grupo participábamos en lo mismo, robábamos camiones de mercancías, como de Coca-Cola y otras veces robábamos casas de prestamistas o también participábamos en secuestros. Había unos que se encargaban de checar los datos de las personas para saber cuánto nos podía dejar un secuestro. Yo me encargaba de trasladar a la persona de un lugar a otro para no dejar rastros".

Al preguntarle si en alguno de esos grupos tomaban parte policías o expolicías, respondió: "Sí, siempre había expolicías, exmilitares o exmarinos y ellos eran los que planeaban todo, porque ellos son los que saben cómo se hace todo". También apunta: "estando con los grupos me sentía como parte de una familia, de unos hermanos; sentía que nos apoyábamos en las buenas y en las malas porque ellos están pendientes de ti". Al preguntarle si cuando salga de la institución piensa regresar con los grupos, dijo: "no pienso regresar por mi mamá y porque si vuelvo me pueden matar y también para darle un buen ejemplo a mis hermanitos y a mis primos de que aun estando aquí, uno se puede corregir".

El cuadro siguiente muestra la edad hasta la cual los y las adolescentes vivieron con su padre y con su madre.

Tabla 6. *Respuestas a la pregunta ¿Hasta qué edad viviste con tu padre o con tu madre?*

Edad a la que dejó de vivir con	Su padre %	Su madre %
Nunca vivió con él/ella	22	5
Entre 1 y 5 años	14	4
Entre 6 y 10 años	13	5
Entre 11 y 15 años	23	36
Entre 16 y 18 años	28	50
Total	100	100

Entrevistas con adolescentes internos en 17 entidades de la República, 2014 y 2016.

El cuadro anterior muestra que solo la mitad de los adolescentes continuaban viviendo con su madre antes de ser detenidos, mientras que solo 28% continuaban viviendo con su padre. Por otra parte, 22% nunca conoció a su padre y 50% dejaron de vivir con él cuando tenían entre 1 y 15 años.

Dada la importancia que tiene la primera infancia para asegurar el desarrollo sano y el desenvolvimiento pleno de las capacidades del ser humano, incluimos una serie de preguntas que hacían referencia a esta etapa de la vida de los y las adolescentes.

Tabla 7. *Respuestas a la pregunta ¿Y cuando tú eras pequeño o pequeña?*

Atención de necesidades	Sí %	No %
¿Alguien de tu familia preparaba regularmente la comida y se preocupaba de que comieras?	88	12
¿Alguien de tu familia te llevaba al doctor cuando te enfermabas?	91	9
¿Alguien de tu familia te ayudaba a hacer la tarea o asistía a reuniones en tu escuela?	67	33
¿Alguien de tu familia jugaba contigo?	67	33
¿Alguien de tu familia te llevaba de paseo?	65	35
¿Alguien de tu familia te celebraba tus cumpleaños o la Navidad?	77	23

| ¿Alguien de tu familia te compraba ropa y zapatos? | 89 | 11 |

Entrevistas con adolescentes internos en 17 entidades de la República, 2014 y 2016.

El cuadro anterior muestra que varias de las necesidades que son importantes de satisfacer para el bienestar físico y emocional de los niños y niñas, no estuvieron cubiertas para los y las adolescentes que cometieron infracciones graves. Resalta el hecho de que una tercera parte no contaron con apoyo para sus actividades escolares y tampoco sus padres jugaban con ellos, los llevaban de paseo o les celebraban sus cumpleaños.

Otra pregunta que realizamos se refiere a la persona que los y las adolescentes consideran que ha sido más valiosa en su vida y quien más los ha apoyado. Las respuestas que obtuvimos aparecen en el cuadro siguiente:

Tabla 8. *Respuestas a la pregunta ¿Quién es la persona que consideras más valiosa en tu vida, la que más te ha apoyado?*

Persona más valiosa	%
Madre	50
Padre	27
Abuelos	8
Hermanos	3
Nadie	3
Hijos	4
Otros	5

Los porcentajes no suman 100% porque algunos adolescentes mencionaron a varias personas.

Algunos datos llaman la atención del cuadro anterior: el hecho de que solo 50% y 27% consideraran a su madre y a su padre, respectivamente, como la persona más valiosa y el hecho de que 4% consideraran como la persona más valiosa a sus hijos y 3% a nadie.

Y, al preguntarles ¿quién es la persona que más daño te ha hecho o que menos te ha apoyado?, obtuvimos las siguientes respuestas:

- 24% dijo que su padre.
- 24% dijo que hermanos, tíos o amigos.
- 6% dijo que su madre.

Aquí llama la atención que una cuarta parte de los adolescentes identificara a su padre como la persona que menos lo ha apoyado en su vida o que, inclusive, les ha hecho más daño, pero también que un porcentaje igual señalara a tíos, hermanos o amigos como quienes más daño les han hecho. En el caso de Sandra, como veremos, ella identifica que lo que más daño le hizo fue la falta de su padre.

Sandra es una adolescente de 18 años que lleva menos de un año interna en Tabasco y le quedan otros cuatro para cumplir con la sentencia. Abandonó su casa a los 15 años porque quería ir a la aventura, por lo que se trasladó a vivir a Cancún donde se dedicó principalmente a la prostitución. Terminó la secundaria, pero no le gustaba la escuela porque se aburría y no entendía a los docentes ni a los libros y la reprobaron. Su padre murió de tuberculosis y no vivió mucho tiempo con ella; su madre, con primaria completa y actualmente es ama de casa, antes trabajó en plataformas de Pemex, lo que la obligaba a estar durante meses fuera de su casa. Cuando se salió de la escuela, no hacía ninguna actividad y comenzó a construir relaciones amistosas en la colonia en la que vivía, que la llevaron a abandonar su casa. Ella es la menor de dos hermanos y tiene otro medio hermano. Dice que, cuando era pequeña, la familia dependía económicamente de su mamá, pero la situación económica era buena y tenían para vivir sin apuros.

La madre la apoyó en la medida de sus posibilidades, aunque tenía poco tiempo debido a su trabajo; sin embargo, la llevaba al doctor cuando se enfermaba, pero no le celebraban sus cumpleaños, tampoco jugaban con ella, ni asistían a las reuniones de su escuela o la llevaban de paseo. Refiere que considera como la persona más valiosa que tiene a su hija, que tiene más confianza en su abuelo y que considera que su padre es el que más daño le causó con su ausencia porque siente que le hizo falta en su vida. En su ambiente familiar, nunca sufrió abusos, golpes, ni malos tratos, aunque en su familia consumían alcohol y drogas, y ella también consumía alcohol, cocaína y pastillas diariamente. También dice que sus hermanos, tíos y primos han estado en prisión.

Sandra está acusada de homicidio y secuestro. Relata que "me dedicaba a la prostitución en Cancún desde los 15 años, me cansé de tanto abuso, un cliente me violó y quedé embarazada, por eso regresé a Tabasco".

Comenta que ingresó a un grupo de crimen organizado a través de conocidos "una persona que era de los Zetas me ofreció trabajar de halcón, después fui jefa de los halcones y, al final, me pasaron a secuestros, levantones y a ejecutar a los secuestrados. Mi grupo era de 53 personas. Me agarraron en el último secuestro cuando iba por el rescate".

Sandra dice que, cuando salga, quiere "volver a empezar su vida, trabajar y estudiar en la universidad para ser laboratorista dental". También le gustaría "vivir tranquila, dedicar tiempo al cuidado de su hija y formar una familia".

Por otra parte, a la pregunta de ¿quién es la persona en la que más confías?, los y las adolescentes, respondieron:

- 27% su padre y su madre.
- 22% su madre.
- 13% hermanos.
- 12% padre.
- 12% nadie.
- 8% otros.
- 6% abuelos.

En este caso, llama la atención que 12% de los y las adolescentes dijeran que no tienen confianza en nadie. Este dato permite apreciar hasta qué punto las experiencias que han tenido en sus vidas les han producido tanto dolor o los han defraudado a tal punto, que los han llevado a decidir que no hay nadie en quien puedan confiar.

Al preguntarles si cuando eran pequeños recibieron algún tipo de maltrato, respondieron:

- 40% golpes.
- 34% insultos, humillaciones o burlas.
- 12% abuso sexual.

Y, frente a estos maltratos, 39% dijo que cuando lo sufría no encontraba a nadie que lo protegiera.

Si recordamos los datos de la Consulta Juvenil que llevó a cabo el INE en las elecciones de 2015, la proporción de adolescentes que reportaron en aquel ejercicio abusos físicos, psicológicos y sexuales es prácticamente idéntica a la que reportaron los y las adolescentes que cometieron infracciones graves. Quizá la diferencia podría estar tanto en la frecuencia y la intensidad de los malos tratos, ya que quienes respondieron a la consulta dijeron haberlos padecido, pero no necesariamente de manera frecuente. Y otra diferencia podría ser la del alto porcentaje (39%) entre los adolescentes que entrevistamos, que dijeron que, cuando sufrían maltratos, no encontraban a nadie que los protegiera. Seguramente esto dejó en las y los adolescentes un sentimiento importante de fragilidad, de desprotección que, quizá, más tarde intentaron compensar.

Otros datos que muestran con claridad la vulnerabilidad a que se hallaban expuestos los adolescentes en su ámbito familiar, son los siguientes:

- 68% dijeron que, antes de ingresar al centro de internamiento, consumían drogas diariamente —en su mayoría, marihuana, aunque habían probado todo tipo de drogas; sin embargo, otros consumían frecuentemente también cocaína, piedra, solventes y pastillas. Solo unos cuantos habían llegado a consumir heroína o LSD.
- 60% de las y los adolescentes dijeron que algún miembro de su familia ha estado en determinado momento en prisión, con mayor frecuencia, el padre, los hermanos, los tíos o los primos. En muchos casos, cuando los entrevistamos, los adolescentes tenían o habían tenido no solo a uno sino a varios de sus familiares en prisión.
- 57% dijo que alguno de los adultos con los que vivía cuando era pequeño, consumía alcohol frecuentemente.
- 30% dijo que alguno de los adultos con los que vivía cuando era pequeño consumía drogas de manera frecuente.

En este caso, los datos difieren marcadamente con respecto a los reportados por la Encuesta Nacional de Consumo de Drogas en Estudiantes de 2014, que citamos anteriormente, pues esta señala que, en la población de secundaria y bachillerato, 53% de los estudiantes consume alcohol, mientras que solo 15% lo hace de manera excesiva. En cuanto a la marihuana, la prevalencia de consumo es de 18% a los 16 años y 29% a los 18 años. Es decir, queda claro que en las y los adolescentes que han cometido infracciones graves, el consumo de sustancias es un grave problema, en comparación con los niveles de consumo del resto de la población estudiantil en el país. Además de ser un problema en sí mismo, el consumo de drogas excesivo también debe verse como un síntoma de situaciones que los adolescentes estaban enfrentando en su entorno y que, de alguna manera, los desbordaban; es decir, que no encontraron otra manera de lidiar o de canalizar esas situaciones que les producían elevados niveles de angustia o de dolor, sino consumiendo drogas.

Introduciremos aquí las historias de varios adolescentes que muestran con claridad algunas de las deficiencias en el ámbito familiar a las que hemos hecho referencia en los párrafos anteriores. Está, por ejemplo, el caso de Ricardo, a quien entrevistamos en la Ciudad de México y hace referencia, entre otros factores, a varios miembros de su familia que habían sido delincuentes y estado en prisión, mientras que su padre había muerto asesinado.

Ricardo es un joven de 20 años que lleva más de dos años interno y le quedan otros tres para cumplir con su sentencia. Su padre era secuestrador y lo mataron cuando él tenía cinco años. Su madre es ama de casa, tiene cinco hermanos y él fue el sexto en su familia. Desde los 14 años salió de su casa por la violencia que había en su familia y se fue a vivir a casa de una de sus hermanas. Ricardo estudió hasta el primer año de secundaria y abandonó la escuela porque lo corrieron, pues vendía drogas a sus compañeros. Desde los 13 años se dedicaba a vender drogas y del dinero que obtenía una parte le daba a su familia. Cuando era pequeño, nadie lo ayudaba con las tareas, no lo llevaban al médico cuando se enfermaba, ni se preocupaban por prepararle los alimentos ni lo llevaban de paseo, tampoco le celebraban sus cumpleaños. Dice que la situación económica de su familia era mala y que en ocasiones faltaba comida en su casa y no tenían lo suficiente para ropa, zapatos, etc. Señala que la persona que más lo ayudó fue su hermana y quien menos lo apoyó es su madre quien, con frecuencia, lo golpeaba, lo insultaba y lo humillaba. También dice que cuando lo maltrataban, no encontraba quién lo apoyara. De entre sus familiares, tanto su papá como alguno de sus hermanos, tíos y primos han estado alguna vez en prisión. Refiere que los adultos que lo cuidaban consumían alcohol y drogas cuando él era pequeño y que, antes de ingresar, él también consumía alcohol y drogas, como marihuana, cocaína, piedra, solventes y pastillas, algunas de ellas diariamente.

Ricardo se encuentra acusado por homicidio, robo con violencia y lesiones. Él relata lo siguiente: "yo formaba parte de un grupo, como un cártel; había otros señores más grandes que nos decían qué hacer, yo los conocía desde que era chavo, desde que tenía 12 años, en ese entonces yo compré un arma y maté a alguien. Era un grupo que vendía drogas, armas y nos ponían a empresarios o a diputados para que los secuestráramos o los matáramos. Matábamos porque había agravios contra esas personas, porque eran de otros grupos; a mí también me tocaba matar. Era normal, era parte de mi vida, aunque ahora me doy cuenta de que también hay otras cosas. Los señores nos daban las órdenes por teléfono y nos decían: en tal lugar va a haber una persona que lleva dinero, se lo quitan o lo matan. Primero [los] secuestrábamos y nos decían que teníamos que amedrentarlos para que sintieran el rigor… no sabría decirle a cuántos maté, pero fueron más de 10". De todas las personas que pertenecían a ese grupo, que eran como 40, solo dos eran menores de edad. El jefe de ese grupo había pertenecido a la Marina. Para reclutar, observaban a los chavos que andaban robando y observaban quiénes eran buenos. A mí me decían que observara a los nuevos y me decían que, si no era de confiar, que lo matara". Al preguntarle si cuando salga piensa regresar con ese grupo, responde que piensa irse a otro estado de la República para no tener que regresar con el grupo, y cuando le pregunto qué quisiera hacer en el futuro, responde: "dejar esta vida y tener una familia".

También el caso de Alberto es grave y trágico al mismo tiempo, pues se convirtió en secuestrador para apoyar a su padre que se encontraba en prisión por el mismo delito. Después, su padre desapareció y él fue a dar a prisión.

Alberto es un joven que se encuentra interno en el estado de Veracruz. Tiene 19 años, pues ingresó al centro desde hace tres años y todavía le quedan otros tres para cumplir con su sentencia. Terminó de estudiar la secundaria antes de ingresar, pero dice que no le gustaba la escuela porque se aburría. Señala que abandonó la escuela porque metieron a la cárcel a su padre y él ya no pudo continuar estudiando porque necesitaba trabajar. Explica que su padre estuvo en la cárcel acusado por el delito de secuestro, pero que no se le comprobó y, después de dos años, obtuvo su libertad mediante un amparo. También señala: "cuando yo llegué aquí, él comenzó a venirme a visitar, pero al poco tiempo lo secuestraron y ya no supimos nada de él. Mi mamá me dijo que, por más que lo buscaron, ya no volvieron a saber nada de él. Yo no sé si mi padre pertenecía a algún grupo, yo nunca lo vi o no lo supe". Su padre era mecánico automotriz y había estudiado hasta la secundaria. Su madre es ama de casa y solo había logrado cursar la primaria. Alberto también trabajó como ayudante de mecánico cuando su padre entró a prisión. Él aportaba dinero para los gastos de su madre y sus tres hermanos ya que antes de ingresar al centro vivía con ellos. Refiere haber recibido atención y cuidados por parte de sus padres cuando era pequeño y no haber sufrido ningún tipo de maltrato. Dice que su madre es la persona quien más lo ha apoyado y que sus hermanos son las personas a quienes más confianza les tiene. Relata que cuando era pequeño su padre lo apoyaba siempre que él tenía algún problema. Además de su padre, también un tío y uno de sus hermanos han estado en prisión. Ninguna de las personas con las que vivía de pequeño consumía alcohol o drogas, pero él sí consumía alcohol con frecuencia antes de ingresar, aunque no consumía drogas.

Alberto se encuentra interno por el delito de secuestro y refiere lo siguiente: "Entre mi hermano, yo, tres primos y tres amigos, formamos un grupo que secuestraba. Fue una idea que se nos ocurrió porque teníamos muchos problemas económicos, ya que mi papá y mi tío estaban en la cárcel por secuestro, así que a mis primos y a mí se nos ocurrió formar este grupo para poder pagar a los licenciados y los amparos. Logramos sacar de la cárcel a mi papá y a mi tío, no dudamos tanto en hacerlo. Secuestramos a personas que sabíamos que tenían dinero, que ganaban haciendo cosas chuecas, no era dinero honesto, pues eran empresarios corruptos que, por ejemplo, eran contratistas de Pemex y sacaban dinero de más. Ahora mi padre desapareció y tengo dos hermanos presos con 35 años de sentencia… Pienso que optamos por lo más fácil, pero ya estando aquí pienso que no debimos de haber tomado esas decisiones".

Alberto señala que, quienes lo detuvieron "me torturaron, dieron de golpes, me asfixiaron, me pusieron bolsas con agua, chicharrazos y tablazos.[18] Me tuvieron así durante 12 horas preguntándome por el dinero, no les importaba lo demás, solo el dinero". Quienes lo detuvieron, no le señalaron de qué delito lo acusaban, ni le dijeron que tenía derechos, ni lo presentaron de inmediato ante el Ministerio Público y tampoco le informaron que tenía derecho a contar con un abogado. Sin embargo, considera que la sentencia que le dieron es justa. Cuando salga, Alberto dice que le gustaría poder estudiar Ingeniería Mecánica y poder regalarle una casa a su madre, "pero con esfuerzo, no con dinero mal habido".

Por su parte, el caso de David muestra la inestabilidad permanente que caracterizó a su entorno familiar.

David es un muchacho de 19 años que lleva más de dos años en el centro de internamiento de Yucatán y todavía le quedan siete años para terminar de cumplir su sentencia. Aunque él habla y entiende muy bien el castellano, su familia es hablante de la lengua maya. Ha tenido una situación muy inestable, pues unas temporadas vivía con su padre y otras con su abuela, una tía o en la calle. Con su madre vivió pocas veces. Al preguntarle el motivo por el que se salió de su casa, dijo: "porque no les importaba lo que yo pensara". También dijo: "viví en la calle un tiempo, luego con mi papá, con mi mamá casi no viví, luego viví con una vecina". David tiene un hermano y un medio hermano. Apenas logró cursar los primeros años de la primaria, pero a pesar de que sí le gustaba la escuela la dejó porque a cada rato se mudaba. Su padre, que estudió hasta el primer grado de la secundaria, se dedica a la albañilería y no sabe a qué se dedica o hasta qué grado escolar cursó su madre.

[18] La chicharra es un instrumento que produce descargas eléctricas y que se utiliza para arrear al ganado. Como veremos, muchos de los adolescentes refirieron que la policía había utilizado este como un instrumento de tortura.

David comenzó a trabajar desde los 13 años y trabajó primero en un vivero, luego haciendo pozos y luego como albañil y panadero. Dice que cuando era pequeño nadie le ayudaba con las tareas de la escuela. Tampoco lo llevaban al doctor cuando se enfermaba, ni lo llevaban de paseo o le celebraban sus cumpleaños. David explica: "me peleé con mi papá porque metía gente a la casa y le llamé a mi abuela y le dijo que sacara a esos bandidos. Me fui un tiempo con mi abuela, pero me dijo que me fuera porque no estaba bien pelear con mi padre. Entonces me salí de mi casa, pero antes le rompí todas sus cosas a mi papá. Mi abuela siempre vio por mí, me cuidó, pero a sus hijos no les gustó que ella me quisiera". Por ello, David considera a su abuela como la persona que más lo ha apoyado en su vida y a su madre como la que menos. También refiere que su abuela es la persona en la que más confía. Dice que, cuando era pequeño, su tía lo golpeaba y lo insultaba con frecuencia: "mi tía no me quería, no me consideraba de la familia". También refiere que, tanto su padre como su tío y algunos primos, estuvieron algún tiempo en prisión y que su padre bebía alcohol con frecuencia. David, por su parte, dice que antes de ingresar consumía marihuana, cocaína, hongos y unas pastillas a las que llama "Pokemon", y que algunas de estas sustancias las consumía diariamente. También refiere que pertenecía a una banda en la que "peleábamos a pedradas con los contrarios –no pensábamos en las consecuencias–, robábamos casas o lo que cayera, nos drogábamos y cuidábamos nuestro territorio".

David se encuentra acusado de homicidio y violación. Él explica: "me encontré con un chavo que no había visto y estaban violando a una niña de ocho años y eran varios chavos de la banda y yo también participé. La niña murió asfixiada y, aunque algunos se fueron del lugar, yo me quedé y me acusaron". Refiere que anteriormente ya había sido detenido alrededor de siete veces, casi siempre por robo. Y, al preguntarle si la última vez que lo detuvieron la policía lo golpeó, contestó: "sí, me dieron golpes, me ahogaron poniéndome un trapo en la nariz con agua, pero eso no cuenta porque nadie piensa que los policías son de otra manera, siempre que me han agarrado, me han golpeado". También señala que, cuando lo detuvieron, no le explicaron de qué delito lo acusaban, ni le dijeron que tenía derechos, ni lo presentaron de inmediato al ministerio público y tampoco le dijeron que tenía derecho a contar con un abogado.

Explica que, en el centro de internamiento, les impartieron un taller sobre mediación de conflictos entre compañeros, y agrega: "me propuse portarme bien y ser prudente, pero no me sirvió de nada. Los de este centro no me han apoyado ni tampoco la jueza, ¿de qué sirve que me enseñen lo que es la justicia si ellos no lo aplican? No me sirve de nada".

Cuando salga, le gustaría "estudiar arquitectura, tener una familia y reconciliarme con mi familia, especialmente con mi abuela para poder volver a ser su nieto". Él opina que la mayoría de los chicos internos "salen igual de la institución porque no tienen apoyo de su familia, por eso se van con las bandas, porque no hay ni un centro deportivo y terminan siendo de la banda".

Y, para concluir esta sección, veremos también el caso de Julieta, que muestra con claridad varios de los déficits en el ámbito familiar a los que hemos venido haciendo referencia.

Julieta es una joven de 20 años que se encuentra interna desde hace cuatro años en Tabasco y todavía le queda medio año para completar su sentencia. Ella nunca vivió con sus padres, sino con sus abuelos, y dice que solo conoció a su madre cuando la ingresaron en el centro de internamiento. Ella se salió de casa de sus abuelos por la violencia y los problemas familiares que tenían y se fue a vivir con amigos. Ella tiene un hijo de cinco años. Julieta inició la secundaria y logró concluirla en el centro de internamiento. Dice que en su escuela había golpes entre los compañeros, se robaban sus pertenencias y los más grandes abusaban de los más pequeños. También señala que los maestros no ayudaban a resolver conflictos y que se burlaban o maltrataban a algunos niños. Ella se salió de la escuela porque prefirió irse con sus amigos. Dice que sus padres nunca fueron a la escuela y que su madre trabaja como empleada doméstica. También Julieta trabajó como empleada doméstica desde los 15 años, aunque al mismo tiempo se dedicaba a robar comercios.

Julieta es la quinta de seis hermanos y antes de ingresar vivía con su pareja y la familia de su pareja. Recuerda que cuando era pequeña nadie le ayudaba con las tareas escolares, ni jugaban con ella o la llevaban de paseo. Sin embargo, sí la llevaban al médico cuando se enfermaba y sí le preparaban los alimentos y se preocupaban de que comiera. Ella considera que su abuelo ha sido la persona más valiosa y quien más la ha apoyado, mientras que un primo, con el que vivía y quien abusó de ella desde los 8 años, ha sido la persona que más daño le ha hecho. También refiere que sufrió maltrato físico y psicológico por parte de su familia. Señala que tanto su padre, como su madre y unos tíos han estado en prisión por delitos contra la salud, y que consumían alcohol y drogas. Julieta también consumía alcohol y dice haber consumido marihuana, cocaína, solventes, heroína, hongos y pastillas, algunas con mayor frecuencia que otras. Con respecto a la situación económica de su familia, dice que era mala y que a veces faltaba comida en su casa además de que no tenían todo lo necesario para vivir bien.

Julieta fue acusada por homicidio y robo con violencia y relata lo siguiente: "mi amiga me invitó a robar a un señor que le gustaba abusar de niñas y niños. Yo invité a mi pareja y él apuñaló al dueño de la casa y le robamos todo. La persona que matamos compraba niñas para un militar retirado, pues a ambos les gustaba abusar de las niñas". También señala que su pareja formaba parte de un grupo que se dedicaba a robar, ejecutar y vender drogas, pero que ella no tenía relación con ese grupo.

En el centro de internamiento Julieta estudia la preparatoria durante dos horas al día y también participa en talleres de computación, corte y confección, pintura, manualidades y deportes. Lo que más le gusta es corte y confección y haber tomado un curso de gastronomía. Dice que su familia solo puede visitarla cada mes porque no tiene dinero y que también le llevan a su hijo para que la visite. En el centro dice que se siente sola, triste, desanimada, aburrida y enojada. Lo que más le gustaría poder alcanzar en el futuro es estudiar Química, tener una casa y cuidar de su hijo. Julieta dice que, si ella fuera directora, "les permitiría a las internas salir de los dormitorios y también obligaría a los padres a que fueran a visitar a sus hijos e hijas".

En la siguiente sección nos referiremos a la vulnerabilidad que en el ámbito educativo prevalece entre los y las adolescentes que entrevistamos.

La escolaridad

Otro de los factores que también tiene un peso muy importante como antecedente de la conducta delictiva es la deserción escolar. Las y los adolescentes refirieron haber cursado los siguientes grados escolares antes de ingresar al centro de internamiento:

- 28% secundaria incompleta.
- 20% secundaria completa.
- 17% primaria completa.
- 16% preparatoria incompleta.
- 15% primaria incompleta.
- 4% nunca asistieron a la escuela.

Tomando en consideración la edad en que fueron detenidos, todos los adolescentes deberían haber terminado de cursar la secundaria y haber cursado, al menos, algún o algunos grados de la preparatoria. Es decir, mientras que en la población en general 100% de los niños y niñas del país ingresaron a la escuela primaria en el último ciclo escolar, entre los adolescentes que cometieron infracciones graves, 4% nunca fueron a la escuela y 15% abandonaron la escuela incluso antes de haber podido concluir la enseñanza primaria. Asimismo, mientras que en la población en general 76% de los adolescentes logran completar la secundaria, entre los adolescentes que cometieron infracciones graves solo lo hicieron 20% y, con respecto a la preparatoria, 36% de la población en general ha cursado algún grado de la preparatoria mientras que solo 16% de los adolescentes detenidos inició este ciclo escolar. Estos datos, por sí mismos, muestran de manera contundente el grado mayor de vulnerabilidad a la que quedaron expuestos los y las adolescentes que participaron en infracciones graves, al haber abandonado la escuela. Abordaremos en esta parte los motivos que los llevaron a abandonar sus escuelas.

A la pregunta de si les gustaba su escuela, 53% de las y los adolescentes respondieron que no les gustaba. Los motivos por los que dijeron que no les gustaba su escuela, fueron:

- 72% porque es aburrida.
- 11% porque no es interesante.
- 6% porque no les gustaban sus maestros.
- 5% porque la reprobaron.
- 3% porque los molestaban sus compañeros.

Adicionalmente, 45% dijeron que en su escuela había golpes entre los compañeros y 22% que entre compañeros se robaban sus pertenencias. También, 5% señalaron que los maestros no ayudaban a resolver conflictos o que en ocasiones maltrataban o se burlaban de los estudiantes.

Con respecto a los motivos por los que no continuaron estudiando, señalaron los siguientes:

- 19% porque los detuvieron.
- 19% por problemas económicos.
- 16% porque no les gustaba la escuela.
- 15% porque los reprobaron o los expulsaron.
- 11% porque se fue con sus amigos y comenzó a delinquir.
- 6% porque se fue con su pareja o se embarazó.
- 5% por problemas con su familia.
- 3% porque no tenían los documentos que le requerían para inscribirse.

Como puede apreciarse, hubo una diversidad de motivos por los cuales los y las adolescentes dicen haber abandonado la escuela. Aunque un porcentaje importante dijo haber abandonado la escuela cuando fueron detenidos(as), no debe desdeñarse que otro porcentaje igualmente importante dijo haberla abandonado por motivos económicos, ya que tenían necesidad de trabajar. Sin embargo, en aquellos casos en que abandonaron la escuela porque los reprobaron, los corrieron o porque no les gustaba o prefirieron irse con sus amigos, se perciben con claridad deficiencias en el sistema educativo que no parece esforzarse por retener a los adolescentes en el ámbito escolar, en especial cuando, muy posiblemente, no son buenos alumnos, tienen problemas de conducta, dificultades en el aprendizaje o bien se trata de adolescentes que se embarazaron. Ello deja ver la necesidad de que el sistema educativo genere programas especiales para este tipo de alumnos(as), a fin de evitar a toda costa la deserción escolar. En las historias que recabamos, así como en estudios que se han realizado en diversos países, queda muy claro que el abandono escolar es uno de los factores principales que deja expuestos a las y los adolescentes a iniciar una carrera delictiva.

Abriremos aquí un paréntesis para referirnos a tres casos de adolescentes que dejan ver, entre otros factores, la importancia que tuvo el que nunca hubieran ido a la escuela o que la abandonaran a temprana edad.

Manuel es un muchacho de 18 años que habla y ríe todo el tiempo y que no puede permanecer quieto ni un momento; se mueve constantemente y me insiste que quiere ser entrevistado. Él se encuentra en un centro de internamiento de la Ciudad de México y porta una gorra que le tapa casi toda la cara pues tiene una cicatriz que es una línea que le atraviesa verticalmente el rostro desde la frente hasta la barba, pasando por su ojo izquierdo. Dice que se la deformó al caer sobre una mesa. Antes de ingresar al centro de internamiento vivía con su padre, pues su madre lo abandonó desde que él era muy pequeño. Su madre casi siempre estaba viviendo en las calles, pues bebía mucho y consumía drogas, y también estuvo algún tiempo en prisión por lo que él la ha visto muy pocas veces en su vida. Él nunca pudo ir a la escuela, ya que su madre perdió sus papeles del registro de su nacimiento y no le ha sido posible obtener una nueva acta de nacimiento.

Aunque él vivía con su padre y dos hermanos, se salió de su casa para ir a vivir con amigos, ya que le gustaba drogarse, robar y andar en la calle. Él no sabe si sus padres alguna vez fueron a la escuela o no. Su padre es zapatero. Manuel dice que él nunca ha trabajado, que desde los 12 años se dedicaba a robar y que después se integró a un grupo que secuestraba y a veces mataba a las víctimas cuando su familia no pagaba el rescate. El dinero que obtenía robando o secuestrando, lo utilizaba para consumir drogas. Dice que cuando era pequeño su padre le preparaba los alimentos y lo llevaba al doctor cuando se enfermaba y también le compraba ropa y zapatos, aunque su situación económica era mala, a veces faltaba comida en su casa y no había lo suficiente para satisfacer todas sus necesidades. Su madre, en cambio, cuando estaba en su casa, lo golpeaba con frecuencia y él dice que cuando esto sucedía o tenía algún problema, no encontraba alguien que lo defendiera o lo apoyara. Él considera que la persona más valiosa en su vida y quien más lo ha apoyado es su padre, mientras que su madre es la persona que menos lo ha apoyado. Sus hermanos son las personas a quienes les tiene más confianza. Dice que su madre es la única persona de su familia que ha estado en prisión y que bebía y consumía drogas con frecuencia. Por su parte, él también consumía alcohol antes de ingresar, así como marihuana, solventes y pastillas y lo hacía diariamente.

Aunque él robaba desde los 12 años y había sido detenido en varias ocasiones por este delito y por estar drogándose en la calle, en esta ocasión lo detuvieron por homicidio. Sin embargo, y aunque no fue acusado por esos delitos, era líder de una banda de jóvenes que se dedicaban al secuestro y habían matado a varias personas. En realidad, ellos trabajaban para un grupo de adultos que les decían a quién había que secuestrar, en dónde vivía esa persona, en dónde trabajaba, etc., así que a él le tocaba organizar a los jóvenes para saber si irían en un vehículo y cómo lo iban a secuestrar. Casi siempre lo hacían durante la noche y mataban a aquellos por lo que no pagaban rescate. No sabe a cuántos mataron. Cuando lo detuvo la policía, lo golpearon y le dieron toques eléctricos en los testículos para que confesara. Dice que, considerando todos los delitos que había cometido, la sentencia le pareció justa.

Dice que en la institución se siente acompañado, pero también a menudo se siente desanimado, aburrido y desesperado. Cuando le pregunto qué le gustaría hacer cuando salga de la institución, dice "no sé, no lo he planeado". Y, cuando se le preguntó si estar en esa institución los ayuda o los perjudica, dice que "depende de cada uno, ya que algunos lo toman como una buena experiencia y otros salen peor".

Luis es un joven que tiene 20 años, a quien entrevistamos en un centro de internamiento de la Ciudad de México. Él estudió hasta el primer grado de la secundaria, pero no le gustaba la escuela porque le costaba trabajo aprender y se salió porque lo reprobaron. Dice que su madre nunca vivió con él pues sus padres se separaron cuando él nació. Antes de ser detenido vivía con su padre, que es carpintero, y con sus hermanos. Él tiene dos hermanos y seis medios hermanos. También vivían en la misma casa sus abuelos y unos tíos. Cuando era pequeño su padre y sus abuelos se preocupaban de que comiera y lo llevaban al doctor cuando se enfermaba. No refiere haber recibido malos tratos cuando era pequeño y señala que la situación económica de su familia era buena y que no les faltaba lo necesario para vivir bien. Él refiere que las personas que más lo han apoyado son sus abuelos, una tía y sus hermanos y quien nunca lo apoyó fue su madre, quien trabaja en una guardería. Señala, sin embargo, que él no confía en nadie. Desde los 15 años, Luis trabajaba, primero vendiendo flores y después como ayudante en una cocina económica y en la Central de Abastos. De su familia, dice que solo algunos primos han estado en prisión y que nadie de las personas que se hacían cargo de él consumía alcohol o drogas cuando él era pequeño. Él refiere que consumía marihuana, solventes y pastillas diariamente antes de que lo detuvieran.

Luis se encuentra detenido por los delitos de homicidio y robo con violencia. Señala que se dedicaba a robar en transporte o en negocio y lo hacía con un señor al que conocía y junto con quien siempre robaba. Ambos ya habían sido detenidos con anterioridad por el delito de robo y dice que hubo un homicidio en su colonia y aunque ellos no participaron, los judiciales los inculparon porque ya los conocían. "Todo fue muy irregular y, aunque mi jefe declaró que ese día yo estaba trabajando, ya no pudimos hacer nada, me inculparon de todas maneras". Cuando lo detuvieron, los policías no le informaron sus derechos ni le dijeron que podía contar con un abogado. Dice que tampoco el juez escuchó su testimonio ni le creyó cuando manifestó que él no había participado en el homicidio. Recibió el apoyo tanto por parte de su padre como de sus hermanos, aunque dice: "me decepcioné de mí mismo al llegar aquí". Dice que no hay nada que le guste de estar interno, que se aburre mucho y que le gustaría que les impartieran más talleres. Aunque su familia lo visita, él no quiere que vayan para que no gasten dinero, sino que lo ocupen en otras necesidades.

Para terminar, dice: "yo tenía siempre atorado que mis papás se habían separado y mi psicóloga me ayudó a expresarlo. Cuando me siento mal, me acuesto en mi cama y pienso en mi familia, que es lo que me ayuda a salir adelante. A veces me siento aburrido, desesperado y enojado. Pienso que de estar aquí lo único que nos ayuda es la escuela, lo demás no sé, ya depende de cada uno si sale mejor o peor".

Veremos ahora el caso de Guadalupe, una joven que dejó la escuela a raíz de que se embarazó.

Guadalupe, de 19 años, lleva casi dos años interna en el estado de Durango y debe cumplir otros cuatro años para salir en libertad. No terminó la secundaria, además de que se aburría, los malos tratos de los docentes, reprobar algunas materias y el embarazo a los 15 años, terminaron por alejarla de la escuela. No conoció a su padre y desde pequeña vive con su abuela materna. Su madre cursó la secundaria y también la dejó cuando quedó embaraza a su misma edad. Como no quiso hacerse cargo de ella, la dejó con su abuela. Ella es la mayor de cuatro medios hermanos, dos por parte de su padre y dos de su madre. Dice que, cuando era pequeña, la situación económica era buena, tenían lo suficiente para cubrir sus necesidades básicas.

Su abuela se ocupó de ella, la llevaba al médico, se preocupa de que comiera, le celebraba su cumpleaños y la Navidad, la llevaba de paseo y un tío la apoyaba en la revisión de las tareas escolares. Refiere que considera a su abuela como la persona más valiosa y en la que más confía y quien actualmente cuida a su hija. Considera que la persona que más daño le ha hecho es su padre, y dice "necesité a mi papá, nunca estuvo ahí, quería ser como mis compañeras y me dolía no verlo. Hasta la fecha pienso que no le importo". Dice también que su madre, cuando la visitaba, la golpeaba y la insultaba.

Refiere que, hasta donde tiene conocimiento, los únicos familiares suyos que han estado en prisión, son unos primos por robo y homicidio en pandilla. Recuerda que su abuelo consumía alcohol con frecuencia y ella lo notaba porque se ponía violento con su abuela. Guadalupe, por su parte, señala que desde los 13 años comenzó a consumir alcohol y drogas. "Comencé a beber desde los 13, con amigos del barrio, pero mayores, se me hizo fácil y llegué a ser alcohólica. Cuando estaba embarazada, me drogaba y bebía, lo hice hasta los 16 años, después de que perdí a mi segundo bebé".

Guadalupe fue acusada de homicidio. Relata: "Cuando estaba en la secundaria, conocí al papá de mi hija, era vecino del barrio y quedé embarazada de él, en ese tiempo tomaba y comencé a consumir drogas… a los 14 años me inicié en la venta de drogas cerca de mi casa, por suerte logré escapar en varias ocasiones de ser detenida por los militares". Sobre el delito por el que fue detenida, dice: "en una ocasión, llegó una persona preguntando por la droga, nos dimos cuenta de que no era de ahí y pensamos que era de otro grupo, lo detuvimos para interrogarlo. Llamé por teléfono a mis patrones para saber qué hacer, ellos nos dieron la orden de matarlo, como no teníamos armas, le tiramos una piedra en la cabeza. Minutos después llegó un grupo de militares, ahí nos dimos cuenta de que pertenecía al Ejército".

Guadalupe explicó que: "yo coordinaba un grupo de 17 chavos que tenían la función de cuidar, levantar y enfrentarse con otros grupos que se querían meter a vender. Vendía drogas, era la jefa del lugar, distribuía marihuana, cocaína y piedra. Le reportaba a una persona que recibía la comunicación de otros como yo y tenía la tarea de vigilar que otros no se metieran a vender en la zona que tenía asignada… Después del asesinato del militar, me escapé, pero, con el tiempo, fueron atrapando a cada uno del grupo, supongo que así llegaron conmigo además de vigilar la casa de mi abuelita".

Al preguntarle si la policía la maltrató, Guadalupe señaló: "…la ministerial me detuvo en mi casa, ahí comenzaron a golpearme, después me trasladaron a los separos. En ese lugar, me colgaron de los brazos para darme toques eléctricos en los pies, después me tiraban agua fría y terminaban pegándome con una tabla en todo el cuerpo. Lo repetían cada cierto tiempo por dos días y luego me entregaron con los militares… Llegué al cuartel militar y me volvieron golpear, me colgaron nuevamente para darme toques eléctricos entre los dedos de los pies, me tiraban agua fría y terminaban pegándome con una tabla en todo el cuerpo. También me amenazaban que me iban a violar, incluso me decían que me daban el privilegio de elegir al que me iba a penetrar primero… Después ya me trasladaron y me llevaron de inmediato al hospital porque producto de las torturas perdí a mi bebé, tenía dos meses y medio".

Refiere que el trato que reciben en la institución por parte tanto del personal técnico como de las custodias es excelente, aunque menciona que hay un déficit en las actividades para las mujeres y propone que les impartan más talleres. Cuando salga, dice, buscará vivir en otra ciudad "para empezar de cero, formar una familia de bien, atender a mi hija y tener un trabajo estable en áreas vinculadas con la tecnología".

Continuando con los datos que recabamos en torno a la escolaridad, preguntamos también a las y los adolescentes acerca del nivel escolar de sus padres, ya que diversos estudios han demostrado que cuando la escolaridad de los padres es baja las expectativas que tienen sobre sus hijos e hijas, así como el apoyo que les brindan para que permanezcan en la escuela también es bajo. El siguiente gráfico muestra las respuestas que obtuvimos en torno al nivel escolar de los padres y madres.

Tabla 9. *¿Hasta qué grado escolar cursaron tu padre y tu madre?*

Nivel escolar	Padre %	Madre%
No sabe	37	15
Nunca fue a la escuela	7	7
Primaria incompleta	9	15
Primaria completa	8	14
Secundaria incompleta	8	11
Secundaria completa	15	23
Preparatoria o carrera técnica incompleta	4	5
Preparatoria o carrera técnica completa	7	8
Carrera universitaria	5	2
Total	100	100

Entrevistas con adolescentes privados de libertad en 17 entidades de la República, 2016.

Llama la atención el alto porcentaje de adolescentes que desconocen el nivel educativo de su padre, aunque también de su madre, y que casi la mitad de las madres, así como la tercera parte de los padres, no lograron siquiera completar la secundaria o nunca fueron a la escuela, lo que, como han demostrado diversos estudios realizados por el Banco Mundial (2011), seguramente influyó en que no alentaran o apoyaran a sus hijos e hijas para que continuaran estudiando, ya que ello no suele estar en su horizonte de vida o formar parte de sus prioridades. De igual forma, como antes lo señalamos, la *Encuesta Nacional de Dinámica Demográfica* de 2014, mostró que las mujeres que cuentan con escolaridad media y superior tienen 1.79 hijos en promedio, mientras que las que tienen niveles más bajos o carecen de escolaridad, tienen 3.3 hijos en promedio. Este es el caso de las familias de las y los adolescentes privados de libertad que, como vimos en el inciso anterior, pertenecen en su mayoría a familias numerosas, lo que incrementa su grado de vulnerabilidad por la mayor dificultad que representa para sus padres poder brindar atención y oportunidades a todos sus hijos e hijas.

Veremos a continuación el caso de dos jóvenes internos, una mujer y un hombre, que ilustran la situación de los padres que cuentan con bajos niveles de escolaridad.

Leticia es una joven de 19 años que se encuentra recluida en el centro de internamiento de Oaxaca, y a quien le dieron una sentencia de 10 años. A los 15 años decidió salirse de su casa e irse a vivir con su pareja, porque peleaba mucho y no se llevaba bien con su papá. Ella solo terminó la primaria y dice que no continuó estudiando porque no le gustaba la escuela y, desde los 12 años, prefirió trabajar. Lo hizo, primero vendiendo discos en la Central de Abastos y, después, en una zapatería y en una tienda de productos naturales. Su padre es velador y no logró completar la secundaria, su madre es ama de casa y no terminó la primaria. Sus padres se han separado y vuelto a juntar varias veces. Leticia tiene un hermano y dos medios hermanos y ella es la más pequeña de todos. Antes de ingresar al centro había regresado a su casa a vivir con sus padres. Recuerda que, cuando era pequeña, le ayudaban con sus tareas, la llevaban al médico cuando se enfermaba y le preparaban los alimentos. Sin embargo, dice que nadie jugaba con ella ni le celebraba sus cumpleaños y no recuerda que le compraran ropa o zapatos con frecuencia. No identifica a nadie como la persona que más la haya ayudado en su vida, mientras que identifica a su padre como la persona que menos la ha apoyado. Señala a sus hermanos como las personas en quienes confía más. Dice que, cuando era pequeña, sufría golpes y malos tratos y que, cuando ocurría eso, no sentía que hubiera alguien que la apoyara. También refiere que su padre estuvo algún tiempo en prisión y que la situación económica de su familia era mala ya que, incluso, faltaba comida en su casa.

Leticia está acusada de secuestro. Ella refiere que, a través de Facebook, fue contactada por una joven que le dijo que ella y su pareja venían de la Ciudad de México y que les gustaría que los llevara a conocer los antros en Oaxaca. Leticia aceptó y estuvo saliendo con ellos varias veces hasta que le propusieron que los ayudara a realizar un secuestro. "Como yo no tenía dinero, acepté. Yo no sabía ni a quién secuestramos y me detuvieron los agentes antisecuestro cuando íbamos por el dinero. Yo fui la que dije dónde estaba la víctima, un muchacho de 24 años al que tuvimos durante tres días". Señala que, cuando la detuvieron, no le informaron de qué delito la acusaban, ni le informaron sus derechos y tampoco le dijeron que podía contar con un abogado. Señala que la policía la trató bien y también el juez, aunque su abogado le aconsejó que no declarara. La sentencia de 10 años que le dieron le pareció justa.

Con respecto al centro de internamiento, dice que el trato y la atención que reciben es regular "ya que, mientras algunas custodias son estrictas y humanitarias, otras son estrictas y no humanitarias". Y, al preguntarle qué cambiaría en el centro, señala: "para empezar, que hubiera igualdad en las actividades y en las oportunidades que dan a los hombres y a las mujeres. También, que más gente se preocupara por nosotros y nos trajera más talleres".

Cuando salga, dice que le gustaría poder estudiar Derecho Penal. Ella piensa que "a las mujeres les perjudica estar internas porque no les dan las mismas oportunidades que a los varones", sin embargo, observa que "son pocos los varones que salen para bien; la mayoría no sale para bien porque al salir no hay nadie que los espere".

Javier es un joven que tiene 20 años y lleva más de tres en un centro de internamiento en la Ciudad de México. Él solo estudió hasta el tercer grado de primaria, pues no le gustaba la escuela y después ya no quiso regresar porque prefería drogarse que ir a la escuela. Su madre nunca asintió a una escuela y con su padre solo vivió hasta los 5 años, así que no sabe a qué se dedica o hasta qué grado escolar cursó. Antes de ingresar, él vivía con su madre y sus cinco hermanos. La madre es costurera, mientras que Javier comenzó a trabajar desde los 12 años como ayudante de albañil y de herrero. Cuando era pequeño, su madre le preparaba la comida y lo llevaba al doctor cuando se enfermaba. No reporta haber sufrido malos tratos o abusos cuando era pequeño y dice que su madre es la persona que más lo ha apoyado, mientras que su padre quien menos lo ha ayudado. También refiere que la persona en la que más confía es su madre. Refiere que ninguno de sus familiares ha estado en prisión o consumía alcoholo drogas cuando él era pequeño. Javier, por su parte, antes de ingresar había consumido marihuana, cocaína, piedra, solventes, hongos, pastillas y LSD. Algunas de estas sustancias las consumía diariamente.

Javier está acusado de haber cometido seis homicidios. Él relata: "yo pertenecía a un grupo desde los 12 años, íbamos a las tocadas y ahí se hacían pleitos con otros grupos y por eso maté a tres y yo por mi parte maté a otros tres. Querían pasarse de listos, así que la situación era que yo los mataba o ellos me mataban a mí. Los mataba con cuchillo. El grupo al que pertenecía se dedicaba a robar carros o camiones con mercancía y los llevábamos a vender a otros estados. Éramos como 20 los del grupo y robábamos en un punto, pero llegaron otros grupos y también querían robar ahí, por eso los matamos. A mí me tocaba parar al tráiler. Me paraba enfrente y le apuntaba con un arma. Pedíamos rescate por el camión, pero también luego pedíamos rescate por el chofer y a veces los matábamos". Explica que en el grupo participaban cinco adultos y 15 menores de edad. Utilizaban armas de alto poder. Entre los adultos había dos que habían pertenecido al Ejército y uno a la Marina y ellos tenían contacto con la policía; le daban dinero a la policía para que los dejara robar y no los detuviera, de hecho, de su grupo solo lo detuvieron a él. Dice que ninguna autoridad lo maltrató cuando lo detuvieron y que sí respetaron sus derechos, escucharon su testimonio y que la sentencia que le dictaron le pareció justa. Refiere que, cuando salga, le gustaría dedicarse a otra cosa y también llegar a ser veterinario.

Para concluir con el tema de la escolaridad, vale la pena destacar que la mayor parte de los y las adolescentes que entrevistamos valoran, por encima de cualquier otra cosa, la oportunidad que tienen de seguir estudiando en los centros de internamiento, tema al que nos referiremos en el último capítulo de este estudio.

Ahora nos ocuparemos de otro factor de vulnerabilidad previo a la comisión del delito, que tiene que ver con la situación socioeconómica de la familia en la que las y los adolescentes crecieron, y el hecho de que tuvieran que trabajar desde muy pequeños.

La situación socioeconómica y laboral

Varias preguntas que realizamos a los y las adolescentes tuvieron como propósito conocer la situación socioeconómica de la familia en la que crecieron, el tipo de limitaciones que enfrentaron para poder satisfacer sus necesidades, así como su participación desde temprana edad en el mercado laboral.

A la pregunta de ¿cómo calificarías la situación económica de la familia en la que creciste?, los adolescentes respondieron lo siguiente:

- 51% regular.
- 31% mala.
- 18% buena.

Adicionalmente, 31% señaló que en su casa faltaba con frecuencia comida, porcentaje que coincide con el de quienes calificaron su situación económica de "mala". Si comparamos este dato con el de la proporción de adolescentes de la población en general que, de acuerdo con el reciente estudio de Unicef y Coneval, vive en condiciones de pobreza extrema, que es de 11%, tenemos, entonces, que son casi tres veces más (31%), los adolescentes que cometieron infracciones graves quienes han vivido en esta condición. Esto nos indica claramente que los adolescentes en cuestión vivieron en condiciones de mayor vulnerabilidad por carencia alimentaria, en comparación con el resto de los y las adolescentes en el país.

Un dato adicional que complementa los anteriores es que 62% de los y las adolescentes dijeron que, si bien no faltaba comida en sus casas, no contaban con lo suficiente para poder cubrir otras necesidades como poder comprar ropa, zapatos, juguetes, diversiones, etcétera.

La ocupación de los padres es otro indicador de vulnerabilidad socioeconómica. El gráfico siguiente muestra los datos que recabamos sobre este indicador.

Tabla 10. *¿A qué se dedican tu padre y tu madre o la persona que se hizo cargo de ti?*

Ocupación	Padre %	Madre %
No sabe, no lo conoció	20	6
Ama de casa	0	51
Autoempleo (comerciante, mecánico, zapatero, artesano, costurera, taxista)	20	12
Obrero(a) de la industria de la construcción (albañil, herrero, pintor, carpintero)	16	5
Empleado/a de una empresa privada (vigilante, repartidor, chofer, mesera, secretaria)	12	13
Trabajadora doméstica	0	6
Empleado/a de gobierno (policía, intendencia, vigilante)	6	3
Trabajador(a) agrícola	11	2
Falleció	6	1
Profesionista	3	0
No trabaja o se encuentra pensionado(a)	3	0
Delinquía o se encuentra en la cárcel	3	1
Total	100	100

Entrevistas con adolescentes privados de libertad en 17 entidades de la República, 2016.

Por lo que se refiere a los padres de los adolescentes, además del alto porcentaje de quienes desconocen la ocupación de su padre, pues nunca vivieron con él, llama también la atención que la gran mayoría son autoempleados o tiene empleos precarios, inestables y sin seguridad social, lo que deja ver que, la mayoría de las familias en las que crecieron los y las adolescentes, no contaban con ingresos seguros y suficientes para hacer frente a sus necesidades ni contaban con prestaciones o seguridad social. Vale la pena mencionar que solo 12% tenía un empleo formal, aunque precario, 11% trabajaban, también con ingresos inseguros, en el sector agrícola, y 6% eran empleados públicos, mientras que solo 3% eran profesionistas.

En cuanto a las madres, llama la atención el alto porcentaje de adolescentes que refirieron que sus madres son "amas de casa" (51%) o se autoemplean como comerciantes, costureras o artesanas (12%), mientras que solo 13% tiene un empleo formal, aunque precario, en el sector privado y 3% en el público, y 6% son trabajadoras domésticas.

Debe subrayarse que, más que al desempleo, la problemática a la que se enfrentan las familias de las y los adolescentes que cometieron delitos violentos, se caracteriza por el autoempleo, los bajos salarios, la inestabilidad o falta de certeza en el empleo, las largas jornadas y la carencia de empleos que les permitieran tener acceso a prestaciones, seguridad social y jubilación. Si bien, en términos generales, sabemos que 54% de los y las adolescentes en el país viven en situación de pobreza por las dificultades para poder satisfacer una u otra de sus necesidades, en el caso de los adolescentes que nos ocupan, los distintos factores de vulnerabilidad que hemos venido documentando se acumulan para producir entornos caracterizados por las carencias, la falta de alternativas, la inestabilidad, el agotamiento, la incertidumbre y, junto con todo ello, la tensión, la ansiedad, los conflictos, la desesperación, la tristeza, la falta de expectativas y la violencia que se producen al interior de los ámbitos familiares que viven en dichas circunstancias.

Un dato adicional que confirma con nitidez el panorama antes descrito es el alto porcentaje de adolescentes que comenzaron a trabajar siendo muy pequeños, tanto para poder hacer frente a sus necesidades, como para contribuir a satisfacer las de sus familias. Baste señalar que, mientras entre la población de adolescentes en general, 50% trabaja, entre los adolescentes que entrevistamos, 89% se han visto en la necesidad de trabajar.

En efecto, a la pregunta de ¿a qué edad comenzaste a trabajar?, respondieron:

- 37% antes de los 12 años.
- 37% entre los 13 y los 14 años.
- 26% entre los 15 y los 17 años.

Preocupan, sobre todo, aquellos (37%) que comenzaron a trabajar antes de los 12 años, pero también el otro 37% que lo hicieron entre los 13 y los 14 años, lo que deja ver que, desde pequeños, tuvieron que asumir responsabilidades que no son propias de la infancia y que claramente contribuyeron para que no pudieran continuar estudiando y, por tanto, desarrollando plenamente sus capacidades y su potencial.

Entre los trabajos que con mayor frecuencia han desempeñado mencionaron los siguientes: campesino, jornalero, pescador, lava platos, lavador de autos, "cerillo" o cargador en los mercados; mesero; ayudante de albañil, pintor, mecánico o herrero; repartidor de pizzas, asistente en un puesto de ropa o vendedor de chicles, flores, dulces, tacos, discos, frutas, etcétera.

Que estos trabajos no eran actividades en las que los niños y niñas estuvieran colaborando en las labores de sus padres, lo muestra el hecho de que 95% dijeron que recibían un salario por su trabajo, mientras 37% dijo que trabajaba para poder solventar sus propias necesidades, 64% dijo que una parte de lo que obtenían era para ellos y otra para contribuir con el sostenimiento de su familia.

Otro dato que, sin duda, llamó nuestra atención es que algunos adolescentes, al preguntarles si antes de ser detenidos trabajaban, respondieron especificando las actividades delictivas que realizaban: robar, vender drogas, vigilar, secuestrar u obedecer las órdenes del grupo delictivo al que pertenecían, que fueron descritas por algunos adolescentes como su "trabajo". Sin duda, preocupa que las actividades delictivas estuvieran en algunos casos normalizadas a tal punto de ser consideradas como un "trabajo".

Sin embargo, este último dato podría colocarse en un contexto distinto cuando nos percatamos de las respuestas que los adolescentes proporcionaron acerca de los ingresos que obtenían, primero, por su trabajo y, más tarde, por sus actividades delictivas. Nos sorprendió constatar la regularidad con la que, en promedio, estos últimos ingresos siempre representaban 10 veces más de lo que obtenían laborando legalmente. Es decir, en promedio, los ingresos por su trabajo fluctuaban entre los 1 200 y 1 800 pesos a la quincena, mientras que por sus actividades delictivas obtenían, en promedio, entre 12 mil y 18 mil pesos a la quincena.

Sin justificar que el haber elegido una carrera delictiva sea una opción de vida apropiada, no podemos dejar de cuestionar las políticas económicas que desde hace varias décadas han mantenido los salarios y su poder adquisitivo extremadamente bajos para la gran mayoría de la población, al punto de hacer imposible que, con dichas percepciones, las familias puedan tener una vida digna y satisfacer sus necesidades. El presente estudio muestra, sin duda, lo inadecuado y los efectos perniciosos que estas políticas han tenido, con severas repercusiones, no solo para determinados sectores sino para la sociedad en general, que padece por los altos niveles de delincuencia y de violencia que, desde hace varios años, continúan escalando en nuestro país.

Antes de concluir el presente capítulo, acudiremos de nuevo a escuchar las historias de varios adolescentes que ilustran con claridad los temas a los que nos hemos venido refiriendo.

Victoria es una chica de 17 años que lleva interna más de dos años en la Ciudad de México y le restan otros dos para cumplir con su sentencia. Ella solo estudió la primaria, ya que se salió de su casa y se fue a vivir con unos amigos porque tenía problemas con su familia. Victoria nunca vivió con su padre, aunque sabe que se dedica a vender cosméticos, mientras que su madre es comerciante de ropa. Ella no tiene hermanos, pero tiene dos medios hermanos, pues su madre se unió a otra pareja después de separarse de su padre. Antes de irse a vivir con sus amigos, Victoria le ayudaba a su madre a vender ropa desde que tenía 13 años. Ella considera que la persona que más la ha ayudado y en la que más confía es su madre, mientras que quien menos la ha ayudado es su padre. Dice que, cuando era chica, su madre la cuidaba, le preparaba los alimentos, la llevaba al médico y le compraba ropa y zapatos; sin embargo, también refiere que en su casa la maltrataban y que, cuando eso sucedía, encontraba apoyo en su abuela. Dice que en su casa no faltaba comida y que tenían todo lo necesario para vivir bien. También señala que su madre y algunos de sus tíos han estado en prisión.

El delito por el que la acusaron, tanto a ella como a su madre, fue por el homicidio de su novio. Ella relata que anduvo con su novio durante un año, pero luego ya no quería relacionarse con él porque era un muchacho muy violento que la amenazaba y la golpeaba. Victoria dice que ni ella ni su madre participaron en el homicidio, pero que la madre del muchacho insistió en responsabilizarlas y, como tenía un conocido en el Ministerio Público, fueron por ella y por su madre y, aunque nunca presentaron pruebas, las sentenciaron. Ella dice: "fue su familia porque nos tenían mucho coraje. Él era muy problemático y me pegaba mucho, por eso no me sentí tan mal de que muriera".

Con respecto al centro de internamiento, señala que, cuando tienen conflictos con las custodias, algunas se hacen de palabras con ellas, pero otras se hacen pequeñas cortadas con navajas en los brazos y, a las que hacen esto, las castigan aislándolas en un dormitorio aparte. "Lo que menos me gusta de estar aquí es el trato y que nos tienen muy encerradas, no nos dejan salir al patio… Si les caes bien a las custodias, te dan chance de hacer algo, pero si les caes mal, te ponen reportes… luego te pone castigos, te quitan actividades y te aíslan por meses o semanas, solo te ponen a hacer el aseo o incluso a arreglar el piso y el jardín".

Heriberto tiene 20 años, lleva casi dos años interno en Zacatecas y le quedan más de tres para cumplir con la medida de internamiento. Llegó a Zacatecas por la invitación de una persona que conoció en la armería donde trabajaba en Michoacán, vinculada a los Caballeros Templarios. Desde pequeño, trabajó en el campo y después en la armería donde se dedicaba a reparar las armas y, finalmente, "trabajó" como vendedor de droga al menudeo. A los 14 años comenzó a vender droga y lo combinaba con los otros trabajos. Nunca asistió a la escuela porque en la casa no lo consideraban importante y, cuando lo quisieron inscribir, no tenía acta de nacimiento, cuestión que también hoy le perjudica, ya que en el centro de internamiento no le acreditan los cursos que ya aprobó.

Su padre, que era campesino, siempre estuvo al pendiente de la familia, pero tenía pocos ingresos; su madre, quien tampoco fue a la escuela, es ama de casa. Desde pequeño, sus padres lo llevaban a trabajar al campo para ayudar con la economía familiar. A los 14 años, comenzó a realizar la venta de droga en el barrio para ganar dinero adicional al trabajo de campesino o de ayudante de armero. Después, al ingresar a la armería, comenzó a tener mayor contacto con el crimen organizado, hasta ganarse la confianza de varios de los integrantes del cártel. A los 15 años conoció a su actual pareja con la que se fue a vivir, en el mismo terreno de sus padres, y tiene un hijo de dos años.

Él es el menor de 10 hermanos y relata que vivió en un ambiente familiar de descuido por la cantidad de hermanos que su madre tenía que cuidar. Cuenta que, cuando era pequeño, su padre era el único que trabajaba, la situación económica era muy mala, no tenían lo suficiente y, en la medida que crecía la familia, se fue agravando su situación, de tal modo que cuando él nació no tenían casi nada.

Refiere que sus padres son las personas que considera más valiosas y quien más lo ha apoyado es su hermano mayor inmediato, que es también la persona en quien más confía. No refiere haber sufrido malos tratos, abusos o violencia cuando era pequeño.

Dice que, hasta donde tiene conocimiento, solamente uno de sus hermanos ha estado antes en prisión y ese mismo hermano consumía drogas cuando él era pequeño, pero no recuerda que alguien consumiera frecuentemente alcohol. Por su parte, Heriberto consumió alcohol de forma frecuente, pero no ha probado las drogas, solamente las vendía.

Heriberto fue acusado de secuestro. Al respecto, relata: "trabajaba en el campo, pero cerca de la casa había personas de los Caballeros Templarios que nos ofrecían trabajo vendiendo drogas, después ellos mismos me recomendaron para trabajar en la armería. Nunca llegó la policía ni el Ejército, por eso nos sentíamos seguros". Después, dice: "uno de los jefes que conocía, me llamó para hacer un secuestro, me vine para acá y fuimos por un señor que tenía lana. Cuando estaba cuidando a la persona, escuché a mi amigo que decía que después de recibir el rescate nos iba a matar a todos para quedarse con el dinero. Decidí entonces llamar a la familia del secuestrado para avisar donde estaba y me escapé con él para entregarlo a su familia. Después me detuvieron en un retén de la ministerial y me llevaron a la municipal y me enteré de que el retén lo hicieron para liberar al señor porque la familia del secuestrado ya había puesto la denuncia ante la policía".

Al preguntarle si la policía lo maltrató, Heriberto señaló: "…me detuvieron los ministeriales. Desde que me agarraron comenzaron a darme toques eléctricos, golpes, me pusieron una bolsa en la cabeza para ahogarme y también me metían chile piquín, me hundían la cabeza en agua y golpes en la cabeza". Esto se repetía cuando hacían cambio de guardia o en el trayecto para entregarlo en otro estado: "como el viaje fue largo, hacíamos paradas y me metían en los separos de la policía municipal del lugar ahí me volvían a torturar".

Dice que lo que más le gusta de la institución es la oportunidad de poder seguir estudiando. Lo que más extraña es a su familia, especialmente a su pareja y a su niño, quienes lo visitan una vez al año, aunque hablan por teléfono. Cuando salga, volverá a Michoacán para juntarse con su esposa e hijo, además de buscar trabajo. También le gustaría ser feliz con su familia, que no tiene otro sueño.

Lisandro tiene 20 años y lleva más de dos años interno en Baja California, donde le quedan por cumplir casi otros ocho años. Antes de los 12 años, comenzó a trabajar en distintos oficios como vendedor de un puesto de frutas, vendedor al mostrador de una tienda de abarrotes, chalán de albañil y soldador, trabajos en los que, en el mejor de los casos, ganó 2 400 pesos a la quincena.

Asistió hasta segundo de primaria porque en su familia no lo consideraban importante, por lo que no tuvo problemas con su madre cuando decidió dejar la escuela. Dejó la escuela porque no le gustaba y se aburría, además de las constantes riñas con sus compañeros que llevaron a que lo corrieran desde temprana edad.

Su padre, con estudios de preparatoria completa, estuvo al pendiente de la familia y actualmente labora como chofer de un camión repartidor de leche. Su madre, con preparatoria completa, fue policía y se encuentra actualmente detenida por el mismo caso de secuestro en que él participó. Él es el mayor de dos hermanos y dice que vivió en un ambiente familiar protegido por sus padres, pero que a su mamá la veía poco cuando trabajaba como policía.

Sus padres se organizaban para llevarlo al doctor cuando se enfermaba o de paseo y celebrar los cumpleaños de su hermano y el suyo, eventos que recuerda con mucho cariño. Sin embargo, sus padres no tenían tiempo para jugar con ellos o para las actividades relacionadas con la escuela. Refiere que su abuela materna y su madre son las personas que considera más valiosa y que lo han apoyado más en su vida. Dice haber sufrido malos tratos y violencia en su casa por parte de su padre.

Dice que, hasta donde tiene conocimiento, solamente su madre es el único familiar que ha estado en prisión. Su padre consumía drogas y ambos padres consumían alcohol frecuentemente. Por su parte, él consumía alcohol, además marihuana, cocaína, cristal, hongos y pastillas.

Fue sentenciado por secuestro, tarea que le encargaron como miembro del grupo del Cártel de Sinaloa. Relata que, en sus inicios con ese grupo, "vendía drogas, pero, como me fue bien, me pasaron a secuestro. No todos hacíamos lo mismo, si vendías drogas no podías andar en secuestro. Estaba el que mandaba y después veníamos varios, pero si hacías secuestros tenías más cosas. A mí me tocaba, levantar a las personas, cuidar al secuestrado y manejar carros".

Sobre el delito por el que fue detenido, relata: "estuve un año y medio trabajando en secuestros, hice más de 30 y solo a hombres… en el último secuestro, uno de los del grupo nos denunció por problemas de dinero. Nos agarraron con el secuestrado en la casa de seguridad".

Antes de esta ocasión lo detuvieron muchas veces, pero lo liberaban: "como en el grupo había ministeriales y municipales, podíamos operar libremente, si me agarraba uno que no era de nosotros, le daba la clave y hablan, después me dejan ir con todo lo que traía. Había en nuestro grupo gente de todas las corporaciones".

Al preguntarle si en esta última ocasión, la policía lo maltrató, detalló: "los ministeriales nos detuvieron en la casa de seguridad, ahí mismo nos patearon, nos pusieron la bolsa en la cabeza y nos ahogaban en un bote con agua. Me desmayé varias veces. Nos tuvieron como seis días en esa casa antes de entregarme al Ministerio Público, pero nos traían a vuelta y vuelta, aunque el Ministerio Público sabía todo porque andaba con los ministeriales y me obligaron a poner las huellas en la declaración". También mencionó que su madre se encuentra en proceso por el mismo caso debido a los señalamientos de algunos detenidos, aunque alega que sus compañeros fueron torturados para que hicieran esa mención.

Refiere que el trato que reciben en la institución es regular, especialmente por "los custodios que te castigan por todo… cuando te castigan te llevan a un dormitorio especial donde estás solo y ahí te pueden dejar por meses".

Dice que no le gusta nada de la institución porque "las actividades son pocas, la comida es mala y pasamos mucho tiempo en los dormitorios, además debes andar con las manos atrás cuando sales del dormitorio o hablas con un custodio". Lo que más extraña es a su familia, que lo visita cada semana. Cuando salga, se propone volver con su familia, además de buscar trabajo legalmente, aunque quisiera irse a Estados Unidos para trabajar y formar una familia.

En este capítulo nos hemos detenido en el análisis de algunos de los factores de vulnerabilidad que precedieron y en buena medida contribuyeron a que las y los adolescentes incurrieran en la comisión de infracciones graves. En el siguiente capítulo analizaremos con mayor detalle las modalidades y las características de las conductas delictivas de tipo violento. Asimismo, en los capítulos siguientes nos detendremos en el análisis el apego a las reglas del debido proceso por parte de las distintas autoridades que intervinieron, desde que las y los adolescentes fueron detenidos hasta que obtuvieron una resolución por parte de la justicia.

Antes de concluir el presente capítulo, quisiéramos insistir en que la conducta delictiva de los y las adolescentes es el resultado de diversos factores que interactúan de manera compleja, más que el resultado de un solo factor que actúe como determinante de dichas conductas. El siguiente caso es un buen ejemplo de la suma de factores a los que hemos venido haciendo referencia en este capítulo como condiciones de vulnerabilidad previas a la comisión de delitos.

Héctor es un joven de 22 años que desde hace cinco años y medio se encuentra interno en Baja California y todavía le queda un año más para obtener su libertad. Héctor dice que, estando en libertad, nunca fue a la escuela. Su madre, quien falleció porque fue ejecutada, tampoco nunca fue a la escuela, mientras que su padre, que era policía, solo estudió la secundaria. Desde antes de los 12 años, Héctor comenzó a trabajar recogiendo basura, como ayudante de albañil y cargador. Le pagaban 1300 pesos a la semana y parte del dinero que ganaba lo llevaba a su familia, pues él es el cuarto de siete hermanos y tiene también dos medios hermanos. Héctor refiere que sus padres se separaron cuando él tenía 13 años y se quedó a vivir, primero, con su madre, hasta los 15 años y, cuando ella fue ejecutada, se fue a vivir con una tía.

Refiere que, cuando era pequeño, nadie lo llevaba al doctor cuando enfermaba, ni jugaban con él, ni lo llevaban de paseo y tampoco le celebraban sus cumpleaños, aunque sí le preparaban los alimentos. Él considera que su madre fue la persona que más lo apoyó, mientras que su padre y unos tíos los que más daño le hicieron. Dice que su padre era muy agresivo y lo golpeaba con un cinto o con un chicote. Refiere que tanto su mamá, así como sus hermanos y unos tíos, estuvieron en algún momento en prisión y que casi toda su familia consumía alcohol y drogas. También Héctor reporta que diariamente consumía drogas, entre las que menciona: marihuana, cocaína, solvente y pastillas. Refiere que la situación económica de su familia era mala y que, a veces, faltaba comida en su casa, así como dinero para otras cosas.

Héctor se encuentra acusado por robo y violación. Él relata: "yo me juntaba con unos amigos y, a uno de ellos, la policía lo agarró y le pegaron para que se culpara de un robo y una violación. Ese muchacho dijo que yo y otros cuatro habíamos sido, y después todos me culparon, aunque yo no fui. Yo pertenecía a una pandilla, éramos como 50 o 60, y me dedicaba a robar. Yo había hecho otros robos, pero no el que me acusan". Tres de las personas que detuvieron eran adultas y dos menores, y todos fueron liberados, menos él. Lo detuvieron policías ministeriales quienes, dice Héctor, "me llevaron con base en un testimonio falso y me pegaban cachetadas y patadas". Cuando lo detuvieron, no le informaron de sus derechos ni tampoco le dijeron que tenía derecho a contar con un abogado. También dice que no conoció a su abogado de oficio y nunca vio o pudo hablar con el juez y que su familia contrató a un abogado privado, pero tampoco lo ayudó.

Al llegar al centro de internamiento se sintió mal, pero dice que ahora se siente "regular" y que el trato que recibe en la institución es mejor que el que les daban antes, sin embargo, dice que le gustaría que les dieran otras actividades y al respecto agrega: "no tengo idea cuáles pero que no repitan los cursos que ya nos han dado". Lo que menos le gusta de la institución es "que no todo se hace correctamente" y lo que más le gusta es trabajar y poder ir a la escuela. Su mayor sueño sería ser futbolista, aunque considera poco probable que lo pueda lograr.

Capítulo V
El delito

En este capítulo nos ocuparemos de analizar los tipos y las características de los delitos que cometieron las y los adolescentes que entrevistamos y que, como hemos explicado, se trata en todos los casos de infracciones graves, particularmente aquellos en que se ha hecho uso de la violencia.

Formulamos a los adolescentes varias preguntas en relación con el delito o los delitos por los que se encuentran privados de su libertad. En primer término, les preguntamos si en la colonia donde vivían tenían amigos y si consideran que estos tuvieron alguna influencia en que ellos o ellas se involucraran en actividades delictivas. Dos terceras partes (67%) respondieron que sí consideran que los amigos con quienes se relacionaban en su colonia influyeron en que se involucraran en actividades delictivas.

De los y las adolescentes entrevistados, 84% ya habían obtenido una sentencia condenatoria, mientras que 16% se hallaban en proceso. Este último porcentaje es preocupante, ya que los adolescentes se encontraban privados de su libertad sin que todavía se les hubiera comprobado su participación en algún delito, siendo que, en ocasiones, los procesos pueden demorar más de seis meses. Esto, a su vez, incumple con uno de los estándares internacionales más importantes que recomienda que los procesos sean expeditos y que solo se interne a los adolescentes como último recurso y por el menor tiempo posible.

El cuadro siguiente muestra el promedio de los porcentajes de la población de adolescentes por delito, de acuerdo con las estadísticas que nos proporcionaron las autoridades de las 13 entidades a las que acudimos a entrevistar a los adolescentes en 2016.[19]

Tabla 11. *Porcentaje de adolescentes privados de libertad por delito, 2016*

Delito	**%**
Homicidio	34
Robo con violencia	24
Secuestro	13
Violación	12
Robo de vehículo	4
Delitos contra la salud	3
Robo simple	3
Portación arma prohibida	2
Pederastia	1
Lesiones	1
Otros	3
Total	100

Estadísticas proporcionadas por las autoridades de los centros de internamiento para adolescentes en 13 entidades de la República.

Como se puede observar, los cuatro primeros delitos: homicidio, robo con violencia, secuestro y violación, representan 83% del total de los delitos por los que se encuentran privados de su libertad las y los adolescentes en las entidades que estudiamos. Este dato resulta consistente con lo que establece la *Ley Nacional del Sistema Integral de Justicia para Adolescentes* en el sentido de que solo debe privarse de la libertad a los adolescentes que hubieran cometido infracciones graves. Asimismo, vale la pena destacar que la decisión de centrar nuestro estudio en los y las adolescentes que hubieran hecho uso de la violencia, comprende por lo menos a 83% del total de la población de adolescentes privados de su libertad.

[19] En este caso los datos se refieren solo al promedio de la población de adolescentes internos por delito en las 13 entidades a las que acudimos en 2016, ya que en las cuatro entidades estudiadas en 2014 no nos fue posible obtener este dato. En el Anexo estadístico que incluimos al final de este estudio pueden consultarse los datos de la población de adolescentes internos por sexo, delito y entidad.

Otras preguntas se dirigieron a indagar sobre el uso de armas, ya que 70% dijo que utilizó algún tipo de arma para cometer el delito. Las armas que dijeron haber utilizado fueron las siguientes:

- 51% pistolas.
- 29% armas punzo cortantes.
- 10% armas de fuego de alto poder.
- 10% palos, piedras, botellas, etcétera.

Al preguntarles si, independientemente de que la hubieran usado o no, habían estado en algún momento en posesión de alguna arma de fuego, 45% dijo que sí y de estos, 42% porque la compraron y 55% porque se la prestaron o regalaron.

Como, en la mayoría de los casos, los adolescentes cometieron delitos en los que tomaron parte personas adultas, se les preguntó si alguna de estas formaba o había formado parte de alguna corporación policial o del Ejército. Al respecto, 16% de los adolescentes respondieron que sí, que alguno de estos adultos, en el momento de cometer el delito, era o había sido con anterioridad, miembro de alguna corporación de policía o militar.

Sobre este tema, es importante tomar en cuenta que, durante el periodo 2000-2015, han desertado 149 mil militares del Ejército Mexicano. Algunos especialistas han señalado que las principales causas por las que deciden abandonar la institución son: los sueldos bajos comparados con el alto nivel de riesgo, las jornadas de seis meses sin poder ver a sus familias y la falta de doctrina militar. Ello explica, de acuerdo con los especialistas, que algunos decidan pasar de manera ilegal a Estados Unidos, resuelven emplearse en empresas de seguridad privada en el país o ingresar a grupos del crimen organizado (*El Universal*, 4 agosto de 2016: 16).

Por otro lado, también se les preguntó si antes de cometer el delito por el que se encontraban privados de su libertad, ya habían sido detenidos con anterioridad. Al respecto, 35% dijo que sí, algunos de ellos en varias ocasiones.

Este dato muestra que, por lo menos una tercera parte de los y las adolescentes, no eran primo-delincuentes, sino que llevaban algún tiempo cometiendo delitos. Ello nos permite hacer ver que, el hecho de que continuaran delinquiendo y, sobre todo, escalando en los niveles de violencia, no solo es responsabilidad de quienes cometieron esos actos sino también de quienes, en su entorno, no fueron capaces de contenerlos y brindarles oportunamente la atención que requerían, lo que quizá pudo haber evitado importantes daños para ellos mismos y para la sociedad.

Modalidades de la actividad delictiva

Los relatos que los adolescentes hicieron acerca del delito que cometieron nos permiten distinguir claramente tres grupos que apuntan a características o modalidades distintas de la conducta delictiva.

1. En un primer grupo estarían los adolescentes que señalaron haber cometido el delito siendo parte de un grupo de delincuencia organizada que, generalmente, se ocupaba de traficar drogas y armas, de organizar secuestros y de enfrentar violentamente a grupos rivales. En ocasiones, los adolescentes proporcionaron el nombre de ese grupo, las razones o la manera como ingresaron y las funciones que desempeñaban.
2. En un segundo grupo estarían los adolescentes que dijeron haber cometido el delito porque formaban parte de alguna pandilla o banda en su colonia la que, generalmente, se reunía con el propósito de organizar fiestas, beber y consumir drogas y, a veces, pero no siempre, para robar o enfrentarse con otras pandillas que invadían o disputaban su territorio.
3. Por último, en un tercer grupo se encuentran los adolescentes que dijeron haber cometido el delito solos, o con amigos, pero sin que formaran parte de algún grupo o banda delictiva. En este último caso se encuentran adolescentes que pudieron haber cometido homicidios por conflictos personales o familiares, o en el contexto de algún robo o violación.

Cabe hacer notar que la proporción de adolescentes que cometieron el delito en alguna de las tres modalidades descritas varía en cada entidad como lo muestra el cuadro siguiente:

Tabla 12. *Modalidades de la actividad delictiva cometida por los adolescentes, 2016*

Entidad	Crimen Organizado %	Pandilla %	Acto individual %
Puebla	40	16	44
Ciudad de México	17	49	34
Oaxaca	24	20	56
Veracruz	37	19	44
Yucatán	0	57	43
Estado de México	75	5	20
Jalisco	22	31	47
Zacatecas	65	18	17
Sonora	36	21	43
Durango	37	13	50
Chihuahua	20	27	53
Tabasco	18	32	34
Baja California	51	37	12
Promedio	35	27	38

Encuesta levantada en centros de internamiento para adolescentes en 13 entidades, 2016.

Al promediar los datos anteriores, obtenemos tres grupos con proporciones similares; sin embargo, no debemos perder de vista las importantes diferencias que existen entre una entidad y otra, especialmente en lo que respecta a la participación de adolescentes en grupos de delincuencia organizada, ya que ello debería dar lugar al diseño de políticas específicas en cada entidad para impedir que más adolescentes sean reclutados para estas actividades.

A continuación, haremos un análisis detallado de cada una de estas tres modalidades delictivas que nos parece importante distinguir ya que, en la medida que tengamos claras las características diferentes de estas conductas, que obedecen a circunstancias y motivaciones distintas, será posible diseñar las políticas que, en cada caso, se requieren para prevenir que más adolescentes incurran en las mismas. De este modo, analizaremos primero los rasgos distintivos de los delitos que cometen las y los adolescentes que formaban parte de grupos de la delincuencia organizada; en segundo término, los de los delitos que se cometen en pandilla y, por último, los que se cometen de manera individual.

Crimen organizado

Del total de adolescentes entrevistados, 35% señalaron que formaban parte de un grupo de la delincuencia organizada.[20]

Entre los rasgos que caracterizan los delitos y las motivaciones de las y los adolescentes entrevistados que formaban parte de grupos de la delincuencia organizada, se hallan los siguientes, sin pretender hacer un recuento exhaustivo:

- Existe el deseo de imitar un estilo de vida que los adolescentes han podido observar en su entorno y que incluye: armas, autos, alcohol, drogas, sensación de poder y otros lujos y excesos a los que consideran que solo pueden acceder uniéndose a esos grupos.
- También existen modelos o personajes dentro de esos grupos que ellos desean imitar.
- Tienen el deseo de formar parte de un grupo que les brinde la sensación de pertenencia, de protección, de solidaridad, equivalentes o sustitutas a las de una familia.
- Algunos han normalizado la pertenencia a esos grupos como resultado de haber crecido y convivido de manera cotidiana con una familia que formaba parte de dichos grupos.
- Se les hace creer que las personas a las que dañan lo merecían porque habían obtenido dinero, bienes o un estatus social de manera indebida, o bien por ser enemigos o disputar el territorio de su grupo.
- También se les hace creer que ellos deben estar dispuestos a acatar y ejecutar todas las órdenes que se les den, lo que, ante ellos mismos, podría darles la sensación de no tener responsabilidad, ya que solo obedecían órdenes.

[20] Solo nos referimos en esta parte a las entidades que visitamos en 2016, ya que los resultados de las entrevistas levantadas en 2014 ya fueron publicados (Azaola, 2015).

- La adrenalina que les produce vivir constantemente en situaciones de peligro resulta atractiva para algunos jóvenes.
- Formar parte del grupo les produce una sensación de dominio, de control, de formar parte de un poder paralelo que disputa o pretende substituir al poder del Estado.
- La participación en algunos grupos de exmilitares o policías contribuye a que la línea que divide lo legal de lo ilegal, se difumine y contribuye a que los adolescentes adopten una actitud cínica frente a sus propios actos ilegales.
- Formar parte de estos grupos, en un entorno donde gozan de aceptación, les brinda estatus y, en este sentido, puede aparecer como una opción "legítima" de vida.

Por encima de todo, hay que destacar que quienes los invitan a formar parte de estos grupos claramente utilizan en su beneficio y aprovechan la inmadurez de estos adolescentes. Es decir, si bien los adolescentes que se unen saben muy bien que están cometiendo actos ilegales, de ninguna manera cuentan con la capacidad y con la madurez para comprender plenamente el significado y la trascendencia que cometerlos tendrá para el resto de sus vidas. Muchos adolescentes, como veremos, dicen frases como: "se me hizo fácil…", "no pensé en las consecuencias…", "quería saber lo que se siente…", "quería tener lo que ellos tienen…", "me llamaban la atención las armas, los vehículos…", etcétera.

Como lo señala un estudio reciente: el perfil del sicario, en su mayoría, es de personas que se desenvuelven en grupos sociales como individuos normales, con capacidad de amar y expresar afecto por sus seres queridos, al mismo tiempo que pueden ser despiadados con sus víctimas. Lejos del estereotipo del psicópata o del terrorista, el sicario realiza "un trabajo" en específico a cambio de una retribución, su lealtad es para con el contratante, lo que lo hace casi invisible ante la sociedad. En suma, el sicario es capaz de llevar una vida normal, paralela al papel que desempeña en el submundo criminal en el que se desenvuelve (Arias y Pacheco citados por Barragán 2015: 18).

El mismo autor (2015) señala que, en México, "no existe cártel de la droga que no contenga una estructura interna de sicarios, pues son estos los encargados de la efectividad del cártel en términos operativos. Los cárteles necesitan protección, seguridad y ajustes de cuentas". Mucho de su poder reside en ese uso de la fuerza ilegítima que emplea en sus disputas con otros grupos y con el propio Estado. "El sicario vive rápido la vida, puesto que la muerte es siempre una realidad presente en su ambiente" (19). El sicario se caracteriza por su estilo de vida netamente posmoderno, por la individualidad exacerbada, "el consumo excesivo y fugaz, el significado que acarrea tratar de buscar la felicidad en objetos que son disfrutables… Es ese consumo de objetos híper valorados en dichos ambientes los que se integran al sicario como personaje, en el sicariato la mejor opción es consumir todo lo que se pueda en la menor cantidad de tiempo posible, ya que el sicario vive desde el momento en que ingresa conociendo de antemano que la muerte se halla cerca". En suma, "vivir matando", dice el autor, es la forma de vida del sicario en nuestra sociedad (Barragán 2015: 198).

Escucharemos ahora cinco historias de adolescentes que dan cuenta con claridad de cómo y por qué ingresaron a grupos de la delincuencia organizada. Algunos también proporcionan relatos muy detallados de los diferentes rangos que existían en los grupos que participaron, así como la manera en que era posible ir escalando hacia niveles más altos en la jerarquía de dichos grupos.

Hilario es un joven de 20 años que lleva tres años interno en Veracruz y todavía le faltan siete años y medio para concluir su sentencia. Él dice que, cuando tenía 16 años se salió de su casa para ir a trabajar y que vivió solo durante un año y después regresó a vivir con su madre y sus hermanos. Hilario se salió de la escuela cuando inició la secundaria, pues no le interesaba, ya que prefería irse con sus amigos. Sus padres se separaron cuando él tenía siete años. Su padre trabajaba en el campo, mientras que su madre trabajaba haciendo limpieza en casas y solo cursó algunos años de la escuela primaria. Comenzó a trabajar desde antes de los 12 años ayudando a una hermana que tenía un puesto en el mercado. Después trabajó como mesero en un restaurante, en un auto lavado y en una rosticería. El dinero que ganaba era en parte para sostenerse y otra parte para su madre. Él es el quinto de seis hermanos.

Aunque fue acusado de haber matado a una chica en un hotel "por problemas personales", relata que pertenecía a un grupo delictivo:

> "Yo me junté con un grupo un tiempo cuando viví solo. Me pedían que les guardara la droga. En ese grupo puedes estar hasta arriba o hasta abajo. Cuando estás hasta abajo te puedes salir, como yo, que era guerrero. Los guerreros se encargan de cuidar al tiendero, que son los que venden la droga. El guerrero se encarga de 'entuzar' [esconder] al tiendero. El guerrero es el nivel más bajo, luego sigue el tiendero y luego el halcón. Después del halcón siguen las estacas y luego el RT. Los RT's andan en los coches con los aparatos para avisarles a los tienderos; el RT es el encargado de llevar los radios, las armas, y andan en dos coches, pero depende de cada zona. En donde yo andaba, solo había que cuidarse de policías, militares y marinos, pero no había contras, aunque a veces había chapulines, que son los que venden por su cuenta, pero a esos los matan rápido porque al grupo no le gusta que vendan sin pagar cuota, sin pago de piso. Es más difícil defenderse cuando hay contras que cuando solo hay autoridades. Los policías municipales estaban todos comprados, no nos hacían nada, nos dejaban trabajar, pero a otros niveles era más difícil que estuvieran comprados".

Al preguntarle cómo fue que ingresó por primera vez al grupo, dijo: "en mi caso, fue cuando me salí de vivir con mi hermana y me puse a trabajar por mi cuenta, y ahí llegaban halcones, tienderos, y te ofrecían el dinero y la droga y entonces caes…".

Señala que hay algunos compañeros que se deprimen por estar encerrados pero que él piensa que la mayoría de los jóvenes internos sale de la institución mejor que como entraron. Su mayor sueño sería poder ingresar al Ejército para servir, dice.

Vicente es un joven de 23 años que se encuentra desde hace casi seis años recluido en el centro de internamiento de Ciudad Juárez y a quien todavía le faltan más de nueve años para terminar de cumplir con su sentencia. Él refiere que, desde los 15 años, se salió de su casa por problemas que tenía con su familia y con la escuela, y que se fue a vivir con amigos y ya no regresó a su casa en donde viven sus padres y dos hermanos. Él terminó la escuela secundaria, pero dice que no le gustaba porque se aburría y no le gustaba levantarse temprano. Además, en la escuela lo corrieron por consumir drogas, así que ya no pudo regresar. Su padre estudió la carrera de Ingeniería Electromecánicánica y su madre completó la preparatoria y se dedica al comercio. Al preguntarle si él trabajaba, dijo que se dedicaba a la venta de droga y que era sicario. Vicente no reporta malos tratos o humillaciones y señala que, cuando era pequeño, sus padres le ayudaban con las tareas, lo llevaban al médico, le preparaban los alimentos y lo llevaban de paseo. También señala que considera a sus padres como las personas que más lo han apoyado en su vida y que su madre es la persona en quien más confía.

Refiere que su abuelo y unos tíos estuvieron un tiempo en la prisión y no reporta que en su casa alguien consumiera alcohol o drogas, aunque, por su parte, él consumía marihuana, cocaína y pastillas diariamente antes de ingresar al centro de internamiento.

Vicente está acusado de homicidio, portación de arma prohibida y delincuencia organizada y relata lo siguiente:

> "al principio, me involucré en la delincuencia por unas amistades, pero lo que me permitió continuar, fue porque no quise regresar a mi casa por orgullo, por los conflictos que teníamos a causa de que yo consumía drogas y no me gustaba que me dijeran nada. Entonces, uno necesita dinero y, cuando estás rodeado de esas amistades, te parece fácil, o en ese momento así lo piensas porque te orillan a hacerlo y en ese momento no te das cuenta, no piensas. Primero empecé por vender drogas y luego los homicidios. Siempre va a haber personas que se van a dejar influenciar por esos grupos; uno se deja influenciar por el dinero y por problemas familiares, pero también porque no nos orientan. Creo que se les debería mostrar a los chavos que sí pueden obtener dinero y lujos en el crimen, pero pueden perder a su familia o morir. Hay que mostrarles con testimonios y darle continuidad en las escuelas secundarias, en las preparatorias, no hay de otra".

También influye mucho, dice, "sentirte parte de un grupo. Al principio piensas que son como tu familia, pero luego te das cuenta de que no y entonces ya no te puedes salir a menos que te vayas a vivir a otro estado".

Al preguntarle a Vicente si ya lo habían detenido en ocasiones anteriores, contestó: "me habían detenido como unas seis veces, a veces por droga y a veces por portación de arma o por homicidio, pero siempre me dejaban salir porque los policías estaban involucrados en el mismo grupo al que pertenecía la mayoría".

Vicente opina que el trato que reciben en el centro de internamiento es "regular", tanto por parte del personal como de sus compañeros que, en ocasiones, lo han golpeado. También señala que "hay muchos internos y pocas actividades; yo ya tomé todos los cursos que ofrecen y no nos dan cursos nuevos o talleres para aprender oficios". Y, sobre si salen mejor o peor del centro de internamiento, dice: "he visto muchos que salen a lo mismo, vuelven a entrar o los asesinan, pero, si estás aquí durante un tiempo, empiezas a organizar tu mente y aprendes a madurar, solo que, si no le importas a tu familia, ahí está el error porque la familia es la única que te puede ayudar. Yo quiero que mi familia se sienta orgullosa de mí".

Oscar es un chico de 17 años que lleva seis meses interno en Veracruz y le queda por cumplir una sentencia de seis años. Sus padres se separaron cuando él tenía siete años, edad a la que dejó de vivir con su padre mientras que continuó viviendo con su madre y sus hermanos hasta que lo detuvieron. Él inició el primer año de secundaria, pero no continuó en la escuela pues lo corrieron por llevar una navaja, además de que no le gustaba ir la escuela. Él no sabe hasta qué grado escolar cursaron sus padres y dice que su padre se encuentra pensionado, mientras que su madre es ama de casa. Oscar comenzó a trabajar desde los 15 años, primero en un auto lavado y después como ayudante de albañil. Lo que él ganaba era en parte para sus gastos y en parte para su familia, ya que tiene seis hermanos y 15 medios hermanos. Refiere que, cuando era pequeño, contaba con el apoyo de su familia para las tareas escolares, que lo llevaban al médico cuando enfermaba y que siempre había alguien que le preparara la comida. Sin embargo, dice que no lo llevaban de paseo, pues su situación económica no era muy buena, aunque no les faltaba comida.

Al preguntarle si había pertenecido a algún grupo delictivo, narró: "antes de que yo trabajara me metí con un grupo, el Cártel del Golfo; ellos me dijeron que si quería trabajar con ellos y les dije que sí. Me daban 5 mil pesos a la quincena y trabajaba como halcón. Lo que yo hacía era hablar por teléfono y avisar si pasaba la policía o los militares. Así duré como un año y luego me dijeron que si quería ser 'estaca', pero yo no me sentía entrenado porque ellos traen armas, camionetas, era muy arriesgado. También están los que les llaman centrales que son los que les reportan a los halcones. Los 'estacas' y los centrales reportan a los jefes. Yo no sé cuántos formaban parte del grupo, pero éramos como 20 halcones en cada grupo, 30 estacas y dos centrales, uno de día y otro de noche y luego estaban los jefes, que eran dos, y ellos son los que decidían".

Oscar fue acusado por homicidio y secuestro, pero dice que detuvieron a las personas que iban pasando por ahí, porque en ese caso él no participó. Señala que no le informaron del delito que lo acusaban, ni de sus derechos, ni lo presentaron de inmediato ante las autoridades y tampoco les permitieron tener un abogado mientras estaban en la Subprocuraduría Especializada en Investigación de Delincuencia Organizada (SIEDO).

Considera que el trato que reciben en la institución es bueno. Su familia lo visita solo tres veces al año porque vive lejos y no tiene suficientes recursos. Lo que más le gusta de la institución es que le da la oportunidad para continuar estudiando y que tiene tiempo suficiente para pensar. Lo que más le gustaría hacer cuando salga es ingresar a la Marina o bien ser policía ministerial. Su mayor sueño sería tener una familia y vivir en paz.

Pavel tiene 17 años, lleva casi dos años internado en Guadalajara y le quedan poco más de cuatro años para cumplir con la sentencia. A los 12 años se enroló en el crimen organizado y decidió abandonar su casa cuando empezaron a buscarlo para "darle piso" [asesinarlo]. Asistió a la escuela hasta los primeros grados de primaria, pero el ambiente familiar no le favoreció y se aburría porque no entendía a la maestra. No conoció a su padre y siente que le hizo falta; su madre, con primaria incompleta, trabaja desde hace muchos años en una gasolinera. Cuando se salió de la escuela, su mamá decidió mandarlo un año con su abuela para que lo cuidara, pero Pavel prefirió regresar a su casa y vagar por las calles de la colonia; dice que ahí conoció "lo bueno y lo malo", pues comenzó a realizar actividades para vendedores de droga del barrio que lo conectaron con policías en activo que trabajan para el crimen organizado. Lo entrenaron poco a poco para actuar como sicario, actividad que él refiere como su "trabajo".

Él es el segundo de cinco hermanos, uno de los cuales es su medio hermano. Dice que, cuando era pequeño, su madre era la única que trabajaba, por lo que la situación económica era mala y no tenían lo suficiente para vivir bien. Siempre sintió el apoyo de su madre, aunque tenía poco tiempo.

Refiere que su madre es la persona que considera más valiosa y quien más lo ha apoyado en su vida, así como en quien más confía. En el caso de su padre, considera que es la persona que más daño le hizo al no ocuparse de él. Dice que ningún familiar consumía alcohol o drogas cuando él era pequeño, aunque él, por su parte, comenzó a consumir alcohol y diversas drogas desde los 11 años y lo hacía diariamente antes de ingresar al centro.

Pavel fue acusado primero de secuestro, después se le relacionó con la ejecución de 26 personas, de las cuales comenta, él ejecutó a 10, aunque asegura que hizo otros "trabajos" (ejecuciones y secuestros) antes de ese caso Pavel relata:

"Cuando me salí de la escuela unos vecinos me daban para beber y marihuana, después me contactaron con policías y ellos me llevaron con el grupo. A los 11 años me integré al Cártel del Milenio y a los 12 me llevaron a vivir con ellos. El grupo lo integraban de seis a ocho personas casi todas mayores de edad, y vivíamos en la misma casa. Mi trabajo consistía en levantar, secuestrar y ejecutar. Ellos elegían a las personas y yo cumplía con lo que me dijeran que había que hacer. Realicé muchas ejecuciones y 'levantones' y participé en algunos secuestros. Cada mes me pagaban mínimo 15 mil pesos y después de cada trabajo me daban alguna cantidad, una vez fueron 50 mil pesos. Una parte se la daba a mi mamá y la otra era para comprar droga".

También dijo:

"yo tenía mando porque era sicario. Otro compañero y yo éramos y hacíamos lo mismo, por eso estábamos debajo del jefe del grupo y debajo de nosotros estaban los supervisores, que también vivían en la casa, y los vendedores que eran muchos. Cuando no había trabajo, tenía que salir a supervisar que los distribuidores hicieran el trabajo en el territorio y ver si los vendedores estaban en sus puntos. Me consideraban muy bien en todas las tareas".

Lo detuvo la Policía Ministerial, y dice:

"desde que me trasladaron comenzaron a pegarme, pero en la Delegación fue peor. Me quitaron la ropa y comenzaron a darme toques con electricidad, patadas en cualquier momento, bolsa en la cabeza y respirar con la bolsa en la cabeza el agua con gas y el chile piquín. También intentaron cortarme los dedos de las manos y me metían una punta debajo de la oreja que me provocaba dolor hasta perder el conocimiento, me tiraban agua para despertar y me seguían golpeando. Las sesiones se repitieron por 10 días. Después estuve un mes en el hospital en tratamiento de recuperación".

Relata que, cuando lo detuvieron, lo apoyó su madre. Dice que lo que más le gusta de la institución es la oportunidad de poder seguir estudiando. Lo que más extraña es a su familia y caminar en libertad. Dice que estar en esa institución los ayuda y que dependerá de cada compañero salir mejor de como entraron. Cuando salga, se irá del estado por seguridad y le gustaría comenzar a trabajar y completar los estudios que le falten. También le gustaría formar una familia en el futuro y vivir bien.

José Elías de 18 años lleva casi dos años interno en Durango y le quedan casi dos más para cumplir con la sentencia de internamiento. Relata que su familia se encuentra vinculada al crimen organizado y desde muy pequeño presenció actividades ilícitas, particularmente la distribución de drogas y el lavado de dinero; incluso dice que acompañaba a su padre a ciertas actividades. Su participación inicial se debe a una venganza con unas personas que intentaron asesinar a su padre por lo que él, junto con sus hermanos, los localizaron y les dieron muerte, comenzando sus actividades dentro del cártel. Asistió a la escuela, pero no completó la primaria porque en su casa no la consideraban importante y se aburría en las clases.

Su padre trabaja como músico para bandas de las que amenizan fiestas, sin embargo, señala que es solamente para dar la apariencia, porque sus mayores ingresos provienen de actividades ilícitas. Su madre, con primaria incompleta, se dedica lavar dinero y entregar cuentas. Desde pequeño sus padres lo han incentivado a tener una vinculación con el crimen organizado y, como él menciona, "a tener dinero fácil sin responsabilidades". A los 14 años, después de ejecutar a varias personas que atacaron a su padre, el jefe de la plaza lo llamó para que fuera su escolta. A los 16, conoció a su actual pareja con la que vive en casa de sus padres. Tienen una niña de tres años.

José Elías es el hijo menor de sus tres hermanos y relata que vivió en un ambiente familiar de descuido por las actividades de sus padres. Cuenta que, cuando era pequeño, la situación económica era buena, tenía todo y nunca faltó algo en su casa. Lo que faltó, dice, fue "tiempo para convivir familiarmente". Refiere que sus padres, son quienes más lo han apoyado en su vida, así como las personas en quienes más confía. Considera que nadie le ha hecho daño en su vida salvo él mismo. No refiere haber sufrido malos tratos, abusos o violencia cuando era pequeño.

Dice que sus hermanos han estado antes en prisión, que consumen drogas y alcohol, así como sus padres, por lo que él vivió en ese ambiente desde pequeño. También José Elías consumió alcohol y drogas de forma frecuente desde los 15 años. Fue acusado de homicidio calificado y robo agravado, aunque él solamente menciona este último como motivo de su internamiento, aunque dice que decidió culparse como responsable del grupo para no tener problemas con el 'Patrón', como él se refiere al jefe de plaza.

Comenta que era reprendido constantemente por sus actitudes: "Por andar con el Patrón, se me subió, comencé a andar exhibiéndome y se lo reportaban. Por ejemplo, cuando yo andaba en la calle y me detenían, daba una clave y me dejaban pasar, tampoco me revisaban, pero comencé a abusar de eso y andaba todo el tiempo mostrando la clave y, aunque me decían que los perjudicaba esa actitud, yo lo hacía porque me sentía poderoso...".

Luego, explica: "...yo era sicario, era parte de la guardia del jefe de la plaza. Tenía a mi cargo a otros tres. Mi tarea era supervisar la plaza, levantar a las personas, ejecutar y cumplir las órdenes". Por ejemplo, el jefe le pedía "buscar personas para los ministeriales y entregarlos. Era como un ministerial... tenía una clave para comunicarme con ellos...".

Sobre el delito por el que fue detenido, José Elías cuenta: "...me acusan de robo agravado, pero no es cierto. Yo trabajaba para un cártel, pero, como no hacía caso, me pusieron de castigo mandarme para acá. Yo acepté porque mordí la mano del 'Patrón' y ni modo. Ni siquiera entendí de lo que me acusaban".

"Fui a buscar a un violador que andaba acosando en el barrio donde vivía, estuve buscándolo hasta que dimos con él y entramos a su casa. Le avisé al Patrón y me dijo que le diéramos una calentadita y luego lo entregáramos a los ministeriales, pero a los chavos se les pasó la mano y lo matamos. Le avisé al Patrón y se enojó, me mandó traer y me entregaron a los ministeriales, me dijo que andaba muy alzado y que me iban a dar un castigo, pero yo me culpé de todo porque era el responsable".

Relata que, cuando lo detuvieron, lo apoyaron sus padres. Refiere que el trato que reciben en la institución por parte tanto del personal como custodios es bueno y que ahí se porta bien porque quiere salir pronto. Lo que más extraña es a su familia, especialmente a su pareja y niño, "todos creen que nosotros no tenemos sentimientos, pero yo extraño a mi familia, no vienen mis padres porque tienen temor que pueda pasar algo, pero nos hablamos...".

Cree que no tiene otro destino que seguir en lo mismo porque su familia se encuentra en la misma actividad y por la ayuda que recibe de su jefe de plaza. Dice: "... voy a seguir en lo mismo, ahora me apoya otro patrón, porque al otro lo mataron. Me manda dinero, también le dan a mi esposa. Estoy comprometido cuando salga. Tengo que responder, pagar la ayuda que me dan."

Para terminar, agrega: "… no tengo sueños, creo que no puedo cambiar mi vida, me gusta el dinero fácil. Me criaron mis papás así, siempre con dinero".

Ahora agregaremos otros testimonios muy breves en donde los adolescentes se refieren al delito que cometieron. Estos testimonios expresan con mucha claridad cuáles fueron los motivos o las circunstancias que los llevaron a formar parte de un grupo de la delincuencia organizada. Como podrá observarse, en todas las entidades que estudiamos, encontramos chicos y chicas que habían formado parte de estos grupos. Escuchemos sus relatos:

- Un chico del estado de Veracruz dice: "Estuve dos años con la misma organización y en ese momento me gustaba porque me lavaban el cerebro, te hacen ver que son como tu familia, porque encuentras en ellos lo que no encuentras en tu familia, porque ellos son casi siempre mayores de edad". Relata también: "Tenía yo muchas funciones: estaba encargado de las comunicaciones, era Traca, porque usaba las mismas armas que el Ejército para hacer, como ellos, levantones; según la célula en la que estés, es el criterio para hacer los levantones. Nosotros levantábamos a personas que tenían dinero ilícito, como prestamistas, políticos, etcétera".
- Otro adolescente del estado de Veracruz fue acusado del delito de secuestro. Él explica que apenas acababa de unirse con un grupo delictivo y que se fue con ellos porque quería saber qué le había pasado a su hermano. Explica: "Yo casi no hice nada con el grupo, yo estaba afuera de la casa de la secuestrada como halcón. Me inculparon por andar con ellos porque yo quería saber de mi hermano que se lo había llevado el mismo grupo, pero no me quisieron decir nada. Llegaron al taller donde yo trabajaba como mecánico, buscando personas que se fueran con ellos y yo me fui para saber de mi hermano y para apoyar a mi familia. Yo creo que ese grupo hace lo que anda haciendo por dinero y entre ellos se matan porque roban a quien no deben robar porque ellos tienen sus reglas. Te enseñan a ayudar a los que no tienen, pero cuando les quitas a los que no tienen, te castigan; ellos matan a los

rateros que andan robando, aunque también matan a otros que compiten por el territorio y se enfrentan con las autoridades para defenderse".

- Otro más, del estado de Veracruz, relata con respecto a su ingreso en un grupo de delincuencia organizada: "Me llamaron la atención las armas y me comencé a juntar con otros compañeros que veía que tenían armas, carros, dinero y droga. Eran seis amigos y yo fui el que les dijo que quería trabajar con ellos. Mi trabajo consistía en secuestrar. Ellos elegían a las personas y yo cumplía con lo que me dijeran que había que hacer. Secuestré a seis personas. Casi siempre las teníamos por dos o tres días y entonces nos daban el dinero. Si no pagaban, yo no me encargaba de ellos, yo solo me dedicaba a secuestrar y había también otros que se dedicaban a cuidar a las personas mientras los teníamos secuestrados. Éramos tres los que nos dedicábamos a 'levantar' a las personas y yo llegué a ser jefe de los que nos dedicábamos a secuestrar. Yo era el comandante y los otros dos eran 'estacas', que son los que se dedican a vigilar".

- Un adolescente del estado de Veracruz dijo: "Formaba parte de un grupo. Me metí por apoyar a mi familia porque lo que ganaba con mi trabajo tirando basura en el mercado y vendiendo comida para pollitos, era muy poco; en el grupo me daban 15 mil a la quincena. Yo tenía que ir por las personas que estaban en el pueblo vendiendo drogas o lastimando o violando niños, para proteger que eso no pasara en el pueblo. Éramos como 25 los que deteníamos a la gente que abusaba de los demás. Yo nomás se los llevaba y me iba para mi casa y no sabía qué les hacían. Los que me pagaban vendían droga, por eso me pagaban. Lo que no querían es que otros compitieran con ellos".

- Un chico de Oaxaca, que se encuentra detenido por secuestro, explicó: "Parte del grupo al que yo pertenecía, era de mi localidad. Mi hermano era de ese grupo, ellos eran de la delincuencia organizada, de un cártel que operaba con drogas, secuestros, robos y homicidios. Yo participé en secuestros. En total, de mi colonia, éramos 28, son los que yo llegué a ver. Yo era halcón, igual que mi hermano, pero él era más re-

146

conocido. Te ponen pruebas para ir subiendo, como participar en un homicidio, y yo lo hice. Cada uno en el grupo tenía su función y recibíamos órdenes de los jefes".

- Otro muchacho de Oaxaca explicó cómo fue que ingresó a un grupo delictivo: "Yo me salí de mi casa desde los 15 años porque era rebelde; dejé la escuela porque comencé a delinquir. Mi papá es chofer de tráiler y mi mamá vive en Estados Unidos. Yo empecé a andar en la calle y a consumir drogas y, estando allí, lo que uno quiere es dinero para consumir drogas. Cuando estás en la calle, vas conociendo otra gente que vive como tú y así fue como me invitaron a participar en un secuestro. Nomás me dijeron que si quería hacer algo para conseguir dinero y me dijeron que si los quería ayudar en un secuestro; uno no lo piensa y lo hace. Yo ni siquiera sé si me iba a quedar en el grupo o no, porque me detuvieron la primera vez que participé en un secuestro. Me siento contento porque si hubiera seguido afuera, quién sabe qué hubiera sido de mí".

- Otro chico de Oaxaca, que nunca conoció a su papá y se salió de su casa desde los 15 años por problemas familiares, explica lo que hacía como parte de un grupo delictivo: "Era un grupo en el que robábamos, éramos del Cártel de los Zeta, no sé cuántos son, pero nosotros también secuestrábamos, vendíamos droga. Me invitaron unos amigos a formar parte y acepté por dinero, me daban 10 o 15 mil pesos a la quincena. También llegué a matar. Primero fui halcón, luego vendí droga y luego fui sicario. Ellos veían mi carácter y, para ir subiendo, hay que ser malo y hacer lo que te dicen. Yo lo hice por dinero, por dinero hace uno lo que sea… yo llegué hasta sicario y maté como a cinco".

- Un muchacho de Ciudad Juárez, acusado por un homicidio que dice haber cometido en una borrachera, explica cómo se unió a un grupo de delincuencia organizada: "Me fui a vivir solo, por no hacer caso a mi familia y para poder andar con los amigos. Andando en la vagancia, conocí amistades y me uní a un grupo de delincuencia organizada. En ese momento, uno no se da cuenta, uno quería divertirse, andar con mujeres, hacer desastre, divertirse como uno quisiera. Uno quería tener dinero para mujeres, alcohol, drogas, diversión...".

- Otro muchacho, del estado de Puebla, relata: "Yo vendía drogas en la calle, era del grupo del Golfo y éramos cinco personas, tres menores y dos adultos que eran exmilitares; todos nos dedicábamos a la venta de drogas. Yo era el encargado de vender y de vigilar los movimientos... Consumir drogas me llevó a cometer delitos, no tenía otra cosa. También la pasábamos bien porque iba a fiestas y tenía para gastar".

- Otro chico de Puebla dice: "yo quería tener dinero, carro, lujos, por eso me uní a un grupo y planeamos un secuestro. Lo realizamos, pero dieron con la casa y nos agarraron a todos y liberaron a los secuestrados".

- Otro más de Puebla, dice: "Andaba yo en el 'jale' con un grupo que se dedicaba al secuestro y me invitaron a participar y les dije que sí. Secuestramos a un señor que tenía tiendas de materiales de construcción, pero, cuando íbamos a cobrar el dinero del rescate, nos agarraron. Yo me dedicaba a levantar a las personas; en ese momento, no pensaba, me sentía bien porque iba a tener dinero, entonces no pensaba en el daño que hacía".

- Un muchacho interno en Puebla relata: "Me salí de mi casa cuando se separaron mis padres. Dejé la escuela porque no me gustaba. Me fui a vivir a la calle y también vivía en trenes o en hoteles baratos. Consumía todo tipo de drogas. Trabajé de pollero y ahí conocí a varios que trabajaban para los Zetas. Después me fui a vivir con ellos y mejoró mi situación. Éramos cinco personas del grupo, todos adultos menos yo, y rentábamos casa. Nos movíamos cada cierto tiempo. Algunos del grupo eran expolicías. Yo, primero fui 'traca', o sea que me encargaba del monitoreo, después fui 'seguridad' y al final, 'cuas', que son las personas de confianza de los líderes. Tuvimos un enfrentamiento con la Policía Estatal y nos arrestaron".

- Un adolescente de Zacatecas relató que pertenecía al Cártel de los Zetas desde que se salió de la escuela: "Me hice amigo de un señor, después supe que era jefe de los Zetas. Ese señor, me daba drogas y alcohol y, después, entrenamiento para ser

148

sicario porque ese señor era exmilitar... Me encargaron que comprara un cargamento [de droga] a una persona que lo tenían visto, cuando me la trajo y me lo entregó, lo maté con cuchillo porque era del grupo del Chapo. Nos apoderamos entonces del lugar y no permitíamos que otros vendieran".

- Otro muchacho de Zacatecas relató: "Cuando los federales ejecutaron a mi papá, él era comandante de los Zetas y decidí entrar. Como me conocían, me hicieron sicario, tenía como 14 años. El comandante me comenzó a dar tareas de vigilar a los halcones, tenderos, pero principalmente de ejecutar y levantar. En los Zetas había grados de mando como sicario, comandante de estaca y comandante de plaza, también hay repartidores, halcones, central (jefe de los halcones), águila y tiendero".

- Otro adolescente de Zacatecas dijo: "Me enrolé con los Zetas desde los 13 años, comencé de vendedor hasta llegar a sicario. Participé en muchas ejecuciones y levantones, como me tenían visto, me fui con mi hermano –que también era Zeta– a trabajar un tiempo hasta que se calmaran las cosas. Luego, me contactaron y volví a entrar y comencé nuevamente a levantar y ejecutar, pero ahora vivía en las casas de seguridad. Hicimos el secuestro de una persona que tenía una vulcanizadora, cuando lo estábamos subiendo a la camioneta llegó la municipal y comenzamos a darnos de tiros, después llegaron federales y el Ejército. Todos escaparon, pero yo no alcancé a subirme a la camioneta y me detuvieron ahí".

- Otro adolescente de Durango relató: "Comencé a trabajar para ellos a los 16 años, todo fue en la escuela secundaria porque les ayudaba a unos compañeros, después me salí de la escuela y comencé a vender por mi cuenta para el Cártel de los Cabrera... tenía un jefe que me daba la droga, a su vez él tenía a otro que le daba la droga. Ellos estaban conectados con la policía municipal, a veces nos detenían, pero le dábamos la clave y nos dejaban seguir vendiendo. Un domingo a la salida de la iglesia me detuvieron. Cuando comencé a vender, también probaba y después me hice adicto a todo lo que vendía".

- Otro adolescente, del Estado de México, dice que fue parte de los Zetas y que sus actividades eran de secuestro. "Me integré a los Zetas para dedicarme al secuestro, me contactaron a través de unos amigos. Mis tareas eran levantar, cuidar la casa y al secuestrado y ayudar en lo que me pidieran. A nuestros jefes no siempre los veíamos, nos mandaban mensajes".

- Un adolescente de Baja California relata: "Un señor me llevó a Michoacán para integrarme al Cártel Jalisco Nueva Generación. Allá recibí instrucción por parte de exmilitares en defensa personal, uso de armas y me enseñaron cosas de inteligencia para estar viviendo en sociedad sin que se note. Recuerdo que cuando llevaba tiempo en el curso, el patrón mató a un chavo delante de nosotros porque lo vio algo miedoso, ahí entendí que la cosa era en serio. En Michoacán maté a muchas personas. Regresé a Baja California por miedo, porque vi que ellos tenían peleas internas y mataban a los del mismo grupo. Llegando acá trabajé para el Aquiles y los Arellano Félix; aunque son contrarios, los dos grupos me ocupaban. En el último encargo, ejecuté a uno en la calle, me fui caminando a la esquina y tomé un taxi que llegó ahí por casualidad, una o dos cuadras adelante me detuvo la policía, pero se llevó al taxista también".

- Otro más de Baja California relata: "Desde pequeño estuve en contacto con el crimen. A los 12 años comencé a ejecutar personas y a drogarme. Llegué aquí para conocer este lugar y me vinculé con los secuestros".

- Otro adolescente de Baja California dice: "Formé una banda de 25 personas que hacíamos robos a bancos y a supermercados. Después me contactaron los Arellano Félix y nos fuimos los 25 a trabajar para ellos. Vendíamos drogas, ejecutábamos y secuestrábamos. Unos exmilitares nos daban cursos para usar armas y de defensa personal".

- Un muchacho de Baja California dice: "Yo trabajaba para El Mayo, ejecutaba y cobraba, por eso me mandaron a una casa a cobrar 18 mil dólares que debían... pero no los matamos porque había niños".

Un tema que llama la atención y resulta preocupante de los testimonios anteriores, es la corta edad en la que los chicos dicen haber sido reclutados y haber iniciado su participación en grupos de la delincuencia organizada. La mayoría señala que se unieron a dichos grupos entre los 12 y los 14 años, lo que refuerza la convicción de que dichos grupos aprovechan de manera deliberada, tanto las circunstancias de vulnerabilidad y de incertidumbre en que se encuentran los adolescentes, así como su inmadurez y el hecho de que, a esa edad, los chicos y chicas son altamente influenciables y es relativamente fácil dirigir el curso de sus vidas, sobre todo cuando se hallan desprotegidos o con débiles lazos que los unan a su familia o a la sociedad. Por otro lado, se encuentran también los chicos que dicen haber crecido en una familia que ya formaba parte de esos grupos por lo que, para ellos, la pertenencia al grupo es ciertamente un destino o un curso de vida que les resulta prácticamente 'natural'.

En relación con el proceso de madurez, hay que recordar los recientes estudios que mencionamos en el primer capítulo con respecto a que el proceso de maduración del cerebro humano no culmina sino hasta mediados de la década de los 20 años, razón por la cual estos estudios se han convertido en un referente importante para los sistemas de justicia juvenil en diversos países del mundo (Cauffman y Steinberg, 2000; Monahan *et al.* 2009; Steinberg, Chung y Little (2004); Steinberg y Monahan, 2007); Steinberg *et al.* (2015); Sweeten, Piquero y Steinber (2013), y Swetten, Pyrooz y Piquero (2013).

Para concluir este apartado que se refiere a los adolescentes que dijeron que formaban parte de grupos de la delincuencia organizada, nos referiremos a los testimonios de varias mujeres adolescentes en esta situación. Si bien varios de los testimonios tienen rasgos similares a los que encontramos entre los varones, hay otros que claramente dejan ver las diferencias y los estereotipos de género. Ello es especialmente claro en los dos primeros casos que referiremos a continuación.

- Una adolescente del Estado de México comenta que su novio robaba y secuestraba: "Yo lo acompañaba porque estaba enamorada y quería estar siempre con él. Estuve participando en muchos secuestros por siete meses, hicimos muchos secuestros. En el último secuestro, la SEIDO [Subprocuraduría

Especializada en Investigación de Delincuencia Organizada] nos detuvo y lograron atrapar a los 15 miembros de la banda. Mi labor era enganchar e investigar a los secuestrados".

- Otra adolescente del Estado de México señaló: "El papá de mi hijo se lo llevó y no lo podía encontrar, le pedí ayuda a la Familia Michoacana para localizarlo, ellos aceptaron, pero me pidieron a cambio trabajar para ellos en secuestros. Cometí varios secuestros, el último era de un chavo de 18 años que me tocó seducir para ponerlo parar el secuestro y después me tocó cuidarlo durante 20 días; cuando me regresé al Estado de México me detuvo el Ejército y la Ministerial".

- Otra chica más del Estado de México también dijo pertenecer a la Familia Michoacana: "Nosotros nos dedicábamos solo al secuestro, cometimos cuatro y, en el último, nos agarraron. Nos detuvo la Unidad de Antisecuestro de la PGR, en nuestro grupo éramos 15, pero solamente lograron agarrar a cinco". Comentó que ella tenía como función levantar a los secuestrados y había otros que negociaban o eran sicarios. "Cuando salga de aquí voy a seguir en lo mismo, pues comencé a los 12 años y no puedo hacer otra cosa, porque además el grupo le sigue mandando dinero a mi mamá".

- Otra adolescente de Tabasco reconoce su participación con el Cártel del Golfo y dice que su principal actividad era secuestrar y ejecutar y lo hacía con un grupo de 17 personas. Relata que, al principio, "vendía droga, después me subieron a halcón y jefa de puntos (supervisar la venta en distintos lugares de la ciudad). Al final, me volví jefa de secuestros, ahí me tocaba levantar, cuidar y negociar los rescates. Me agarraron en la casa de seguridad con dos secuestrados. En el grupo participaban expolicías y exsoldados".

- Por último, una adolescente de Durango comentó que vendía drogas desde los 14 años. Ella relata: "Me escapé en varias ocasiones de ser detenida por los militares. En una ocasión, llegó una persona preguntando por la droga, nos dimos cuenta de que era un militar y lo detuvimos para interrogarlo. Llamé por teléfono a mis patrones para saber qué hacer, ellos nos dieron la orden de matarlo, pero, como no teníamos armas, le tiramos una piedra en la cabeza. Yo vendía drogas, era la jefa del lugar, controlaba a un grupo de 17 personas. Distribuía marihuana, cocaína y piedra. Yo le reportaba a una persona y tenía además la tarea de vigilar que otros grupos no se metieran a vender".

En la siguiente sección, nos ocuparemos de la segunda categoría de delitos a los que nos referimos, es decir, la de aquellos que cometieron los adolescentes que formaban parte de alguna pandilla.

Pandillas

El 27% de los adolescentes que entrevistamos (122 de 452 casos), dijeron haber cometido algún delito en asociación con integrantes de la pandilla de la que formaban parte en el barrio o la colonia donde vivían. De acuerdo con su descripción, las características de estas pandillas eran muy similares a pesar de que las encontramos en todas las entidades que estudiamos. Aunque el número de los integrantes es muy variable, en la mayoría de los casos, estas pandillas se reunían para hacer deportes, ir a fiestas, beber alcohol o consumir drogas y defender su territorio frente a otros grupos similares con los que frecuentemente tienen riñas y disputas. En ocasiones, estas pandillas también se organizan para robar, principalmente con el propósito de obtener recursos para alcohol y drogas. Aunque no siempre el propósito de las pandillas es cometer delitos, en ocasiones estos resultan de manera imprevista como resultado de las frecuentes riñas en que participan, y más aún cuando media el consumo de alcohol y drogas. A diferencia de lo que ocurre en los grupos de delincuencia organizada, donde invariablemente los hechos de violencia involucran el uso de armas de fuego y de armas de alto poder, en las pandillas cuando surge la violencia casi siempre utilizan armas blancas, piedras, palos o botellas, aunque algunos adolescentes también refirieron el uso de armas de fuego.

Las pandillas son un fenómeno que ha sido bien estudiado en Latinoamérica (Perea, 2007; Rodríguez, 2013; Arriagada, 2015). Uno de los factores que más se ha señalado, es la necesidad que tienen los adolescentes de pertenecer y asociarse, sobre todo, cuando han desertado de la escuela y tienen pocas expectativas de poder ingresar al mercado de trabajo formal. Los grupos de pares que se reúnen en las esquinas de los barrios populares brindan a estos jóvenes la oportunidad de pertenecer a un grupo y tener una identidad generalmente asociada a un nombre.

Se ha dicho, también, que las pandillas representan el esfuerzo espontáneo de niños(as) y jóvenes por crear, donde no lo hay, un espacio en la sociedad, en el cual puedan ejercer los derechos que la familia, el Estado y la comunidad les han vulnerado. Sus espacios de encuentro son las calles, las cuales ocupan con un sentido de pertenencia e identidad territoriales. Asimismo, producen códigos de identidad que se expresan en la creación de sus propias normas, ritos, criterios de ingreso, conducta y disciplina, y simbologías que los diferencian de otros grupos y del resto de la sociedad. Otro aspecto fundamental es que la pandilla brinda a sus integrantes una "comunidad emotiva", una familia sustituta que satisface las necesidades afectivas del joven y le provee dignidad, además de un sentido y forma de vida (OEA, 2007 y PNUD, 2009, citados por Arriagada, 2015: 2).

Otro de los elementos que se ha mencionado es que los jóvenes, como cualquier otro ser humano, tienen necesidad de reconocimiento y, cuando no están a su alcance los medios para adquirirlo de manera legítima, en ocasiones se valen de medios ilegítimos para ser reconocidos, para sentir que se les toma en cuenta, que son 'alguien' y que tienen un lugar en la sociedad.

En este sentido, vale la pena mencionar lo que varios pensadores han dicho sobre la necesidad de reconocimiento, como una necesidad constitutiva del ser humano.

En *The Theory of Moral Sentiments* (1759), Adam Smith plantea que nuestro acceso a la humanidad consiste en la mirada que nos dirigimos unos a otros, lo que juega un papel central para explicar las motivaciones de las acciones humanas. "¿Cuál es la meta que se persigue en una vida, en qué consiste esta mejora de nuestra condición a la cual todos aspiramos? Que nos observen, que se ocupen de nosotros, que nos presten atención con simpatía, satisfacción y aprobación: esas son todas las ventajas a las que podemos aspirar. Que nos tomen en consideración es la esperanza más amable y a la vez el deseo más ardiente de la naturaleza humana; nadie –excepto el sabio perfecto y el hombre degradado al rango de bestia– puede permanecer indiferente al atractivo del reconocimiento público". Así, y mientras que Adam Smith habla de atención, Hegel habla de reconocimiento: "Lo humano comienza donde el deseo biológico de la conservación de la vida se somete al deseo humano del reconocimiento… La necesidad de reconocimiento es el hecho humano constitutivo" (Todorov, 1995: 36, 42).

Veremos a continuación la historia de un adolescente indígena que formaba parte de una pandilla en su colonia y, posteriormente, los relatos breves de otros adolescentes que también refieren haber cometido algún delito en pandilla.

Ernesto es un chico de origen maya que se encuentra interno en Yucatán. Tiene 15 años y lleva seis meses en el centro de internamiento y le queda un año para cumplir con su sentencia. Él estudió apenas la mitad de la primaria y aunque le gustaba mucho ir a la escuela tuvo que salirse porque su padre lo obligaba a trabajar. Su padre también cursó solo los primeros años de la primaria y se dedica a la albañilería, y su madre tampoco terminó la primaria y es ama de casa. Ernesto, por su parte, desde los siete años ha trabajado también en la albañilería, también en una panadería y en una vulcanizadora, aunque no le pagaban, pues ayudaba a su padre. Cuando él tenía 10 años, sus padres se separaron y cuenta: "hasta los 10 años viví con mi papá, pero me obligaba a trabajar y de los 10 a los 15 viví con mi mamá, mi padrastro y dos hermanos". También relata que, cuando era pequeño, nadie le ayudaba a hacer sus tareas, no lo llevaban al doctor cuando se enfermaba y tampoco jugaban con él ni le compraban ropa, lo llevaban de paseo o le celebraban sus cumpleaños.

Ernesto considera que su madre es la persona que más lo ha apoyado mientras que su padre es la que menos lo ha apoyado. Refiere que la persona en la que más confía son sus amigos y señala que su padre lo golpeaba, maltrataba e insultaba cuando era pequeño y que no encontraba nadie que lo apoyara cuando eso ocurría. También refiere que su padre bebía alcohol y consumía drogas con frecuencia y que tanto su padre como unos tíos han estado en prisión. Ernesto, por su parte, refiere que él consumía alcohol y también consumía marihuana, crack, piedra, solventes y unas pastillas a las que llama Pokemón y que varias de estas sustancias las consumía diariamente. Él explica: "las Pokemón son para no dormir, para estar más *thriller*, y el clonazepam es para dormir, para olvidar las cosas. Después de que pasa el efecto, queda la jaqueca. Desde los 10 años me ponía a trabajar o a robar para la droga y también me compraba pura ropa cholera; yo solito me compraba mi ropa. Ahora me la compra mi mamá porque ya salió adelante, mi padrastro la ayuda, ya con ella no tengo maltratos".

Ernesto fue acusado por robo con violencia. Relata que formaba parte de una pandilla:

> "jugábamos, íbamos a fiestas, nos drogábamos y peleábamos con otra banda… yo robé y asalté a un morro en la esquina de mi casa porque estaba con efectos de la droga y le pegué y le quité su dinero y sus cadenas". También relata que, con anterioridad, ya lo habían detenido como ocho veces "por 'mariguano', por vandalismo y por echar 'refuegos' y 'pedrones' contra otra banda". Y, al preguntarle si la policía lo había golpeado, contestó: "te echan gas lacrimógeno, te dan toques feos, te pegan de patadas, te dan tehuacanazos y te roban tu dinero y tu celular".

También señaló que las autoridades que lo detuvieron no le dijeron de qué delito lo acusaban, ni le informaron que tenía derechos, ni lo presentaron de inmediato al Ministerio Público ni le dijeron que tenía derecho a contar con un abogado. Cuando ya pudo contar con un abogado, dice que no lo defendió ni hizo nada por él.

Dice que su madre y su padrastro lo han apoyado y lo visitan en el centro de internamiento. Al preguntarle qué es lo que más extraña, contestó: "los cigarros, las fiestas y las chavas". Dice que en el centro se siente solo, aburrido y desesperado y que, cuando salga, lo que más le gustaría hacer es ir a ver a su novia. Le gustaría estudiar la carrera de Química, aunque considera poco probable que pueda hacerlo. Y, al preguntarle si considera que los chicos salen mejor, peor o igual de la institución, dice: "salen igual, porque lo que no hacías, si te encierran, lo vas a hacer doble, así me pasó cuando me llevaron al anexo para que no me drogaran, salí y me drogué mucho más".

Escucharemos ahora los testimonios breves de varios adolescentes que dijeron que formaban parte de alguna pandilla. Si bien algunos cometieron el delito en pandilla, otros están por distintas razones, ya que dijeron que su pandilla no cometía delitos. No encontramos pandillas integradas por mujeres; sin embargo, sí encontramos chicas que dijeron que pertenecían a la misma pandilla que sus novios y los acompañaban o apoyaban en sus actividades delictivas.

- Un adolescente de Tabasco relata: "Un amigo formó una banda para robar, yo participé para ver qué se sentía. Fuimos a robar a una dulcería, pero nos agarraron luego, luego. Un taxista desde la calle vio el asalto y llamó a la policía".
- Otro adolescente de Tabasco dice: "Tenía una banda que robaba coches y asaltaba las tiendas OXXO. Yo lo hacía desde que tenía 12 años, por eso los custodios [del centro de internamiento] luego me piden cosas, como pistolas o tabletas y yo los conecto para que se las consigan".
- Un adolescente de Baja California relató: "Participaba en una banda de robo de bancos. Tenía un grupo de amigos que lo hacían, ellos me invitaron, hicimos varios robos, pero solo me comprobaron dos. Después de un año, me entregué porque la Policía Ministerial se llevó a mi familia y no la iban a soltar hasta que me entregara".
- Un adolescente de Sonora relató: "Unos amigos planearon el robo y me invitaron. Uno de ellos tenía un taxi, en ese vehículo nos trasladamos a una tienda OXXO. Había mucha gente, pero ingresamos con armas y les pedimos tirarse al suelo. Después de robar nos fuimos a la casa de uno de ellos".
- Otro chico de Puebla dice: "Yo pertenecía a una banda de unas 150 personas y fuimos a una feria, pero estábamos borrachos. Se armó una riña y le tiré un tronco a un muchacho y lo maté. Cuando era chico, mi papá me golpeaba mucho, por cualquier cosa, pero luego mi papá se fue a Estados Unidos. Siento que la falta de mi padre me trajo aquí; no tuve la atención de mi padre".
- Un adolescente de Zacatecas contó: "Éramos un grupo de cinco amigos que empezamos a tomar y drogarnos desde los 12 años. Perdimos el interés en la escuela y nos salimos… En una ocasión, estábamos en la casa de un señor que nos regalaba la droga, pero de la nada comenzó a acusarnos que nos

robamos la marihuana que tenía en su casa. Sacó un cuchillo y quiso matarnos, pero éramos cinco y entre todos le dimos".

- Un chico de Veracruz explica: "Mis amigos y yo formábamos una banda: nos drogábamos, íbamos a discotecas y robábamos ya fuera a transeúntes, casas o coches".

- Otro chico de Veracruz relata: "Yo y otro compañero andábamos bien drogados y quisimos robar a un señor, pero se nos pasó la mano y lo matamos". Explica que él se juntaba con siete amigos con los que jugaba fútbol, iba a fiestas "y luego íbamos a drogarnos, a relajear y, a veces, a robar".

- Un chico de Veracruz explica: "Sí, me juntaba con amigos, con mis primos y mis hermanos. Íbamos a las albercas, al parque, al cerro y a veces consumíamos alcohol y drogas; nosotros no robábamos".

- Otro chico de Veracruz dice: "Tenía amigos para la calle, para jugar fútbol, ir de fiesta, pero nunca para robar; nosotros éramos los vigilantes de la colonia, nunca nos gustó robar".

- Un chico de Oaxaca explica: "Hacíamos puros asaltos a casas habitación, a tiendas, éramos unos 15, entre mayores y menores de edad, que vivíamos en la misma zona. También vendíamos y consumíamos drogas, éramos una pandilla. Yo me pegué con esos chavos porque me sentía más aceptado por ellos que por mi papá. Mi papá es policía y estuvo en la cárcel por golpear a mi mamá, por eso ni caso le hago".

- Otro chico de Oaxaca dice: "Yo tenía un grupo de amigos y con ellos robábamos lo que fuera: tiendas, coches, motos, transeúntes".

- Un chico de Chihuahua explica: "Yo tenía amigos para las fiestas, para consumir drogas. De repente, robábamos a las personas o a las escuelas, así obteníamos dinero para comprar cosas o tener ropa o dinero para las fiestas".

- Otro chico de Chihuahua dice: "Éramos una pandilla, defendíamos el barrio, robábamos, nos drogábamos y peleábamos con otras pandillas".

- Un muchacho de la Ciudad de México dice que formó parte de una pandilla: "Yo veía que tenían dinero y quería saber cómo lo hacían, hasta que me dijeron que, si contribuía con ellos, porque yo andaba solo. Ellos robaban carros y casas y me dijeron cómo hacerlo. Al principio, checaban cómo hacía yo las cosas y, aunque no lo había hecho, se me facilitó. Les quitaban los coches a personas con un arma. Todos hacíamos lo mismo, menos el que distribuía o vendía los carros que robábamos. Él tenía conectes en diferentes estados de la República y le encargaban qué carros querían. Diario robábamos, no uno sino varios carros… con un arma no es difícil hacerlo porque la gente sabe que es el carro o la vida".

- Otro chico de la Ciudad de México dice: "Yo estaba con tres de mi barrio y nos pusimos a planear cómo ganar dinero y se me ocurrió asaltar transporte y tomamos una combi… era una pandilla y yo tenía que encañonar a los pasajeros, lo hacía con respeto, pero les decía que los iba a matar, aunque solo les di de chingadazos".

- Un chico, de origen maya, del estado de Yucatán, dice: "Con la banda nomás robábamos teles y bicicletas, eso es lo único que hacíamos".

- Otro chico de Yucatán dice: "Yo ingresé a una banda por casa de mi abuela. Era una banda que defendía a la colonia; apedreábamos a los que querían quitarnos la esquina, nos drogábamos y hacíamos fiestas. Yo no robaba con ellos sino por mi cuenta. Yo iba a tiendas y sacaba ropa".

- Otro más de Yucatán dice: "Éramos una pandilla como de 25, tanto adultos como menores. Tomábamos, robábamos y peleábamos con otras pandillas".

- Un chico de Jalisco comentó: "Pertenecía a una pandilla. Unas semanas antes mataron a un amigo de la pandilla y nos avisaron que seguía yo. Entonces me conseguí un arma para estar preparado y justo en esa semana pasaron por mi casa los que mataron a mi amigo, les tiré y maté a uno, a otro lo dejé herido".

- Otro chico de Jalisco relató: "Pertenecía a una pandilla, más o menos éramos como unos 100. Traíamos problemas con otra pandilla del mismo barrio. Nos enteramos de que varios de la otra banda nos querían dar piso a nosotros, especialmente a unos cinco o seis, y entre ellos estaba yo. Entonces nos adelantamos y fuimos a buscar al líder de ellos. Lo encontramos afuera de su casa con la novia y le disparamos".

- Un adolescente de Sonora, que pertenecía a una pandilla, contó: "Junto con un amigo planeamos robar una casa para tener dinero y comprar drogas. Logramos robar la casa, en una camioneta pusimos todo, al llegar a mi casa, un vecino de la colonia nos vio cuando entramos con la camioneta cargada, llamó a la policía y nos detuvieron". Señaló que integraban la pandilla 49 adolescentes, que se reunían "para drogarnos, beber y pelear con otras pandillas. Con el tiempo, tuvimos necesidad de más y más drogas, por eso comenzamos a robar casas. No teníamos jefes ni líder, todos éramos iguales, pero cuando había problemas, todos nos ayudábamos".

- Otro adolescente de Sonora comentó: "Pertenecía a una pandilla y teníamos problemas con otra pandilla contraria, pero en especial con un chavo de esa pandilla. El día de la riña, pasaron de la pandilla contraria cerca de mi casa, los perseguimos hasta un parque que había cerca. Yo me fui en contra del que teníamos problema, y lo maté. A las semanas me detuvo la policía. En la pandilla no había jefes, pero andaba con ellos todo el día. Nos drogábamos y tomábamos seguido, eso es lo que hacíamos".

- Otro más de Sonora señaló: "Pertenecía a una pandilla, teníamos problemas con otros de una pandilla contraria. Nos encontramos en un camión y nos peleamos. Piqué a un muchacho de la otra pandilla y murió a los dos días. Era una pandilla de unos 20 chavos de la colonia, tuvimos problemas serios con otros. No había jefes, pero hacíamos cosas juntos, como beber, pero no nos drogábamos".

- Un adolescente de Tabasco señala que pertenecía a una pandilla que se dedicaba a robar y consumir drogas, aunque también las vendían. "Nos estábamos drogando y, como se nos acabó la droga, decidimos ir a robar. Entramos a una clínica de ultrasonidos, pero no nos dimos cuenta de que tenían cámaras, así nos detuvieron, pero nada más a dos, los demás, escaparon".

- Otro adolescente de Tabasco comentó que pertenecía a una pandilla de 18 adolescentes con quienes robaba, se drogaban y bebían alcohol. Los invitaron a una fiesta y, al salir junto con su primo, estaban drogados y bebidos, y detuvieron un taxi: "En el camino, decidimos asaltarlo, lo maté con una navaja y lo dejamos tirado. Nos detuvo la policía por el reporte del robo del taxi y nos vincularon con el homicidio".

- Una adolescente de Baja California dijo: "Era de una pandilla, nos drogábamos y hacíamos contactos para robar. Como necesitábamos dinero para la droga, un amigo y yo nos metimos a una casa a robar, pero un vecino nos escuchó, llegó la policía y nos detuvo".

- Un adolescente de Baja California comenta: "Era de una pandilla de mi barrio. Muchas veces teníamos riñas, robábamos, consumíamos drogas y teníamos muchas fiestas. Algunos de la pandilla decidimos ir a robar para tener dinero para drogas. Entramos a una casa, pero los vecinos escucharon y quisieron agarrarnos, pero les disparamos y llegó la policía por nosotros. No recuerdo todo, estaba muy drogado".

- Otro adolescente de Baja California contó: "Era de una pandilla, éramos como unos 30, y con ellos aprendí a robar y me drogaba. Fuimos a una fiesta con tres amigos de la pandilla, de regreso asaltamos un OXXO y más adelante hicimos lo mismo con otro OXXO, en ese último nos agarraron. Íbamos drogados y tomados."

- Otro adolescente de Baja California relató: "Pertenecía a una pandilla de unas 120 personas. Nos drogábamos y nos peleábamos con otras pandillas y robábamos. Me detuvieron por matar a una persona a la que intentamos quitarle el vehículo, me acompañaban mi primo y un amigo. La persona no quiso pararse y, por accidente, le disparé y lo maté al momento".

Hasta aquí los testimonios de los adolescentes que dijeron haber pertenecido a alguna pandilla. Como puede apreciarse, el alcohol y las drogas invariablemente están presentes en estos testimonios y, en muchos casos, queda claro que el deseo de allegarse de recursos para poder seguir consumiendo fue lo que representó el inicio de estos adolescentes en actividades delictivas. Valdría la pena que las autoridades pudieran diseñar políticas públicas especialmente dirigidas a estos grupos de jóvenes, brindándoles otras alternativas de participación y recreación que eviten el abuso en el consumo de sustancias.

Enseguida pasaremos a la última modalidad de actividades delictivas que encontramos, que son los delitos cometidos e impulsados por conflictos de carácter individual.

Delitos individuales

En 170 de las entrevistas realizadas a los y las adolescentes (38% del total), encontramos que cometieron delitos violentos de manera individual o acompañados de alguien más, pero siempre motivados por conflictos interpersonales en contra de familiares o rivales. También estos delitos (homicidio, lesiones) pudieron haber surgido como resultado involuntario en la comisión de otro delito (robo) que se cometió de manera individual. Lo que distingue, en todo caso, a esta modalidad de delitos de las dos anteriores, es que los y las adolescentes no formaban parte ni de un grupo organizado para cometer delitos de manera sistemática ni de una banda o pandilla, sino que actuaron de manera y por motivos de carácter individual o interpersonal. El caso de Yolanda ilustra con claridad las características de estos delitos.

> **Yolanda** es una joven que lleva tres años interna en un centro para adolescentes en el estado de Chihuahua y quien tiene una pena de 14 años por haber dado muerte a sus padres adoptivos. Ella estudió hasta el primer grado de la preparatoria antes de ingresar y dice que le gustaba mucho estudiar. Su padre biológico es un hombre que pide limosna en las calles de la ciudad. Su madre biológica murió de sida cuando ella nació. Cuando ella tenía un año, fue adoptada por una pareja en la que el padre tenía 65 años y la madre 45. Este era el segundo matrimonio para el señor que tenía seis hijos de una unión previa. Ella explica: "Los hijos de mi papá adoptivo no eran como mis hermanos, no procuraban a su papá más que para pedirle dinero y eso me molestaba mucho. Ellos ya eran mayores de edad cuando yo era pequeña".
>
> Ella habla de su padre adoptivo como su "padrastro" y refiere haber sufrido malos tratos, humillaciones y abusos sexuales por parte de él cuando era pequeña. Señala también que su madre adoptiva le tenía miedo a su padrastro y por eso no la defendía. El padrastro consumía alcohol con frecuencia y era dueño de varios bares y cantinas en la localidad, así como tenía diversas

propiedades y cuentas bancarias, por lo que tenía una buena posición económica. "Yo quería amor –dice Yolanda– y ellos solo lo compraban todo con dinero, pero nunca mostraban su cariño con humildad. Nadie va a entender lo que yo aguanté muchos años; no lo hice porque sí, tuve mis motivos. Yo, desde los 10 años, tenía mucho coraje contra los dos por golpes, regaños, presiones, humillaciones y la edad de ellos no ayudaba, teníamos muy mala relación. Yo solo tenía confianza con mi pareja y un día le dije que si me ayudaba a matarlos y me dijo que sí y él le dijo a un amigo suyo que también nos ayudó. Mi novio y su amigo tenían 18 años y ahora se encuentran en la cárcel con una sentencia de 37 años. Yo lo planeé, les dije a qué hora fueran a mi casa, les dije que quería que mis papás tuvieran una muerte rápida y no sangrienta, así que el amigo estranguló a mi mamá y mi novio asfixió a mi papá... Yo fingí que los habían secuestrado y comenzaron a investigar a todos mis tíos y no pensé que me iban a entrevistar a mí y también entrevistaron a mi novio y como caímos en contradicciones, se dieron cuenta y yo prácticamente me entregué. Yo estaba en shock, no asimilaba nada y no podía creer lo que había sucedido, yo no lloraba, contestaba todo tranquila, sin alterarme... la jueza me dijo cosas muy feas, dijo que yo no era normal ni sociable, que era psicópata porque nunca me vio llorar. Lo que pasa es que yo estaba en shock, no asimilaba nada y no podía creer lo que había sucedido...".

Estando interna ha recuperado la relación con su papá biológico, quien la visita cada semana y la apoya. Dice que estar interna le ha servido "para aprender nuevas cosas y para valerme por mí misma y aprender a valorar las cosas. Ahora he podido extrañar a mis papás adoptivos y llorar por ellos". Cuando recobre su libertad, a Yolanda lo que más le gustaría es poder llegar a ser una bailarina profesional.

Nos referiremos enseguida, brevemente, a algunos otros casos que ocurrieron de manera y por motivos individuales.

- Un adolescente de Durango comentó: "... cometí el homicidio de mi tío porque le tenía odio a mi padre y a toda mi familia, por eso fui por mi tío y lo ejecuté. Después lo metí en la camioneta y cuando lo fui a tirar me detuvieron los militares. Traté de escapar, pero me volteé con la camioneta".

- Otro adolescente de Durango relató: "Éramos tres amigos que tomábamos y nos drogábamos. Conocimos a un profesor de escuela primara que nos pagaba por tener relaciones sexuales con él. Le dijimos que ya no queríamos tener más relaciones, pero nos amenazó con contarlo en el pueblo y por la pena de que supieran y pensarán que somos 'jotos', lo matamos a fierrazos. Nosotros lo hacíamos con él para tener dinero para droga y no porque nos gustara".

- Una adolescente de Sonora comentó: "Mi padrastro abusaba de mí desde los 13 años. Mi mamá me dejaba seguido a solas con mi padrastro. Un día que me iba a quedar sola, como tenía miedo, se lo conté a mi novio y le pedí que se escondiera en la casa para defenderme. Cuando mi padrastro llegó a la casa y quiso abusar apareció mi novio y lo acuchilló. Mi novio me defendió de mi padrastro, él me quería de verdad y yo también a él".

- Un chico de origen Tarahumara, relató: "Tomando tesgüino, me golpearon entre tres y me dejaron bien golpeado. Yo fui por un cuchillo y maté a un muchacho que ya tenía tiempo que me molestaba porque era abusón y drogadicto".

- Un adolescente de Puebla dice: "Yo robé un auto solo, estaba drogado y borracho. Vi el auto con las llaves puestas, lo tomé y a los 15 minutos me agarraron. La ausencia de mi papá me afectó, creo que no tuve atención y que si la hubiera tenido sería diferente".

- Otro chico interno en Puebla explica: "Yo maté a mi abuelito con un marro porque era muy morboso conmigo, me tocaba, me hizo mucho daño y a mi hermana también la tocaba, le levantaba la falda, le tocaba el pecho, por eso lo hice, porque ya no soportaba…".

- Otro adolescente de Jalisco dijo: "Trabaja en los caballos, pero el patrón se drogaba y tomaba a diario, entonces se ponía violento y me humillaba, eso duró dos años. Un día llegó borracho y drogado, comenzó a insultarme y sacó una pistola para matarme, pero alcancé a quitársela y con esa misma le disparé… me cansé de tanta humillación, se creía más que todos, incluso delante de mí una vez golpeó a su esposa".

En contraste con las dos modalidades anteriores, la de los delitos que son motivados por conflictos de carácter individual o interpersonal, son, quizá, los que desde el punto de vista de las políticas públicas sea más difícil poder prevenir o evitar. Sin embargo, asegurar que existan políticas de calidad que promuevan la mediación y la solución pacífica de conflictos, así como la atención y acompañamiento de los casos de abuso y violencia intrafamiliar, tal vez podrían contribuir a evitar o reducir la incidencia de esta clase de delitos.

En los capítulos que siguen, nos ocuparemos de analizar las respuestas que las distintas autoridades brindan a las y los adolescentes que cometen delitos, desde el momento de su detención, hasta el de la ejecución de medidas.

Capítulo VI

La detención y el debido proceso

En este capítulo nos ocuparemos de analizar en qué medida las autoridades que detienen y procesan a las y los adolescentes en conflicto con la ley, actúan con apego a las normas del debido proceso y a los principios que rigen el sistema de justicia para adolescentes. Nuestro cuestionario incluyó diversas preguntas que nos permitieron obtener, en forma detallada, esta información.

En primer término, preguntamos a los y las adolescentes ¿cuál fue la autoridad que los detuvo?

- 55% dijo que lo detuvo la Policía Ministerial o de Investigación.
- 31% dijo que lo detuvo la Policía Municipal o Estatal.
- 7% dijo que lo detuvo la Policía Federal.
- 7% dijo que lo detuvo el Ejército o la Marina.

Algunos de los datos que obtuvimos nos indican que existen fallas importantes en las instituciones de seguridad, ya que un alto porcentaje de adolescentes refieren haber sido golpeados y maltratados por la policía en el momento de su detención. Y, aunque la etapa del juicio, de acuerdo con lo que dijeron los adolescentes, ocurre regularmente con apego a las normas del debido proceso, existen también algunas fallas, ya que una parte de los adolescentes dijo ser inocente del delito por el cual se encuentran privados de su libertad. Es importante destacar que, en ambos casos, los porcentajes varían significativamente de una entidad a otra, como se puede apreciar en el cuadro siguiente:

Tabla 13. *Porcentaje de adolescentes que refieren haber sido golpeados por la policía y que dicen ser inocentes del delito que les imputaron, 2016*

Entidad	Dicen ser inocentes %	Fueron golpeados por la policía %
Puebla	5	71
Ciudad de México	12	37
Oaxaca	44	52
Veracruz	37	70
Yucatán	17	61
Estado de México	8	60
Jalisco	8	75
Zacatecas	9	56
Sonora	18	36
Durango	18	45
Chihuahua	10	50
Tabasco	16	61
Baja California	9	68
Promedio	16	57

Encuesta levantada en centros de internamiento para adolescentes en 13 entidades, 2016.

El deficiente desempeño de las instituciones encargadas de proveer seguridad en el país nos obliga a tomar en cuenta algunos índices internacionales sobre la materia. Por ejemplo, el *Global Peace Index Report*, que mide el grado de militarización y de extensión de los conflictos nacionales e internacionales que vive cada Estado, ubicó en el 2015 a México en la posición 144 de 162, por debajo de Filipinas (141), Venezuela (142) e India (143) y apenas por encima de Líbano (145) y Colombia (146).

De igual modo, el *World Internal Security and Police Index*, de 2016, que evaluó a 127 países, ubicó a México en el lugar 125, junto con Kenia (123), Nigeria (124), República Dominicana (126) y Pakistán (127) y con el peor desempeño en cuanto a la capacidad de reacción policíaca.

Asimismo, el *Rule of Law Index* de 2015, que publica el World Justice Project y mide los niveles de apego y respeto a la ley, así como la corrupción, ubicó a México en el lugar 79 de entre 102 países. En este índice, Dinamarca ocupó el primer lugar y Venezuela el último, mientras que México se ubicó en el lugar 79, con niveles similares de respeto a la ley y corrupción que Costa de Marfil, Burkina Faso, Honduras y Guatemala.

Tortura

Más de la mitad de los y las adolescentes (57%) dijeron haber sido severamente golpeados y maltratados, en ocasiones durante varios días, por diferentes instituciones de policía al momento de su detención. A pesar de que estas prácticas se apartan claramente de las leyes y normas nacionales y los tratados internacionales, las respuestas que dieron los adolescentes permiten señalar que se trata de prácticas sumamente arraigadas en nuestras instituciones, que ocurren de manera sistemática y que son tan frecuentes, que para los adolescentes constituyen el comportamiento 'normal' o el que cabe esperar por parte de las policías. Citaremos a continuación solo algunos de los muchos testimonios que repetidamente escuchamos sobre estas prácticas.

- Un chico de Veracruz, que fue detenido por la Policía Ministerial, dijo: "Me dieron golpes normales en el cuerpo y un golpe más fuerte. También me dieron toques con la chicharra y cachazos con sus pistolas".
- Otro adolescente de Veracruz señaló: "Me detuvo la Policía Ministerial, me torturaron con agua y me pusieron una bolsa en la cabeza para que me ahogara. También me dieron toques con una chicharra de esas que utilizan para las vacas. Estuvieron cinco días torturándome".
- Otro más de Veracruz: "Me detuvo la Policía Estatal, nomás me hicieron lo regular: te echan tehuacanazos y te golpean".
- Otro chico de Veracruz dijo: "Me detuvo la Estatal, me ponían las chicharras y me golpeaban y no les importaba que yo estaba herido, llevaba dos balazos y ya después tuve que estar dos meses en el hospital".

- Otro chico de Veracruz, también detenido por la Policía Estatal, dijo: "Me electrocutaban con agua a pesar de que yo estaba herido y esposado. Duré así una semana y me tuvieron vendado sin ver la luz durante dos semanas".
- Otro chico más, de Veracruz, a quien lo detuvo la Policía Ministerial, dijo: "Me sacaron de mi casa a patadas, sin orden de aprehensión; me tuvieron dos días golpeando y sin darme de comer".
- Un chico de Veracruz dijo: "A mí me golpearon, me torturaron los Marinos, me estuvieron golpeando durante dos días antes de llevarme al Ministerio Público".
- Otro más de Veracruz, detenido por Marinos, dijo: "Me golpearon mucho, me enterraron una navaja en la espalda, nos pisoteaban, nos echaban tehuacán en la nariz. Luego nos llevaron a Veracruz y nos dieron toques con la chicharra eléctrica durante cinco días y nos hicieron firmar declaraciones falsas que no hicimos".
- Otro chico, también de Veracruz, detenido por la Policía Ministerial, dijo: "me torturaron, me chicharrearon, me metieron en un tambo de agua y me ahogaban, me pegaban; estuve así dos días".
- Otro más de Veracruz, que fue detenido por el Ejército, dijo: "Me torturaron con golpes, me asfixiaban con bolsas de agua, me dieron chicharrazos y tablazos; estuvimos así 12 horas. Lo único que les importaba era que les diera el dinero del secuestro, lo demás no les importaba".
- Otro chico de Veracruz, a quien lo detuvo la Policía Federal, dijo: "Me pegaron en la cabeza, nos pusieron bolsa con agua y nos pegaban en las costillas y nos insultaban muy feo. Nos llevaron a la SEIDO y ahí nunca nos pusieron ningún abogado".
- Otro chico de Veracruz, a quien detuvieron los Marinos, dijo: "Me torturaron, me aplicaron la bolsa, me echaron agua, me aventaron al río amarrado de pies y manos y me jalaban con una cuerda, me dieron chicharrazos, me pegaron con la pistola en la cabeza y me descalabraron".
- Un chico de la etnia Mixe, de Oaxaca, señaló: "Me trajeron acá y me venían pegando todo el camino, aunque yo estaba

herido. Ellos venían tomados y hasta que llegué aquí me dejaron de pegar".

- Un chico zapoteca, de Oaxaca, dijo: "Los de la Policía Federal me torturaron con bolsa en mi cabeza, me golpearon, me amarraron y me echaron de cinturonazos; hicieron eso como cuatro horas".
- Otro chico de Oaxaca explica: "Me detuvieron los Marinos, me dieron golpes y toques eléctricos durante dos días, luego me tuvieron arraigado 30 días para investigación en una casa de seguridad".
- Otro chico de Oaxaca dice sobre la Policía Ministerial que lo detuvo: "Me golpearon, me dieron toques eléctricos, me torturaron como por tres horas".
- Un chico de Chihuahua dice que, cuando lo detuvo la Policía Ministerial: "Me golpearon, me abrieron mi ceja, la nariz, el labio…".
- Un chico de Chihuahua, que fue detenido por la Policía Estatal, dice: "Me dieron puñetazos, cachetadas y pisotones en la cara durante una hora".
- Un chico indígena, del estado de Puebla, dice: "Me detuvieron y me llevaron a la Procuraduría, ahí me pusieron agua, toques eléctricos, bolsa en la cabeza y me patearon las costillas; todavía sigo lastimado".
- Otro chico de Puebla relata: "La policía me detuvo y me golpeó todo el camino hasta llegar a la Presidencia Municipal. Llegando a la presidencia, me esposaron, me hicieron que me hincara y me pegaron patadas, culatazos y golpes. Cuando me llevaron al Ministerio Público, me taparon la cara y me volvieron a pegar. Por el hecho de estar acusado de homicidio, me decían que si me sentía muy verga para andar matando…".
- Otro chico de Puebla dice: "Los policías municipales me pegaron un poco, pero los ministeriales me esposaron para pegarme en las costillas y así me tuvieron dos días y medio".
- Otro adolescente de Puebla relata: "Me detuvo la Policía Federal en un operativo. Me vendaron y comenzaron a golpearme, me hincaron sobre un palo de escoba y me pisaban, me pusieron una bolsa en la cabeza y la chicharra en la espalda.

Me desviaron la nariz. Me presentaron al Ministerio Púbico hasta cuatro días después, aunque en el expediente pusieron que fue el mismo día. Ya me salí de los Zetas porque me di cuenta de que, cuando hay madrazos, te dejan tirado. El comandante salió corriendo, me dejó y yo tuve que aguantar de todo".

- Un chico que fue detenido en Puebla por secuestro relató: "Me llevaron a una agencia de delitos de alto impacto, me desvistieron, me amarraron, me mojaron, me pusieron bolsas en la cara, me ahogaron, me dejaban desvestido y mojado por cinco horas, me dieron golpes en las costillas y toques. Cuando me torturaban, yo tenía que decir lo que ellos quisieran o me pegaban más".

- Un chico que fue detenido en Puebla relató: "Nos golpearon a todos, nos llevaron vendados y esposados, y durante dos días nos estuvieron pegando. Me agarraron los ministeriales y ellos hicieron las declaraciones y nos hicieron firmar todo lo que ellos pusieron y nunca me dejaron declarar, y aunque dije que yo no había dicho nada de eso, no me creyeron y la juez dijo que no me daba más sentencia porque no había más. Yo no pude ver a mi mamá hasta que me sentenciaron, estuve dos meses sin que me comunicaran y mi mamá ya había pensado lo peor porque me había buscado en hospitales, en todas partes y no sabía nada de mí".

- Otro chico interno en Puebla narra: "Desde que nos detuvieron, nos golpearon, nos amenazaron, nos torturaron con tehuacán y golpes. Nos decían que si decíamos algo al juez no volveríamos a ver a nuestra familia".

- Un chico, que se encuentra detenido en Yucatán, dice: "La policía me dio toques y golpes; en el Ministerio Público me dieron comida podrida, me trataban a gritos. En el centro de internamiento, lo que menos me gusta, son los castigos, te encierran en tu cuarto durante seis meses".

- Otro chico, interno en Yucatán, dijo: "Me ahogaron, me golpearon durante cuatro horas, yo no dije nada hasta que no aguanté más".

- Una adolescente de Jalisco relató: "La municipal me entregó a los ministeriales. Estos me taparon la cabeza para comenzar a pegarme, después me pusieron una bolsa en la cabeza para ahogarme, me tiraban el pelo hasta casi sacármelo y me amenazaban que me iban a violar. Ellos querían información de mi pareja, pero me negué, solamente acepté que medio vivía con él y que era el padre de mi hija. Les dije que fue una pelea entre mujeres, así me dejaron tranquila".

- Un adolescente de Jalisco contó: "La policía ministerial desde mi detención, comenzaron a pegarme, pero en la Delegación fue peor. Me quitaron la ropa y comenzaron a darme toques con electricidad, patadas en cualquier momento, bolsa en la cabeza, respirar con la bolsa en la cabeza, pero le ponían gas de chile piquín, también me metían mi cabeza en un bote con agua. Al final, intentaron cortarme los dedos de las manos y me metían una punta debajo de la oreja que me provoca dolor hasta perder el conocimiento, me tiraban agua para despertar y me seguían golpeando. Las sesiones se repitieron por 10 días. Estuve un mes en el hospital en tratamiento de recuperación".

- Otro adolescente de Jalisco señaló: "Me dieron toques eléctricos, me pusieron bolsa en la cabeza para ahogarme y me amenazaban que me iban a violar. Después hicieron la faramalla de que me iban a matar y, aunque confesé y firmé todo lo que me dijeron, me siguieron torturando" y agrega: "aunque le expliqué al juez, me ignoró y me dio una sentencia larga".

- Otro chico de Jalisco dijo "Me sentaron amarrando las manos a la silla, me pusieron la bolsa para ahogarme, después me enterraron un clavo en la uña de los pies y con una tabla la hundieron hasta sacarme la uña. Después me taparon la boca con un trapo y echaban el agua que me hacía desmayar. Me llevaron al lugar para reconocer el sitio y buscar el arma que había utilizado, pero ya no la encontramos".

- Un adolescente de Zacatecas describió que, cuando lo detuvo la Marina: "Me llevaron a sus instalaciones. Estando ahí, me colgaron de los brazos, me tiraban agua y me daban toques eléctricos, golpes en todas partes, bolsa en la cabeza para ahogarme y después a la bolsa le metían gas de chile piquín y me la volvían a poner, pero me pegaban en el estómago para que respirara todo el gas y me metían la cabeza en un bote con agua. Me torturaban por horas, llegó un momento que no sabía si estaba muerto o vivo".

- Otro adolescente de Zacatecas señala: "Me vendaron y esposaron, y comenzaron a tirarme agua para darme con la chicharra. Después, me ponían un trapo en la cara y me echaban agua, lo que me causaba ahogo, me daban golpes entre varios y me ponían la bolsa en la cabeza".

- Una adolescente de Zacatecas describió las torturas a las que fue sometida: "Cuando me agarraron en la casa, la policía me pegaba con la cacha de la pistola, me ponían la rodilla en la espalda, me tiraban del pelo y después me aventaron a la camioneta. En la camioneta, me pegaban patadas en el estómago, porque mi novio les dijo que estaba embarazada. Me llevaron a la Ministerial, adentro me dieron golpes y tirones de pelo las mujeres ministeriales, pero cada vez que llegaba una nueva ministerial o pasaban por ahí, me repetían los golpes".

- Un adolescente de Durango describió las torturas que recibió: "Me subieron a una camioneta en la que me llevaron detenido, ahí mismo me esposaron con las manos atrás y comenzaron a pegarme y aplicaron la chicharra en los testículos y pene. No me preguntaban nada, solamente se reían cuando gritaba de dolor. Me bajaron y entregaron al Ministerio Público".

- Otro adolescente de Durango contó: "Me pegaban con un palo en las nalgas, después me sentaron y pusieron la chicharra, la bolsa en la cabeza para ahogarme, esa bolsa la llenaban de gas de chile piquín y me la volvían a poner, me daban golpes en el estómago para que respirara ese gas que me asfixiaba. Demoraron un día en presentarme, después me trajeron al centro, pero a los días volvieron por mí para llevarme a la Ministerial y, durante dos o tres días, me volvieron a torturar".

- Una adolescente de Sonora describió lo siguiente: "Me golpeaban, me colgaron de los pies y ponían la bolsa en la cabeza, me desmayé en varias ocasiones. Fueron del Ejército los que hicieron todo. Después me entregaron a Policía Estatal y ellos me vendaron y me golpeaban en las costillas. Estuve cuatro días detenida antes de llegar con el Ministerio Público. Estando ahí, me pedían declararme culpable, como no lo consiguieron, querían que culpara a mi papá. El Ministerio Público me pegaba cachetadas a cada momento y me mandó al CERESO. Después de una semana me trajeron para acá".

- Un adolescente de Sonora comenta que la Policía de Investigación lo mantuvo cuatro días en la delegación y, desde su llegada, "…me comenzaron a pegar, después me pusieron unos ganchos en el pecho amarrado a la puerta, al cerrar jalaban y duele mucho; con los mismos ganchos daban toques con la chicharra. A cada rato me pegaban con una tabla en la espalda. También me pusieron chile piquín en gas en los ojos y nariz. Lo de la bolsa en la cabeza lo hacían entremedio de cada cosa que me hacían, era por ratos".

- Otro adolescente de Sonora señaló: "Fueron a la casa por mí y me llevaron a la Policía de Investigaciones. Llegando ahí, comenzaron a pegarme entre varios policías, después me pusieron la bolsa en la cabeza y, al mismo tiempo, me pegaban puñetazos en el estómago que me hacían perder el conocimiento. Me tiraban agua para despertarme. Estuve así por tres días. La policía me obligó a firmar tres declaraciones antes de presentarme con el Ministerio Público. Le dije al juez todo esto, pero no me hizo caso".

- Un adolescente comentó que, al momento de su detención en el Estado de México: "Los policías ministeriales me golpearon y me dieron toques en el auto porque traían una máquina".

- Otro adolescente del Estado de México dijo que, durante su detención: "La policía me pegó en todo el cuerpo, me quebraron el pie y me dieron toques eléctricos, todo eso fue en una casa de seguridad. Después de quebrarme el pie no recibí atención médica, por eso ahora no puedo hacer deportes y estoy en tratamiento".

- Un adolescente de Tabasco relató que lo detuvo la Policía Ministerial: "Ellos me llevaron a la Delegación y, en ese lugar, me golpearon, me pusieron una bolsa en la cabeza, me arrastraban de los pelos y me desnudaron para darme tablazos en las nalgas. Estuve detenido 15 días antes de ser presentado al Ministerio Público".

- Un adolescente de Tabasco contó: "Me detuvo la policía, pero me torturó para ponerme más delitos. La policía me esposó con las manos atrás para después darme toques eléctricos, ponerme la bolsa en la cabeza y a esa bolsa la llenaron de chile piquín y me la pusieron en la cabeza".
- Otro adolescente de Tabasco relata que fue detenido por la Policía Estatal y después entregado a la Policía Ministerial. Estos últimos, dice: "Me torturaron poniéndome una bolsa en la cabeza, metían mi cabeza en un bote de agua, pero con una bolsa en la cabeza que me provocaba desmayos en cinco ocasiones, también me pusieron la pistola en la boca y amenazaban con matarme. Primero me acusaban de robo y después de asesinato".
- Un adolescente de Baja California contó que en las instalaciones de la Policía Ministerial: "Me sentaron esposado con las manos atrás para interrogarme a golpes, después me pusieron una bolsa en la cabeza para ahogarme, siguieron los toques eléctricos y me caí de la silla, en el suelo comenzaron a patearme y, aunque acepté que lo había matado, siguieron pegándome".
- Otro adolescente de Baja California señaló: "Me detuvieron en una casa de seguridad donde teníamos a los secuestrados, ahí mismo me patearon, después me pusieron una bolsa en la cabeza, la chicharra y nos ahogaban en agua... Me desmayé varias veces. Nos golpearon por seis días, nos traían vuelta y vuelta. Me entregaron oficialmente a la semana, pero el Ministerio Público andaba con los ministeriales".
- Otro adolescente de Baja California relató: "La Policía Ministerial me detuvo en la calle y me llevó a la casa de seguridad donde teníamos a la secuestrada, al entrar, comenzaron a darme golpes, después toques eléctricos en varias partes del cuerpo y me pusieron una bolsa en la cabeza. Me desmayé cinco veces por eso no recuerdo todo. Luego, me entregaron al Ministerio Público después de dos días, me obligaron a firmar una declaración, pero antes me dieron cachetadas y golpes en las costillas".
- Otro chico interno en Baja California dijo: "Los de la Gendarmería nos llevaron a un carro y nos golpearon, después

nos llevaron a la celda. Ahí nos cubrieron la cara y nos daban golpes en el estómago y toques con la chicharra. También nos ahogaban con agua poniéndonos una bolsa de plástico en la cabeza".

- Otro adolescente de Baja California dijo: "Los ministeriales me entregaron a los militares. Los militares me torturaron cuatro días junto a otros dos que me acompañaban el día de las ejecuciones. Me dieron toques eléctricos en los pies, se subían a mi estómago y me echaban agua por la boca para que me ahogara, me tapaban la cara con una toalla y echaban agua y me daban golpes y más golpes. Llegaron los de la SEIDO para interrogarme y también me torturaron".

- Otro chico de Baja California dice: "Los ministeriales tienen la costumbre de llevar al monte para torturar; primero te presentan con el Ministerio Público y después te llevan. Cuando me detuvieron, no pude avisar a mi familia, estuve tres meses sin ver a mi familia, ellos pensaban que ya me había muerto hasta que pude llamar a un amigo para que les avisara".

- Otro chico de Baja California dice: "La policía me amenazó que debía declarar lo que ellos me decían. En el Ministerio Público quise declarar otra cosa, pero me regresaron con los ministeriales para que me volvieran a torturar. En el juicio, mi abogada me pidió que no declarara, aunque yo veía que decían puras mentiras".

- Por último, otro chico, interno también en Baja California, dice: "Los estatales me patearon en la cara y en el cuerpo, por eso ya no veo bien. También me pusieron una bolsa en la cabeza y me ahogaban, me estuvieron torturando durante una semana, aunque no pusieron en el expediente que tardaron una semana en presentarme al Ministerio Público. Luego me obligaron a firmar y no entiendo lo que firmé".

Los testimonios anteriores son sumamente dolorosos y preocupantes, ya que muestran lo mucho que nuestras autoridades tienen que hacer para erradicar estas prácticas y transformar de raíz a las instituciones donde tienen lugar. También preocupan las huellas profundas e imborrables que estos golpes y malos tratos han dejado en los y las adolescentes que las sufrieron, pues, sin duda, ello les ha generado una gran desconfianza hacia las policías y quizá hacia las autoridades en general, que no será fácil de recuperar. Especialmente, cuando los adolescentes han podido constatar que estos actos quedaron impunes y ni siquiera fueron tomados en cuenta por los jueces a quienes se los informaron.

Debido proceso

También formulamos a los y las adolescentes una serie de preguntas que tenían por objeto conocer el cumplimiento de derechos y de las garantías del debido proceso, desde el momento en que fueron detenidos, hasta que los jueces determinaron privarlos de su libertad. El cuadro siguiente reúne algunas de las respuestas que obtuvimos.

Tabla 14. *Cumplimiento de las garantías del debido proceso*

Garantía	Sí %	No %
En el momento que te detuvieron, ¿te informaron de qué delito te acusaban?	41	59
Las autoridades que te detuvieron, ¿te informaron tus derechos?	31	69
¿Te presentaron de inmediato ante el Ministerio Público?	47	53
¿Te informaron que tenías derecho a contar con un abogado?	46	54
Durante las audiencias, ¿te informaron de tus derechos?	82	18

Entrevistas realizadas a adolescentes en centros de internamiento, 2016.

Como puede apreciarse, son muy bajas las cifras del cumplimiento de derechos de los adolescentes en el momento de su detención, ya que a menos de la mitad de estos se les informó de qué delito los acusaban, qué derechos tenían o del derecho a contar con un abogado, y tampoco fueron presentados de inmediato ante el Ministerio Público. En contraste, la gran mayoría de los adolescentes refirieron haber sido informados de sus derechos por los jueces durante las audiencias. Es decir, en más de la mitad de los casos, esta parece haber sido la primera experiencia de legalidad que tuvieron desde

178

su detención, en contraste con el trato que la mayoría recibió por parte de la policía y del Ministerio Público.

Preguntamos también a los y las adolescentes por la impresión que tuvieron acerca del trato que recibieron por parte de las diferentes autoridades que intervinieron desde su detención hasta el juicio. Las siguientes son las respuestas que recibimos:

Tabla 15. *¿Cómo te sentiste tratado por...?*

Autoridad	Bien %	Regular %	Mal %
La policía	34	14	52
El Ministerio Público	47	23	26
El abogado de oficio	67	15	18
El/la juez	71	14	14
Promedio	55	17	28

Entrevistas realizadas a adolescentes en centros de internamiento, 2016.

Queda claro que la autoridad peor evaluada es la policía y la mejor evaluada son los jueces. Sin embargo, no debe perderse de vista que, en su conjunto, solo apenas poco más de la mitad de los y las adolescentes evaluaron de manera positiva la actuación de las autoridades.

Indagando un poco más a fondo la impresión que tuvieron los adolescentes acerca de la labor de los jueces, les preguntamos si durante el juicio les había parecido que su testimonio fue tomado en cuenta y fue escuchado con respeto, y respondieron lo siguiente:

- 49% sí considera que su testimonio fue escuchado.
- 22% considera que su testimonio no fue tomado en cuenta.
- 22% señala que no rindió testimonio alguno porque así se los aconsejó su abogado.

Preocupa especialmente el último 22% de los adolescentes que señaló que no tuvo oportunidad de rendir su testimonio, porque así se los aconsejó su abogado. Ello, a pesar de que 16% de las y los adolescentes dijeron no haber cometido el delito por el que los acusaron. La versión de estos adolescentes resulta creíble por diversos motivos, como veremos en el siguiente inciso, pero sobre todo porque, la mayoría de las veces, los adolescentes dijeron no haber sido responsables del delito por el que los acusaron, pero sí de otros delitos. Curiosamente, en estos casos, los adolescentes señalaron que consideran que su sentencia fue "justa", aunque no por los delitos que les imputaron, sino por otros.

Como lo destaca el reporte de la Fundación MacArthur, tomar parte en un juicio y tomar decisiones que pueden determinar el curso de la propia vida es una experiencia intimidante aun para un adulto. Para los adolescentes esta experiencia puede resultar tan temible como incomprensible. Los adolescentes, de manera natural, tienden a tomar decisiones de manera impulsiva que no tienen en cuenta las consecuencias de largo plazo y son altamente susceptibles a la coerción, especialmente por parte de figuras de autoridad. Por tanto, necesitan el apoyo de defensores, idealmente con conocimiento especializado y con experiencia en el sistema de justicia para adolescentes, para que les ayude a entender lo que ocurre durante el proceso y a tomar decisiones para preparar su defensa y asegurarse de que las voces de los adolescentes sean escuchadas. Asimismo, se necesita el apoyo de los defensores para proteger los derechos de los adolescentes, asegurar sus necesidades de rehabilitación y cuidar que reciban una sanción razonable y proporcionada (MacArthur Foundation, 2015: 25).

Inocencia

Del total de adolescentes que entrevistamos, 16% dijo ser inocente del delito que le imputaron. Sin embargo, es importante destacar que este porcentaje varía de manera importante de una entidad a otra. Entre las 13 entidades que estudiamos en 2016, las que tienen el porcentaje más alto de adolescentes que dijeron ser inocentes, son Veracruz y Oaxaca, con 37 y 44%, respectivamente. En contraste, las entidades con los porcentajes más bajos fueron Puebla, con 5%, y Jalisco y el Estado de México, ambas con 8 por ciento.

Al analizar con mayor detenimiento los casos en que los adolescentes dicen ser inocentes, encontramos un alto porcentaje en el que, a las condiciones de pobreza, marginación e indefensión, se suma el trato discriminatorio que los adolescentes sufrieron en el sistema de justicia por su condición étnica, ya que su pertenencia a diversos grupos indígenas y su desconocimiento de las leyes, de sus derechos y de la manera cómo opera el sistema de justicia, no fue tomado en cuenta durante su juicio. Tampoco, en la mayoría de los casos, contaron con traductores, a pesar de que tenían dificultades para entender y expresarse en español. Veremos a continuación tres historias de estos chicos indígenas y uno afrodescendiente que dicen ser inocentes en diferentes entidades del país.

Nicasio es un chico de origen zapoteco que se encuentra interno en Oaxaca. Ahora tiene 21 años, ya que lleva más de dos recluido en el centro de internamiento y le quedan otros tres años para cumplir su sentencia. Antes de ingresar al centro, vivía con sus padres y con su pareja, con quien tiene dos hijos pequeños. Nicasio cursó hasta primer grado de la preparatoria y le gustaba la escuela, pero tuvo que dejarla para trabajar, ya que tenía que sostener a su esposa e hijos. Su padre era obrero y solo cursó la primaria; su madre es comerciante y nunca fue a la escuela. Nicasio comenzó a trabajar en una casa de empeño y luego como empleado en una tienda. Tiene tres medios hermanos, ya que sus padres se separaron durante algún tiempo, pero luego se volvieron a juntar. Su madre siempre se hizo cargo de él cuando era pequeño y se ocupaba de prepararle los alimentos o llevarlo al doctor cuando se enfermaba. También lo llevaba de paseo y le celebraba sus cumpleaños, a pesar de que la situación económica de su familia no era muy buena y a veces faltaba comida en su casa. Nicasio considera a su madre como la persona más valiosa y quien siempre lo apoyaba cuando tenía problemas. No reporta haber sufrido malos tratos o humillaciones, aunque dice que algunos de sus medios hermanos nunca lo han aceptado. No refiere que en su familia consumieran drogas o alcohol y por su parte dice que consumía alcohol, pero no drogas.

Nicasio fue acusado de violación tumultuaria por una compañera de la preparatoria que los invitó a beber y luego los acusó de haberla violado. Dice que sus compañeros de la preparatoria fueron una mala influencia para él, pues lo invitaban a beber y a consumir drogas y, a pesar de que él ya tenía la responsabilidad de una familia, esto lo perjudicó pues él no participó en la violación de la compañera, pero se los llevaron a todos y no tomaron en cuenta su declaración.

No refiere haber sido golpeado por la policía, aunque tampoco lo trataron bien. De la misma manera, quedó resentido con la jueza porque no lo escuchó ni tomó en cuenta su testimonio.

> Perdí a mi familia, mi trabajo y aquí no puedo mantener a mi familia y no me quieren dar el beneficio de la mitad de la pena, ya estoy grande y tengo responsabilidades. Mi esposa le regaló mi hijo a mi mamá y se quedó con mi hija, y es lo más feo que me puede ocurrir porque yo podría darles mi cariño, pero aquí no puedo porque estoy privado de mi libertad. Yo tenía mi trabajo, no robaba, estaba yo bien con la sociedad. A mí es a quien me toca ver por mi hijo, no a mi mamá, yo puedo ser un buen padre.

Su familia solo acude a visitarlo cada tres meses, pues viven lejos y no tienen recursos.

Señala que el trato que les dan en la institución es "regular", mientras que el trato entre los compañeros es bueno. Dice que, aunque aprende cosas, en realidad no le gusta estar en la institución y lo que menos le gusta es la prepotencia de algunos miembros del personal que los perjudican sin motivo. Dice que se siente triste, desanimado, aburrido y enojado.

Al preguntarle qué le gustaría hacer cuando salga, dice: "estar con mis hijos, ser un buen padre, enseñarles cosas buenas a mis hijos y, más que nada, ser un buen ciudadano".

Benito es un chico tarahumara de Chihuahua, tiene 20 años, hace dos que se encuentra interno y todavía le quedan otros dos años para terminar de cumplir su sentencia. Por la manera como habla y por su mirada, en el transcurso de la entrevista me doy cuenta de que Benito se encuentra sumido en una tristeza y un dolor muy profundos. Hay muchas palabras del español que no entiende bien y, sin embargo, deja muy claro que lo único que quisiera es poder regresar a las montañas en donde dejó a su mujer y a su hijo.

Benito dice que le gustaba la escuela, aunque no logró completar la primaria por problemas económicos. Su padre y su madre nunca fueron a la escuela y se dedican a las labores del campo.

Benito también trabajaba en el campo y como ayudante de albañil desde los 13 años. Tiene tres hermanos, aunque tenía cuatro, pero a uno lo mataron en su pueblo. Él siempre vivió con sus padres y sus hermanos y, más tarde, con su mujer y su hijo. También señala a un primo como una de las personas que más lo ha apoyado y a sus hermanos como las personas en quienes más confía. No reporta haber sufrido malos tratos, golpes e insultos durante su infancia, aunque señala que, si él tenía algún problema, no había nadie que lo apoyara. Su papá ha estado en prisión y consumía alcohol con frecuencia, al igual que Benito. Dice que la situación económica de su familia era muy precaria.

Benito fue acusado del delito de homicidio y relata lo siguiente: "yo cometí el delito porque entre cinco me golpearon y me querían matar en la noche. Yo le dije a mi juez que fue en defensa propia y me dijo que me iban a hacer revisión de mi sentencia, pero no sé por qué me mandó aquí; solo a mí me están echando culpa". Señala que, cuando lo detuvieron, la Policía Ministerial lo golpeó. También dice que, aunque él casi no hablaba español cuando lo detuvieron, nadie le explicó en su lengua por qué lo estaban deteniendo y de qué delito lo acusaban. No fue sino hasta el juicio que le ofrecieron un traductor. Explica también que en el centro de internamiento no existen programas especiales de atención para los tarahumaras, a pesar de que hay 20 chicos de esta etnia a quienes tienen, de dos en dos, encerrados en 10 celdas y separados del resto de la población. Dice que cuando fue detenido por la policía y lo llevaron al Ministerio Público, se sintió mal y muy triste, y que tampoco recibió apoyo por parte del abogado o del juez, quien no tomó en cuenta, su declaración de que él había actuado en defensa propia. Por ello, la sentencia que le dictaron no le pareció justa y tanto al llegar al centro de internamiento como dos años después, se ha sentido mal porque está muy lejos de su familia que no puede acudir a visitarlo tanto por la distancia y por falta de recursos. Dice que nada de la institución le gusta o le hace sentir bien, y que lo que más extraña es su libertad y a su familia. Su mayor deseo es poder salir de la institución para trabajar en la pizca de manzana y en la albañilería. En la institución dice sentirse solo, triste, desanimado, aburrido y desesperado, y considera que estar en ese centro no ayuda a los internos como él, sino que los perjudica.

Rogelio es un chico de 15 años, de origen chol, que se encuentra interno en Tabasco y le cuesta trabajo hablar y entender el español "todos hablamos chol en mi casa", dice. Él llegó al centro recientemente y no sabe cuánto tiempo se quedará pues aún se halla en proceso. Explica que se salió de su casa por problemas económicos y porque una persona lo contrató para vender fruta. Se salió de la escuela al iniciar la secundaria y lo hizo para irse a trabajar, pero, además, la escuela no le gustaba, porque se aburría. Tanto su padre como su madre nunca fueron a la escuela; ambos son campesinos. Rogelio comenzó a trabajar con ellos desde pequeño, pero desde los nueve años se fue a vender fruta con una señora y antes de ingresar al centro vivía en un pequeño cuarto que ella le prestaba. Rogelio es el mayor de cinco hermanos, así que el dinero que sacaba con la venta de la fruta lo enviaba a su casa, pues dice que la situación económica en su familia era muy mala y a veces no tenían qué comer. Dice que, cuando era pequeño, nadie le ayudaba con las tareas ni jugaba con él o lo llevaban de paseo, aunque sí lo llevaban al médico cuando se enfermaba y sí le preparaban los alimentos y se preocupaban de que comiera. Por otra parte, nadie le celebraba sus cumpleaños ni le compraban ropa y zapatos. Rogelio considera que su padre es la persona más valiosa que ha tenido, quien más lo ha apoyado y en quien más confía. Señala que, en su casa, nadie lo golpeaba o lo maltrataba y que, si tenía algún problema, podía siempre contar con su papá. Nadie de su familia ha estado antes en una cárcel y tampoco nadie en su casa consumía alcohol o drogas; tampoco él lo hacía.

Rogelio fue acusado por el delito de violación y relata lo siguiente: "yo estaba en el puesto de frutas y pasó una niña de 14 años y tiró la verdura. Yo la ayudé a levantar todo y en eso llegó su padrastro y me acusó de violación. Yo no hice nada, ni conozco a la niña ni a ese señor. Yo, desde los nueve años, trabajo en el puesto de fruta, no me meto con nadie, solo me llevo con compañeros de trabajo". Dice que, cuando lo detuvieron, no le explicaron de qué lo acusaban, ni le informaron que tenía derechos ni que podía contar con un abogado; él no entendía ni sabía nada acerca de procedimientos de justicia. "Yo no entiendo bien el español, por eso no pude explicar todo y tampoco entendía lo que le decía el abogado ni lo que me decía el juez. Fui dos veces a declarar, pero no me pusieron traductor, solo mi patrona me ayudaba con el español".

Dice que, cuando llegó al centro, se sintió muy mal y que ahora se siente "regular". Sin embargo, dice que nada de lo que hay en el centro le gusta y que no quisiera quedarse ahí, pues extraña a su familia. Dice que incluso su padre se trasladó a Villahermosa para buscar un trabajo ahí y poder ir a visitarlo y ayudarlo en su proceso. También refiere que en la institución lo pusieron a trabajar en la cocina, desde las cinco de la mañana hasta las seis de la tarde, es decir, durante 11 horas diarias. También refiere que en el centro se siente solo, triste, desanimado, aburrido y desesperado. Al preguntarle qué es lo que más le gustaría hacer cuando salga del centro de internamiento, responde: "volver a vender fruta" y para su futuro solo señala que le gustaría tener esposa e hijos. Y, en cuanto a si considera que estar en el centro los ayuda o los perjudica, dice: "me perjudica porque no estoy acostumbrado".

Veremos ahora el caso de un adolescente afrodescendiente que dice haber sido objeto de discriminación.

Matías es un chico afrodescendiente de 17 años, que se encuentra detenido en el centro de internamiento para adolescentes en Oaxaca. Al momento de realizar la entrevista, llevaba seis meses en internamiento y aún no le dictaban sentencia. Matías nunca vivió con sus padres, ni los recuerda, ya que pasó su infancia de casa de unos familiares a otros, casi siempre, con sus abuelas. Desde pequeño, su madre lo dejó para ir a trabajar a Estados Unidos y no ha vuelto a verla, aunque recientemente tuvo contacto con ella por vía telefónica. Cursó únicamente la primaria, pues dice que no le gustaba la escuela y prefería trabajar, casi siempre, en labores del campo. Lo que ganaba con su trabajo lo empleaba en sus gastos y otra parte le daba a su abuela quien también se hacía cargo de su hermana. Cuando lo detuvieron vivía con su abuela, su hermana, unos tíos y algunos primos, quienes lo han apoyado. Considera que la persona más valiosa en su vida y a la que más confianza le tiene es su abuela materna, y quien menos lo ha apoyado es su padre. No refiere haber sufrido malos tratos o abusos durante su infancia; sin embargo, señala que sus tíos consumían alcohol y drogas. Matías, por su parte, refiere que consumía alcohol y cocaína solo ocasionalmente. Señala que la situación económica de su familia era regular pues, si bien no faltaba comida, no tenían todo lo necesario para vivir bien. En cuanto al delito, Matías fue acusado de homicidio y relata lo siguiente:

> [...] fue un homicidio que ocurrió cerca de mi pueblo y alguien dijo que me vio a mí. Fueron a mi casa a decirme que ahí me quedara, y yo me quedé. Ese día me fui a trabajar y escuché que mataron a esa persona, pero yo nunca pensé que me iban a mentar a mí, y no sé ni qué decir porque no sé por qué me mientan a mí, yo no he podido probar que yo no fui y, desde que llegué aquí, no puedo aceptar que yo estoy aquí, aunque me doy cuenta de que aquí hay muchas cosas qué aprender".

Dice que no entiende cómo la persona que lo acusó pudo identificarlo, pues era de noche y por su color de piel es difícil que pudieran haberlo distinguido. También señala que el Ministerio Público nunca le preguntó nada sobre el delito, sino únicamente sobre cómo es su rostro. Su abogado le dice que no hay nada que pueda hacer y le aconseja que es mejor no declarar, aunque él quisiera poder decirle al juez que no lo hizo.

Dice que, entre los compañeros, "se llevan mal, pues están enojados porque estamos encerrados". Su abuela no lo puede visitar con frecuencia, ya que viven a 13 horas de distancia y no tienen dinero para hacer el viaje. Al preguntarle qué es lo que más le gusta de estar ahí, rsponde que "nada" y que, con frecuencia, se siente solo, triste y desanimado, aunque también dice que se siente calmado y en paz. Al salir, lo que más desea es poder ingresar al Ejército "para poder apoyar a mi familia y ser un buen soldado".

Escucharemos a continuación otros testimonios de adolescentes que, en diferentes circunstancias, dijeron haber sido inculpados de delitos que dicen no haber cometido.

• Un chico indígena de Veracruz, que solo habla náhuatl, relata: "Yo estoy aquí por un tío que no se llevaba bien con mi familia y me fue a señalar con las autoridades diciendo que yo robé a un señor. Mi tío nos tiene envidia porque a mis papás y mis hermanos nos va bien, plantamos y sembramos, y nos va bien. Mi tío fue y me puso una denuncia, luego fueron a mi casa los ministeriales, rompieron la puerta, me jalaron, me pusieron la pistola en la cabeza, me amenazaron de muerte, me patearon y ese fue el día más triste para mí. Yo no sabía ni quiénes eran esas personas ni sabía si iban de parte de la ley o qué; también iban mi tío y mi primo, y me patearon". Señala que, cuando lo juzgaron, le dieron una sentencia de cinco años y medio y señala: "yo no dije nada, yo nomás confié en Dios".

- Otro chico de Veracruz, que fue acusado de secuestro, relata: "El delito fue por querer tapar a otra persona y se les hizo fácil detenerme a mí, porque ya me conocían, ya me habían detenido antes por vender drogas. Me torturaron y me hicieron firmar un papel que era mi supuesta confesión. La persona que lo hizo pagó a los testigos para que vinieran a decir que lo hice yo. Los del Ministerio Público les pagaron a los testigos y, como yo no tenía dinero, me fueron a sacar de mi casa y me acusaron. Yo no dije nada porque no sabía nada de ese delito".

- Un chico de Oaxaca explica cómo fue involucrado en un homicidio que él dice no haber cometido: "Fuimos a una disco con mi primo y cuando regresamos vimos a un chavo que estaba tomado y apuñalado y lo quisimos levantar, pero otras personas nos acusaron que nosotros lo habíamos hecho. Aunque digas que no, siempre van a ir a la contraria, aunque tú no hayas sido, mientras te señalen, ya no puedes hacer nada".

- Otro chico de Oaxaca, acusado de homicidio, relató: "Un cholo me quería robar mi teléfono y me quería clavar una navaja; forcejeamos y él mismo se mató. Yo no pude probar que fue en defensa propia, porque no me creyeron y por eso me trajeron para acá".

- Otro chico de Oaxaca, también acusado por homicidio, relató: "Una vecina no se llevaba bien con mi abuelita y le mataron a su papá y a su yerno y nos acusaron a mi hermano, a mi papá y a mí. En realidad, el único que participó fue mi papá, pero la familia de las víctimas buscó testigos falsos para inculparnos también a mi hermano y a mí para perjudicar a toda la familia".

- Una chica de 15 años, interna en Chihuahua, relata sobre el delito de violación que le imputaron: "Llegaron a la secundaria unos papás y nos llevaron a la Fiscalía; nos dijeron que era por el delito de violación porque una compañera se metió al baño con otra y le metió los dedos y dicen que yo cuidé la puerta, por eso nos trajeron aquí".

- Un chico interno en la Ciudad de México dice que él trabajaba en la Central de Abastos y que, junto con un adulto, se dedicaba a robar en transporte o en negocio. Sin embargo, dice que lo acusaron de un homicidio que ocurrió en su colonia, pero que él no cometió: "Solo porque los judiciales ya nos conocían, pensaron que nosotros lo habíamos hecho y aunque pedí que nos hicieran una prueba de Harrison, no quisieron y ya no pudimos hacer nada".

- Un chico interno en Puebla refiere: "Soy inocente. Yo estaba en mi casa, en la mañana, estaba acostado y tocaron la puerta, pensé que era cualquier persona, pero entraron los oficiales del Ministerio Público. Me tiraron, me golpearon y me llevaron al Ministerio Público. Ahí me siguieron golpeando y me preguntaban que en dónde estaban mis compañeros, me desvistieron, me vendaron, me tiraron al piso y me siguieron golpeando. Después me dijeron que confesara y me ahogaron y yo les decía que yo no fui, pero les tuve que decir que sí, porque ya no aguantaba más, entonces, me hicieron firmar y me llevaron a los separos".

- Otro chico interno en Puebla explica: "Estaba en mi casa y vi que entraron a robar a mi vecina. Fui a su casa y la encontré amarrada en la cama, en ese momento llegaron sus papás y me acusaron de violación. Mi vecina declaró que yo la ayudé, pero la juez dijo que se perseguía de oficio y me dieron tres años. Aunque las declaraciones no me involucran, me sentenciaron. Pienso que me sentenciaron porque no tengo estudios y mis padres no tienen dinero".

- Otro adolescente interno en Puebla dice: "Fui con mi novia a una fiesta, pasamos en medio de una banda y nos comenzaron a insultar. Tuvimos una riña, pero se unieron unos amigos y les ganamos. Un mes después, esa banda secuestró y mató a mi novia, pero la pusieron en un tambo en mi edificio. Decidí culparme porque la policía me amenazó con vincular a mis padres. Me asusté y no dije la verdad. Nunca me permitieron tener un abogado, un policía se hizo pasar como alguien de mi confianza. Siento rencor con la banda que mató a mi novia y conmigo mismo porque la involucré en esa pelea. La violencia en la colonia deben pararla porque yo llegué aquí por esa banda que sigue allá afuera".

- Una chica, de origen maya, interna en Yucatán, relata: "A mí me involucraron porque yo estaba ahí cuando mi exnovio mató a su mamá y a su hermana, pero yo no lo hice. Sí sabía lo que iba a suceder, pero yo le tenía mucho miedo a mi novio porque era muy violento. Con la policía me sentí mal porque me tenían esposada y agachada. El abogado no sirvió para nada, no me defendió, y dijo que no declarara, así que no pude dar mi testimonio ante el juez".

- Al preguntarle a un chico en el estado de Yucatán ¿por qué te detuvieron?, contestó: "Por chismoso, por andar viendo lo que pasó, por eso me detuvieron…".

- Una chica de Jalisco dijo: "El papá de mi hijo es miembro de un Cártel en Jalisco. Nos separamos cuando nació mi hija, pero seguido iba a verla y, en una de sus visitas, se dio cuenta que tenía una nueva relación y en venganza decidió secuestrar a mi pretendiente. El papá de mi hija me obligó a seguirlo por cuatro meses… y nos detuvo la policía. No tengo nada que ver con el secuestro".

- Otra chica de Jalisco dijo: "Un día llegó la policía por mi novio y yo estaba con él. Ahí me enteré de que él se dedicaba al secuestro. La policía me llevó porque decían que yo sabía todo, pero no es cierto".

- En Zacatecas, un adolescente señaló: "Mi papá tiene una relación con una señora, y tiene dos hijos con ella. Ella me acusa de violar a mi medio hermano de nueve años, pero hicieron pruebas y salió que no hice nada, pero como mi papá se enojó con mi abuelita y la hacía llorar, decidí declararme culpable. La jueza me dijo que no me creía, pero, como me declaré culpable, me dio casi cuatro años".

- Otro adolescente de Zacatecas señaló que era inocente y dijo: "Todo comenzó por una venganza de mi padrastro. Me acusan de violar a la hija de mi padrastro, pero no la toqué, pedí que me hicieran la prueba y no quisieron. Yo robaba cosas y me mantenía, nadie me quería en el barrio, pero nunca hice algo contra la hija de mi padrastro".

- Un adolescente de Gómez Palacio, Durango, señaló: "Salí con un grupo de amigos, en el camino nos detuvo un retén de policías. Nos bajaron, revisaron y un policía me puso droga. Me llevaron a la Ministerial, ahí me acusaron también de robarme una camioneta, además de la droga. Ninguna de las dos cosas es cierta".

- Un adolescente de Sonora señaló: "Tenía una novia por aquí, pero yo vivía en Culiacán vendiendo drogas. Regresé para verla y, en esos días, estuvimos haciendo el amor, pero era un acuerdo entre nosotros. La mamá de mi novia se enteró y me acusó de violación, pero mi novia en su declaración dice que no hice nada. El juez dijo que era violación porque era menor de edad, pero le expliqué que yo también, entonces me dijo que no valía, porque manda lo que dice la mamá de mi novia. Yo era distribuidor de drogas, pero aquí estoy por algo que no hice, nunca la violé".

- Un adolescente de Sonora señala que su caso tiene relación con una vecina que lo acusa de "tocar a su hija de 14 años, no hay pruebas, solamente el dicho de la mamá. Les mostré las cosas a la policía, pero me dijeron que el testimonio de la mamá es el que vale y no el mío. Me tienen por un chisme de la vecina, pero no han comprobado nada".

- Otro adolescente de Sonora comenta que lo acusan del asesinato de una mujer, pero se declara inocente. Él explica: "Iba en bicicleta y me paré en un terreno baldío para hacer pipí, en eso apareció un conocido con un cuchillo y me amenazó porque me di cuenta de que tenía a una mujer sometida. Por miedo, corrí y dejé la bicicleta. A las horas, volví al lugar por mi bici, me acerqué más adentro y reconocí a la mujer que había visto, pero acuchillada. La policía fue por mí y me torturaron tanto, que dije que sí fui… la abogada que me pusieron estaba de acuerdo con la policía. Deberían tomar en cuenta lo que uno dice, la policía inventa cosas y no hay forma de salir. Me torturaron tanto que firmé tres declaraciones distintas, así nadie puede salir cuando te detienen".

- Un adolescente del Estado de México dijo: "Estaba comiendo unos tacos, ahí llegó la Policía Federal y detuvieron a tres adultos que estaban a mi lado y a mí también me llevaron. Me trasladaron a la SIEDO y ahí me enteré de que me acusaban de secuestro. Me arraigaron por varios días, pero yo no tengo nada que ver con los secuestros".

- Un adolescente de Baja California señaló: "Me juntaba con unos amigos, a uno de ellos la policía lo agarró y le pegaron para que culpara a otros de un robo y violación. Ese mismo muchacho dijo que fui yo y puso a otros tres. Después, todos ellos dijeron que fui yo. Antes robé, pero no tengo que ver nada con lo que me acusan… me llevaron a la Delegación por un testimonio falso".

- Un adolescente de Tijuana, Baja California, relata: "Me acusa mi tía de violar a mi primo de seis años. No es cierto, yo creo que fue otro primo, pero no tengo cómo demostrarlo. El juicio fue rápido y no dejaron que presentara pruebas a favor mío y no estuvo mi familia en las audiencias. Mi abogado me pidió no declarar, aunque yo veía que decían mentiras".

- Una adolescente de Baja California explica: "Yo estaba adentro del auto de mi novio esperándolo, de pronto escuché balazos y al salir vi a mi novio herido de bala, llamé a la policía para denunciar lo sucedido. Los policías, después de interrogarme, comenzaron a decir que yo traía en mi bolsa dos kilos de cocaína y que el asunto era por un ajuste de cuentas. Me obligaron a acompañarlos a la casa de mi novio y, aunque no encontraron nada, dicen que yo traía droga. Yo estudiaba y trabajaba, y no tengo nada que ver con lo que me acusan, soy inocente".

Lo que podemos apreciar en estos testimonios, más allá de si los adolescentes son responsables o no de los delitos que les imputan, es que existen fallas importantes en la aplicación del principio de presunción de inocencia. También queda claro que, en algunos casos, los adolescentes pueden ser llevados ante la justicia como una manera de saldar cuentas por conflictos o rivalidades inter e intrafamiliares, lo que, sobre todo, se observa en los casos en que fueron acusados de violación. Asimismo, son varios los casos en los que los adolescentes dicen haber sido presentados ante la justicia, solo porque la policía los tenía ubicados por haber cometido previamente otros delitos. También llama la atención que algunos adolescentes explican que se encuentran privados de su libertad, a pesar de no haber cometido el delito, debido a que no pudieron probar su inocencia. Aparentemente, para ellos no es suficiente que las autoridades no hubieran logrado probar su responsabilidad, sino que ellos se sentían obligados a probar su inocencia. Aún más, toda vez que ellos no lograron "probar" su inocencia, les parece que el juicio que se les siguió fue "justo". En cualquier caso, queda claro que prevalece entre los y las adolescentes la convicción de que su palabra no tiene valor, no fue escuchada y no tuvieron la posibilidad de expresarse en un juicio que se les siguió a pesar de su silencio.

Capítulo VII

La institucionalización y el futuro de los adolescentes

En este capítulo nos ocuparemos de analizar las condiciones en que las y los adolescentes se encuentran en los centros de internamiento a los que acudimos a entrevistarlos, así como las perspectivas que imaginan o sueñan para su futuro, una vez que concluya la medida a la que se hallan sujetos. Toda vez que hemos descrito las circunstancias en que cometieron el delito, así como los factores de vulnerabilidad previos que contribuyeron a su involucramiento en actividades delictivas, nos parece ahora importante explorar si los programas de atención que reciben en los centros de internamiento responden a sus requerimientos y constituyen una respuesta apropiada, en términos de los objetivos que establece la nueva ley de justicia para adolescentes.[21]

Teniendo en cuenta que en este estudio nos hemos ocupado de los y las adolescentes que cometieron delitos haciendo uso de la violencia, nos parece importante analizar si las instituciones donde se encuentran privados de libertad cuentan con los programas de atención especializada que estos adolescentes requieren, bajo un enfoque de justicia restaurativa, como lo establece la nueva ley.[22]

[21] El Artículo 30 de la Ley Nacional del Sistema Integral de Justicia Penal para Adolescentes señala que "las medidas de sanción tendrán un carácter socioeducativo" [... y que,] "en la ejecución de las medidas de sanción se deberá procurar que la persona adolescente se inserte en su familia y en la sociedad, mediante el pleno desarrollo de sus capacidades y su sentido de responsabilidad".

[22] El Artículo 21 establece que: "El principio de justicia restaurativa es una respuesta a la conducta que la ley señala como delito, que respeta la dignidad de

Los centros de internamiento

Formulamos a los y las adolescentes una serie de preguntas para conocer la opinión que tienen en relación con la atención que se les proporciona en los centros de internamiento. Es interesante constatar que, la gran mayoría de los y las adolescentes (69%), dijo que cuando llegaron al centro de internamiento se sintieron muy mal, pues estaban asustados y preocupados, mientras que solo 17% dijeron que se sintieron bien en aquel momento y 13% regular. Sin embargo, al preguntarles cómo se sentían al momento de realizar la entrevista, después de un cierto tiempo de estar internos, los porcentajes se invirtieron, ya que 68% dijeron que se sentían bien, 10% mal y 22% regular.

El cuadro siguiente reúne una serie de respuestas que obtuvimos en torno a la opinión de los y las adolescentes sobre el trato que reciben en la institución.

Tabla 16. *¿Cómo consideras que es el trato que recibes?*

	Bueno %	Regular %	Malo %
En esta institución	68	26	5
Por parte de los custodios	68	22	10
Por parte del resto del personal	80	13	6
Por parte de tus compañeros	73	20	7

Entrevistas realizadas en centros de internamiento en 13 entidades, 2016.

Como puede apreciarse, la mayoría considera que recibe un buen trato en la institución, aunque cerca de una tercera parte opina que el trato que reciben es regular o malo. Estos datos deben tomarse con cierta precaución, ya que corresponden a promedios que esconden diferencias, a veces importantes, entre los centros de internamiento, como más adelante veremos. Otra razón por la que deben ser tomados con precaución es porque la mayoría de las y los adolescentes desconocen sus derechos, como resultado del entorno de carencias

cada persona, que construye comprensión y promueve armonía social a través de la restauración de la víctima u ofendido, la persona adolescente y la comunidad. Este principio puede desarrollarse de manera individual para las personas mencionadas y sus respectivos entornos y, en la medida de lo posible, entre ellos mismos, a fin de reparar el daño, comprender el origen del conflicto, sus causas y consecuencias".

en que vivieron, por lo que sus expectativas no son muy elevadas y tienden a conformarse con lo que se les ofrece, lo que no quiere decir que no perciban o les afecten las malas condiciones y, especialmente, los malos tratos.

Por otra parte, 30% de los adolescentes dijeron haber recibido golpes por parte de sus compañeros y 22% reportaron que sus compañeros les han robado pertenencias y, al preguntarles si en estos casos la institución los protege adecuadamente, 20% señaló que no obtienen apoyo.

En lo que se refiere a los alimentos, la mayoría de las y los adolescentes refirieron que la comida que les proporcionan es insuficiente y se quedan con hambre. También señalaron que la comida es repetitiva y poco variada y, que hay alimentos que nunca les proporcionan.

Un tema adicional e importante relacionado con los alimentos son los horarios en los que se les proporcionan. En una buena parte de los centros de internamiento, los y las adolescentes refirieron que les dan de cenar muy temprano, entre las 4:30 y las 6 de la tarde, y después de esa hora, los encierran en sus dormitorios sin posibilidad de recibir alimentos sino hasta el día siguiente.

En cuanto a los programas de atención, casi todas las instituciones cuentan con programas educativos, con algunos talleres de capacitación, con actividades deportivas y, en pocos casos, también con actividades artísticas y culturales. Asimismo, cuentan con atención psicológica y médica y, en algunos casos, con programas que atienden las adicciones. Sin embargo, las diferencias que existen entre los centros son muy significativas, de manera que, de nueva cuenta, es difícil generalizar o confiar en los promedios. Por ejemplo, hay instituciones que cuentan con diversos niveles de enseñanza, desde la primaria hasta la preparatoria; sin embargo, en la gran mayoría de los casos, el número de horas que dedican a la educación es insuficiente, ya que los y las adolescentes asisten, regularmente, durante un par de horas dos o tres veces a la semana. Es decir, en pocas instituciones cuentan con maestros que acudan regularmente y durante una jornada completa a impartirles clases, de manera que, la mayor parte de las veces, solo se les inscribe en los sistemas de enseñanza abierta y con poco apoyo o supervisión por parte de maestros y con poco o nulo material escolar. Todo esto indica que, en los hechos, no se considera que estos adolescentes tengan el mismo derecho a la educación que quienes no se hallan privados de su libertad, lo que, sin duda, tendrá por resultado que esta población permanezca en situación de desventaja en relación con los jóvenes de su generación y ello, a su vez, continuará limitando sus oportunidades, para el desarrollo pleno de sus habilidades y capacidades, y para su inserción en mejores condiciones en el mercado laboral.

Lo antes dicho aplica también para los talleres de capacitación que se les imparten. Aunque, de nueva cuenta, existen importantes diferencias de un centro a otro, en la mayoría de los casos los talleres son insuficientes, inapropiados y no cuentan con el materialo las herramientas que requieren. Los funcionarios a cargo de las instituciones invariablemente argumentan que no cuentan con recursos para poder impartir esta clase de talleres, por lo que las y los adolescentes terminan las más de las veces elaborando artesanías o productos que no tienen demanda en el mercado ni les permitirán obtener un empleo más adelante. También en este caso se les condena, en los hechos, a permanecer en la marginación y se les arraiga en su condición de vulnerabilidad.

En cuanto al deporte, si bien es una de las actividades que más se practican en estos centros, también se desaprovecha la oportunidad para formar deportistas, ya que se carece de instructores e incluso de los insumos básicos para poder practicar deportes, a pesar de que estos últimos no tienen un costo importante.

Lo mismo puede decirse en cuanto a las instalaciones que, en la mayor parte de los casos salvo algunas excepciones, se encuentran en situación de abandono, sin que cumplan con los requerimientos mínimos ni se invierta en el mantenimiento.[23] Esto, de nueva cuenta, envía un claro mensaje a los y las adolescentes del poco interés que las autoridades a cargo de estas áreas tienen por dotarlos de una vida digna.

Ante el panorama brevemente descrito, no extraña que 75% de las y los adolescentes dijeran que les gustaría que les impartieran

---

[23] El Artículo 235 de la nueva ley de justicia penal para adolescentes, establece con detalle los requerimientos a los que deben ajustarse las instalaciones de los centros de internamiento. Muy pocos centros en el país, sin embargo, cumplen con dichos requerimientos.

más cursos y talleres. Entre los que este grupo mencionó que les gustaría que les impartieran, se encuentran los siguientes:

- 70% dijo que le gustaría que impartieran talleres de carpintería, herrería, mecánica, electricidad, cómputo, panadería, gastronomía, belleza y pintura.
- 17% dijo que le gustaría que les impartieran clases de fútbol, basquetbol, box y gimnasio.
- 13% dijo que le gustaría que les dieran algún trabajo para poder tener ingresos, o bien, que les dieran más programas escolares o clases de música.

Con respecto a si sus familiares acuden a visitarlos, 94% dijo que sí los habían visitado con la frecuencia siguiente:

- 37% cada semana.
- 27% cada 15 días.
- 17% cada mes.
- 7% cada dos meses.
- 4% cada tres meses.
- 4% tres veces al año.
- 3% una vez al año.

Las razones por que sus familias no acuden a visitarlos con mayor frecuencia son: porque viven lejos, porque no tienen dinero o tienen que trabajar. Sin embargo, 56% de los y las adolescentes dijeron que les gustaría que su familia pudiera visitarlos con mayor frecuencia.

Tabla 17. *A la pregunta de ¿qué es lo que más te gusta de estar en este centro?, respondieron:*

Actividad	%
Nada	43
Los talleres	15
Sentirme seguro, tranquilo y tener tiempo para pensar	12
La escuela	11

| Que nos tratan bien | 8 |
| Los deportes | 6 |

Entrevistas realizadas en centros de internamiento en 13 entidades, 2016.

Como puede apreciarse, el grupo mayoritario es el que expresó que no le gusta "nada" de lo que realiza en el centro de internamiento, si bien poco más de la mitad expresó que le gusta alguna de las actividades en las que participa.

Tabla 18. *¿Qué es lo que menos te gusta de estar en este centro?*

Actividad	**%**
Estar encerrado	33
Todo (no me gusta nada)	17
El maltrato y los castigos	15
La comida	14
No tengo quejas, me siento bien	6
No hay suficiente agua, los baños están feos y no hay colchones	4
La escuela o los talleres son aburridos, faltan materiales	4
Falta tiempo para deporte	3

Entrevistas realizadas en centros de internamiento en 13 entidades, 2016.

En este caso, el porcentaje mayoritario en cuanto a lo que menos les gusta, fue el de la tercera parte que hizo referencia al encierro, mientras que el resto identificó otros elementos, y solo 17% dijo que le gusta "todo" lo que hace en el centro de internamiento.

Y, a la pregunta ¿qué es lo que más extrañas?, respondieron:

- 74% a mi familia.
- 10% mi libertad.
- 3% todo.
- 3% la comida.
- 2% poder salir con una chica.
- 2% mis amigos.
- 2% mi trabajo.

Como puede apreciarse, la gran mayoría de los y las adolescentes, lo que más extraña, es a su familia. Asimismo, 90% dijo que piensa que su familia lo/la apoyará cuando obtenga su libertad, lo que es un dato positivo importante para favorecer las posibilidades de su reinserción.

Tabla 19. *A la pregunta de ¿cómo te sientes aquí con mayor frecuencia?, respondieron:*

39% solo	58% acompañado
42% triste	45% contento
30% desanimado	64% animado
39% aburrido	58% entretenido
32% desesperado	64% calmado
19% enojado	75% en paz

Aunque la mayor parte dijo, en términos generales, sentirse bien, no debe desdeñarse que, más de una tercera parte, manifiesta sentirse solo, triste, desanimado, aburrido y desesperado.

A la pregunta: ¿Crees que estar aquí los ayuda o los perjudica?, respondieron:

- 72% dijo que los ayuda.
- 8% dijo que los perjudica.
- 17% dijo que depende de cada uno.

Y a la pregunta: ¿Consideras que la mayoría de los/as internos/as sale de aquí mejor, peor o igual que como entraron?, respondieron:

- 22% salen mejor.
- 7% salen peor.
- 10% salen igual.
- 58% depende de cada uno.

Es interesante señalar que, en ambos casos, los adolescentes introdujeron la opción "depende de cada uno", para destacar que no solo importa lo que la institución pueda impartirles, sino que también cuentan las decisiones y circunstancias específicas que cada adolescente deberá enfrentar al concluir el periodo de su internamiento.

Como hemos señalado, encontramos condiciones muy diversas en los centros de internamiento, por lo que el cuadro siguiente representa un esfuerzo por reconocer estas diferencias otorgando una calificación numérica a los centros de cada entidad que visitamos, de acuerdo con cinco criterios: *a*) el programa de trabajo en cuanto al enfoque, sus objetivos, la cobertura y la calidad de las actividades que imparte; *b*) las instalaciones, en cuanto a su idoneidad y mantenimiento; *c*) el clima organizacional, en cuanto a la cultura del buen trato y la solución pacífica de conflictos; *d*) la profesionalización, especialización y las condiciones de trabajo dignas para todo el personal, y *e*) el abastecimiento de bienes básicos para la subsistencia y la higiene y la dotación de materiales e insumos para los cursos y talleres.

Conforme a estos criterios, clasificamos a los centros de internamiento de cada entidad con un puntaje que va del 10 (calificación más alta) al 0 (la más baja).

Tabla 20. *Clasificación por puntaje de los centros de internamiento visitados*

Entidad donde se ubica el o los centros visitados	Puntaje
Veracruz	10
Durango	10
Coahuila	9
Sonora	8
Jalisco	7
Ciudad de México	7
Estado de México	7
Yucatán	6
Puebla	6
Sinaloa	6
Morelos	5
Oaxaca	5
Hidalgo	5
Zacatecas	5

Tabasco	4
Baja California	4
Chihuahua	4

Centros de internamiento para adolescentes por entidad visitados en 2014 y 2016.

Es importante advertir que el cuadro anterior no tiene otro propósito que mostrar que existen diferencias considerables en los centros de internamiento para adolescentes en el país, por lo que se requiere hacer un esfuerzo importante para crear estándares de atención homogéneos para todas las entidades. También es importante advertir que las condiciones de algunos de los centros pueden haberse modificado en un sentido o en otro después de nuestra visita.

Sería también conveniente que las entidades pudieran hacer un registro de las buenas prácticas para que sus resultados pudieran ser aprovechados por otras entidades. Un ejercicio similar se llevó a cabo en Chile en donde la oficina de Unicef y la organización Fundación Paz Ciudadana, convocaron en 2010 a un concurso sobre buenas prácticas en rehabilitación y reinserción de adolescentes infractores de la ley. A continuación, resumimos el planteamiento general que dio sustento a dicho concurso porque consideramos que ello abrió un debate necesario en aquel país sobre los programas que se llevan a cabo en los centros de internamiento para adolescentes, debate que sería importante que también pudiera promoverse en nuestro país.

Concurso sobre "Buenas Prácticas en Rehabilitación y Reinserción de Adolescentes Infractores de Ley", Unicef-Fundación Paz Ciudadana (2011), Santiago de Chile.

Planteamiento introductorio
A pesar del importante avance legislativo, a más de tres años desde su entrada en vigor (2007), el sistema penal adolescente en Chile ha evidenciado algunas importantes dificultades. Entre ellas, destacan: "*a*) la falta de indicadores y estadísticas nacionales e integradas sobre el comportamiento del sistema penal adolescente; *b*) baja especialización de los intervinientes en los procesos, particularmente en el caso de fiscales y jueces; *c*) incipientes niveles de coordinación interinstitucional a nivel local,

entre los sistemas de justicia, salud, educación y trabajo; *d*) un uso desmedido de la privación de libertad, en perjuicio de la utilización de medidas alternativas o no privativas de libertad, y *e*) deficiencias en las condiciones de habitabilidad, salud, oferta socio-educativa y competencia técnica del personal a cargo de adolescentes en centros privativos de libertad y secciones penales juveniles".

Unicef aceptó la invitación de Fundación Paz Ciudadana para coorganizar y patrocinar la segunda versión del concurso "Buenas Prácticas en Rehabilitación y Reinserción de Adolescentes Infractores de Ley". Este concurso tuvo como objetivo identificar aquellas prácticas más destacadas y promisorias que se estaban ejecutando con adolescentes infractores de ley, con el fin de fortalecer y difundir sus metodologías de trabajo. Se conformó un jurado integrado por profesionales destacados en la materia, quienes identificaron las mejores prácticas presentadas premiando a tres de ellas y estableciendo dos menciones honrosas. (Estas prácticas se describen con detalle en la publicación de referencia).

El marco conceptual del que se partió para convocar al concurso fue el siguiente:

"En primer lugar, cabría señalar que no existen tratamientos específicos para la delincuencia juvenil, sino que la orientación adecuada implica tomar su comportamiento delictual como un aspecto de la condición total de joven y verlo dentro de un contexto más amplio (Hoghughi, 1992).

No se puede afirmar que un joven es solo delincuente, ya que puede presentar dificultades de variada índole ya sea físicas, intelectuales, educativas y clínicas, dando un marco de referencia más amplio (ecológico).

Entonces, si estos elementos son la causa, efecto o simplemente factores asociados, para trabajar con este grupo se hace necesario que tanto el joven como sus dificultades reciban medidas de desarrollo y compensación (Hoghughi, 1992)".

"En revisiones realizadas sobre programas que han sido destacados (Hoge, Guerra y Boxer, 2008) por sus resultados prolongados, en diversos escenarios y más de una sola aplicación, se mencionan como efectivos a los siguientes programas e intervenciones:

1. Terapia multi sistémica familiar.
2. Terapia funcional familiar.
3. Tratamiento multidimensional de colocación familiar (*foster care*).
4. Programa de sustitución y manejo de la agresividad.

La experiencia acumulada sobre lo que resulta ser efectivo en relación con la rehabilitación y reinserción plantea que no existe una forma única y particular de llevar a cabo estrategias exitosas.

No obstante, y de manera general, aquellos programas que han probado ser efectivos toman en cuenta los siguientes elementos (McGuire, Priestley, 1995):

1. Evaluación de necesidades de riesgo (*Risk classification*).
Esto se refiere a que la oferta programática tenga en cuenta las necesidades de sus beneficiarios y los respectivos factores de riesgo, acotando la intervención acorde con esto. Hay poblaciones que requieren una intervención más intensa y focalizada, ya que pueden presentar mayores niveles de riesgo *versus* otros destinatarios que pueden responder a abordajes más universales o generales.
2. Necesidades criminógenas (*Criminogenic needs*).
Es importante distinguir entre aquellos factores de riesgo que inciden directa o indirectamente en un fenómeno de reincidencia y que, de esta manera, se transformen en necesidades de intervención.
Por ende, aquellos programas más efectivos logran identificar e intervenir aquellas necesidades criminógenas de sus beneficiarios.
3. Capacidad de respuesta (*Responsivity*).
Lograr una adecuación entre los estilos de aprendizaje de los beneficiarios, sus capacidades y habilidades y los resultados que se esperan obtener con la intervención.
4. Asentamiento en la comunidad (*Community base*).
Aquellos programas que consideran dentro de su intervención a las comunidades de referencia de sus beneficiarios y como estas facilitan o dificultan el proceso de rehabilitación y reinserción para tener un mejor impacto.

5. Modalidades de tratamiento (*Treatment modality*).
Se han visto buenos resultados en las siguientes modalidades:

- Multimodales. Consideran un rango amplio de las necesidades de los infractores y se centran en aspectos familiares.
- Métodos orientados al desarrollo de aptitudes y habilidades.
- Métodos basados en modelos cognitivo-conductuales.

6. Integridad de los programas (*Programme "integrity"*).
Se refiere a que las actividades y el personal son acordes con los objetivos y metas de la intervención de forma coherente e integrada".

"Cuando se habla de buenas prácticas se refiere a programas, proyectos o políticas públicas desarrollados por actores públicos, privados o sociales, que hayan logrado cumplir eficazmente sus metas programáticas planteadas, contar con sistemas de registro, monitoreo y evaluación de resultados, ser innovadores, poder incidir pública y socialmente y, al mismo tiempo, ser replicables y sostenibles en el tiempo" (Unicef-Fundación Paz Ciudadana 2011).

A continuación, escucharemos los testimonios de los adolescentes internos e internas que hacen referencia a sus condiciones de internamiento y a lo que propondrían para mejorarlas.

- Una chica interna en Durango refiere que el trato que reciben en la institución tanto por parte del personal técnico como de las custodias es excelente, aunque menciona que hay un déficit en las actividades para las mujeres. Dice que lo que más le gusta de la institución es el buen trato, la libertad para estar en contacto con las y los internos y, sobre todo, el programa: "Estoy interna, pero no aislada", porque este programa les da la oportunidad de convivir con escuelas del estado y compartir actividades como manualidades, deportes y rondalla.
- Otra adolescente en Durango señala que en la institución se encuentra cursando la preparatoria, participa en actividades laborales, en sesiones de psicología, en actividades manuales y realiza actividades deportivas.

- Un adolescente interno en Puebla califica la atención que reciben como "regular", pues considera que "es una minoría del personal la que está comprometida con su trabajo". Entre las actividades que le gustan del centro de internamiento dice: "Me gustó aprender a hacer pan, la carpintería y la asesoría en matemáticas, todo eso me agrada". También señala que, hasta un determinado tiempo, estar internos les ayuda, pero luego, si se quedan demasiado tiempo, les perjudica porque se aburren. "Algunos llegan bien y con el tiempo ya no están bien". Lo que él cambiaría en el centro de internamiento, sería: "principalmente cambiaría cómo te tratan en el ingreso porque casi no te dejan dormir, te pasan lista y te hacen aprender una letanía para que sufras y para que entiendas. A mí me pusieron en un lugar de observación continua y tenía que repetir la letanía: debo respetar a mis compañeros y a los directivos, pero principalmente al personal de seguridad y custodia".

- Una adolescente interna en Puebla opina lo que cambiaría del centro de internamiento: "Primero preguntaría a los internos cómo se sienten con los custodios, con el personal; pondría talleres que sí los ayuden y le daría más atención psicológica y también una buena cama, arreglaría la infraestructura del centro. Apoyaría a los que no tuvieran visita, les daría productos para su aseo personal y trataría de conseguirles un trabajo, no de obligarlos a hacer algo que ellos no quieran".

- Al preguntar a un muchacho de Veracruz, ¿qué cambios haría en la institución?, dijo: "Cambiaría las sentencias tan largas, porque voy a pasar aquí toda mi juventud y porque todo lo que quería hacer a esta edad, no voy a poder hacerlo".

- Un muchacho del centro de internamiento de Oaxaca dice: "La semana pasada sacaron al director y protestamos de manera pacífica portando cartelones en el patio. Protestamos porque no queríamos que se fuera, él hacía bien su trabajo, hizo que varios compañeros dejaran la droga e incluso dejaba a su familia para venirse con nosotros los fines de semana. El resto del personal ni siquiera nos habla, no les importamos".

- Otro chico de Oaxaca dice: "Muchos del personal no nos toman en cuenta, no ven por nosotros, no hacen su trabajo, solo piensan en ellos mismos. El personal nomás viene a checar y se va; trabaja más el personal de confianza que el de base. Los custodios te tratan según como tú los trates a ellos".

- Otro chico de Oaxaca dice: "La comida es muy poca y siempre es la misma: en la mañana, huevo, al medio día, a veces te dan huevo también, y en la noche te dan solo una tortilla chiquita con muy poquitos frijoles, eso se necesita mejorar y también los baños, porque están en muy mal estado".

- Otro chico, también de Oaxaca, dice: "La comida en la mañana está bien, pero siempre es lo mismo, al mediodía te dan poca comida porque eres más grande y te tienes que aguantar y en la noche solo una tortilla con frijoles. Antes podíamos mandar a comprar algo los sábados: cereal, leche, y esa es mi inquietud, que, si no nos dan, no nos quiten lo que podemos comprar con el dinero que ganamos. Ya no hemos comido fruta, al medio día nos dan solo calabacitas y un poco de arroz y solo un vaso de agua, antes nos daban donaciones o una gelatina, pero todo eso lo quitaron por lo de la certificación".

- Un chico interno en Oaxaca dice: "El trato del personal aquí es malo porque nos etiquetan, nos desprecian con sus acciones, nos ignoran".

- Al preguntarle a un chico de Oaxaca, qué haría él si fuera director del centro, dijo: "Escucharía a cada uno y tomaría en cuenta sus necesidades, los apoyaría". Y agregó: "Al anterior director que lo quitaron, queremos que regrese; él nos trataba con respeto, con disciplina, con orden para que ya no nos drogáramos".

- Al preguntarle a otro chico de Oaxaca qué cambiaría en la institución, contestó: "Que hubiera más apoyo, más interacción con la sociedad porque aquí estamos aislados, ¿cómo nos vamos a reinsertar así? Faltan muchos recursos, las instalaciones están muy mal. En el área médica no hay medicamentos y también nos deberían dejar tener visitas con nuestras novias porque es parte de la resocialización".

- Otro chico de Oaxaca dice: "El personal no hace su trabajo porque no le gusta, son pocas las personas a las que les importamos, a la mayoría, no. Si yo fuera director, pondría más talleres en las tardes porque no hacemos nada, nos faltan actividades. Y, a la mejor, también los dejaría comprar dulces".

- Un chico tarahumara, interno en Ciudad Juárez, dice que se siente triste, y a veces desesperado, por estar encerrado sin poder ver a su familia, que no puede visitarlo porque vive muy lejos. Señala lo que él cambiaría: "Que tengamos que traer las manos atrás, la mirada en el piso y la cabeza agachada, porque es humillante. También daría más apoyo para que las familias nos puedan venir a visitar".
- Otro muchacho tarahumara, interno en Ciudad Juárez, dice que no sufrió malos tratos por parte de la policía al momento de ser detenido, pero que, cuando llegó al centro de internamiento, fue golpeado por los compañeros por lo que se sintió muy mal. También señala que, en ocasiones, los custodios los golpean "porque andan buscando drogas o celulares". Agrega que, lo que menos le gusta del centro de internamiento, "es la manera como nos tratan, con regaños, y nos humillan al hacernos poner las manos atrás".
- Una chica interna en Ciudad Juárez dice que lo que ella cambiaría en la institución "es que no nos tengan tanto tiempo encerradas y que nos pongan más actividades".
- Un chico de Ciudad Juárez explica que solo participa en la escuela y en deportes "porque no hay suficientes talleres, por eso nos van rolando y no siempre puedes asistir".
- Otro chico, interno en Chihuahua, menciona que a ellos solo les permiten salir de su estancia dos horas a la semana para ir a la escuela y otras dos para ir a jugar futbol, "el resto del tiempo estamos encerrados todo el día y ni siquiera tenemos una televisión".
- Otro chico tarahumara, interno en Chihuahua, también reporta que solo sale de su celda dos horas a la semana para ir a hacer deportes y otras dos para asistir a los grupos de apoyo, que les lleva una organización religiosa. *"El resto del tiempo nos mantienen encerrados y a mí le gustaría poder seguir estudiando"*. También quisiera que lo cambiaran de módulo para poder estar con los de "su raza".
- Al preguntarle a una chica interna en Chihuahua, si hay algo que le gusta de la experiencia de estar en el centro de inter-

namiento, contestó: "sí, que conocí a muchas personas que pueden ser buenas si se les apoya".

- Otra chica, también interna en Chihuahua, y que refirió sentirse sola, desanimada, aburrida, desesperada y enojada, explicó que se siente muy triste porque su madre está en el hospital y ella no puede acompañarla y que, en su desesperación, se ha hecho varias cortadas con una navaja en los brazos. Sin embargo, dice, "tenemos que pedir audiencia para que nos reciba el personal y es rara la vez que nos atienden. A mí solo una vez me ha recibido la psicóloga".

- Al preguntarle ¿qué actividades le gustaría que les impartieran? a un chico interno en Chihuahua, que refirió que tenían muy pocas actividades y que se la pasaban acostados todo el día, contesto: "Lo que sea es bueno, con tal que nos saquen de las celdas; que nos den más salida a la luz".

- Al preguntarle a un chico tarahumara que se encuentra interno en Chihuahua, ¿qué le gustaría que cambiara en el centro?, respondió: "Que no hubiera tantos conflictos y golpes entre los compañeros y que nos sacaran de las celdas más seguido pues, después de la una de la tarde, ya no salimos para nada".

- Al preguntarle a un chico de Chihuahua ¿qué es lo que más extrañas?, contestó: "Andar acompañado, tener pareja. Quisiera que aquí nos dieran permiso para que nos visitaran nuestras parejas, algunos tenemos sentencias de 10 años y somos jóvenes".

- Un joven de Chihuahua explicó su experiencia en el centro de internamiento: "Nada más salimos una hora a deporte y al comedor; el resto del tiempo estamos encerrados. Yo estoy feliz porque ya me voy de este lugar, pero me quedo muy triste pensando ¿qué va a ser de los pobres batos que se quedan aquí?".

- Otro muchacho interno en Chihuahua narró: "Me tienen segregado desde hace nueve meses aquí y todavía no deciden cuándo acaba mi castigo. Fue por una riña que me castigaron y me tienen segregado sin actividades, sin libros, sin poder ir al comedor ni a deportes. Sin recibir visitas estuve siete meses, y solo porque a un comandante le di lástima, me autorizó la visita durante media hora".

- Un adolescente interno en la Ciudad de México dice: "Aquí la mayoría sale igual y va a dar a la cárcel. Yo les pondría talleres a los chavos, pláticas y terapias para que no nada más anden pensando en robar. Aquí se les podría ayudar mucho, pero no se hace".

- Al preguntarle a otro chico de la Ciudad de México ¿qué cambiaría en la institución?, dijo: "Que hubiera más clases, como de computación, de música, de baile, más entretenimiento, más visita familiar. Que no hubiera golpes ni gritos entre los compañeros. Que hubiera más convivencia entre los psicólogos y los compañeros y que a la familia le dejaran pasar más comida. También me gustaría que, al salir, me dejaran regresar como ayudante para ayudar a mis compañeros y que mantuvieran las instalaciones en mejor estado".

- Al preguntarle a un adolescente interno en Puebla, ¿qué cambiaría en la institución?, dijo: "modificaría los baños, los dormitorios, la comida, las áreas recreativas, el trato, el mantenimiento de los edificios, más bien, ¡cambiaría todo!".

- Otro chico interno en el estado de Puebla dice: "Cambiaría las instalaciones, les daría más trabajo, mejores talleres y con suficientes materiales. Las pláticas se repiten, son muy aburridas, deberían preguntarnos qué queremos".

- Otro adolescente, también de Puebla, dice: "Me gustaría que el centro nos diera atención a cada uno, que nos ayudara para no caer en lo mismo, que hubiera programas para cuando uno sale del centro, como becas para estudiar o apoyo para trabajar".

- Otro adolescente de Puebla dice: "Necesitan darle mantenimiento al edificio porque se está cayendo. Lo que menos me gusta es que nos obligan a asistir a las actividades y son aburridas".

- Otro chico interno en Puebla dice: "Aquí me han golpeado los custodios y también los compañeros. Los custodios me pegaron porque decían que yo no acaté las reglas, pero no era cierto".

- Otro chico interno en Puebla: "Lo que se necesita es que aquí nos den más trabajo para poder comprar los productos de uso personal que necesitamos, sobre todo, los que no tenemos apoyo de nuestra familia".

- Otro chico de Puebla dice: "Aquí la directora no la conocemos, aquí mandan los custodios, si te llevas bien y haces caso, no hay problemas, pero si no, te golpean".
- Otro chico interno en Puebla dice: *Los custodios me han golpeado varias veces porque dicen que me porto mal; ellos abusan de su autoridad"*.
- Otro chico interno en Puebla dijo: "Yo mejoraría la comida, quitaría los abusos de los custodios y terminaría con las preferencias hacia algunos internos. A los que son mayores de 18 les daría visita conyugal y crearía fuentes laborales".
- Al preguntarle a un chico interno en Puebla si la institución los protege cuando los compañeros lo golpean o le roban sus pertenencias, respondió: "Cuando denuncias, nos va peor a todos porque hacen revisiones y nos castigan parejo. Aquí te tienes que aguantar, no puedes denunciar".
- Otro chico en Puebla dice: "Aquí hacen los talleres nada más por cumplir, no ponen interés, vamos a las pláticas, pero nos dan la misma información, no aprendemos nada nuevo. Aquí no hacen nada para que estemos mejor, nada más hacen las cosas para tapar el ojo al macho".
- Otro adolescente interno en Puebla opina: "…que la directora tenga iniciativa para conseguirnos apoyo porque los talleres no tienen materiales y nosotros los tenemos que comprar. Se me hace injusto porque no tenemos dinero y lo poco que ganamos lo tenemos que gastar en materiales".
- Un chico interno en Puebla dice: "La mayoría no sale bien de aquí porque no es lo suyo portarse bien. Ellos quieren salir para hacer lo mismo, seguir delinquiendo, y yo quiero cambiar, aunque no sé qué es lo mío, qué es lo que yo quiero, todavía no sé".
- Otro chico interno en Puebla dice: "Necesitamos más apoyo por parte del personal, ellos ni suben a vernos ni nos ayudan".
- Un adolescente interno en Yucatán dice: "Lo que no me gusta de aquí, son los castigos; a mí me encerraron 90 días por empujar a un compañero y me quitaron también las galletas, la visita de mi familia. Yo tengo mucha ira y no la puedo sacar

porque, si me peleo, me vuelven a quitar todos los beneficios. Aquí me siento atrapado porque, por cualquier cosa, te ponen un reporte y te castigan".

- Otro chico interno en Yucatán dice: "Estoy castigado por pasar drogas; ya llevo un año así y un mes aislado y es el personal el que mete las drogas".
- Otro chico, también de Yucatán, dice: "Tengo ocho meses castigado porque le pegué al jefe de custodia. Llevo ocho meses sin hacer nada, solo me permiten hacer dos actividades: escuela y un poco de actividad física. Mi visita dura solo 30 minutos y no pueden traerme nada de comer".
- Otro chico en Yucatán dice: "Yo estoy castigado por pelear con un compañero porque empezó a decirme cochinadas que quería hacerle a mi hermanita".
- Otro adolescente de Yucatán dice: "De este centro salen peor porque se acostumbran a estar castigados y ya les vale".
- Al preguntar a un muchacho de Jalisco, ¿qué cambios haría él en la institución?, dijo: "Me gustaría cambiar la comida, poner áreas verdes, color en todos los edificios, hacer un nuevo gimnasio, salones con biblioteca y talleres, como carpintería. Nos aburrimos por la falta actividad. También, surtiría la tienda con productos, ahora hay poco y malo".
- Una chica de Jalisco comentó: "propondría tratar a los internos y sus familias como personas, por ejemplo, en las revisiones a la familia que son muy abusivas. Las custodias me insultan y se ríen, especialmente si notan que eres homosexual o cuando me pongo a meditar. También permitiría que cursáramos la universidad; les hice la propuesta aquí a la fiscal, pero pedagogía siempre encuentra una razón para negar el acceso".
- Otra chica de Guadalajara comentó: "Que las mujeres tengamos los mismos derechos que los hombres, por ejemplo, salir al patio. Que quiten a las custodias que nos maltratan. La comida que supiera mejor, si fuera director comería de ella todos los días para checar que sea de buen sabor. Talleres que nos ayuden, no cualquier cosa".
- Un adolescente de Zacatecas mencionó: "A todos nos gustan los talleres porque estamos ocupados y podemos mos-

trar nuestros trabajos a la familia. Cuando hago un trabajo de piñatas se las regalo el día de visitas, también pulseras y origami, pero siento que necesitamos aprender un oficio para aprovechar mejor el tiempo".

- Otro adolescente de Zacatecas señaló: "Mejoraría las instalaciones, especialmente los dormitorios, pasamos mucho frío o mucho calor. Son muy incómodos, estamos todos apretados dentro de cada dormitorio, esto era una escuela, no hay ninguna comodidad. Espero que pase el tiempo rápido, no queda de otra, me pongo triste cuando no veo o sé cómo está mi familia".

- Un adolescente de Zacatecas dijo: "Si fuera director cambiaría la comida, permitiría pasar las cosas de aseo personal, arreglaría los dormitorios y les daría más tiempo en las canchas. Otra hora más de visita, porque algunas familias vienen de lejos y no pueden llegar temprano".

- Una adolescente de Zacatecas comentó: "Quitaría toda la droga del lado de los hombres, obligaría a todas y todos a asistir a los talleres, no dejaría tanto tiempo libre porque solamente están planeando delitos y cambiaría a custodios por personal que sí conozca de sus tareas".

- Un adolescente de Durango propuso: "Que se impulsen varios deportes, dar apoyo a los que tienen a su familia lejos, facilitar el ingreso a la universidad y capacitar en algunos oficios para estar preparados para salir a trabajar".

- Otro adolescente de Durango dijo: "Ojalá que nos dieran carreras universitarias o cursos para prepararnos para el trabajo, no cualquier cosa, por ejemplo, actividades como superación personal o empresarial".

- Una adolescente de Sonora señaló: "Lo principal es poner atención en las internas y no hacer tanto caso a las custodias, eso es lo que más falla. También mejoraría la comida y arreglaría los baños".

- Un adolescente de Sonora dijo: "Lo primero que cambiaría sería la comida, también las celdas de castigo. Las celdas de castigo son pequeñas, ni se pueden estirar los pies, y puedes estar casi un mes sin ver a la familia ni asistir a las actividades. Son los custodios los que determinan el tiempo de los castigos. Ellos son el principal problema, tienen problemas en su casa y los traen acá, siempre nos dan órdenes con insultos y llegan amargados. También, les daría a los internos cosas para el aseo y activaría los talleres que no se usan, por ejemplo, la carpintería".

- Un adolescente de Sonora propone: "Mayor comunicación con los internos, contratar maestros que tengan más tiempo y hagan cosas que los motiven para estudiar, también que se compren implementos deportivos para hacer ejercicio y dedicar más tiempo a las actividades deportivas, así como hacer juegos participativos para compartir e integrar a los adolescentes internos".

- Un adolescente del Estado de México señaló: "Cambiaría la comida porque sabe mal, permitiría que los internos salgan más al patio, porque nos tienen mucho tiempo encerrados, pondría nuevos talleres para no repetir, porque uno se aburre".

- Otro adolescente del Estado de México propuso: "Que se ayude a los internos que no reciben visitas para que tengan cubiertos los aspectos básicos como ropa y artículos personales, también que les den tiempo para salir y no estar encerrados en dormitorios".

- Una adolescente de Tabasco dijo: "Daría más libertad para salir de los dormitorios porque ahora estamos casi todo el día adentro, también hablaría con los internos para saber de sus necesidades y cambiaría la comida, porque la sirven con mucha grasa o a veces viene mal".

- Un adolescente de Tabasco manifestó: "Cambiaría la forma en que nos hacen caminar, agachados, con las manos atrás, y daría tiempo para salir afuera de los dormitorios, porque nos encierran desde temprano".

- Otro adolescente de Tabaco propone: "arreglar los dormitorios y las áreas verdes, poner un teléfono para estar comunicado con la familia, más personal para dar mejores terapias y ofrecer talleres o actividades deportivas para mantener ocupados a los adolescentes internos y evitar que tengan tiempo para volver a pensar en lo mismo".

- Un adolescente en Baja California señala que en la institución los castigan frecuentemente dejándolos por largas temporadas encerrados en celdas de castigo: "A mí me pasaron a la celda de castigo y una vez duré ahí seis meses, solo salía una vez a la semana por 15 minutos".
- Otro chico, también de Baja California, dice: "Me mandaron a la celda de castigo, la primera vez por 75 días y, la segunda, por 30 días".
- Otro adolescente interno en Baja California dice que, si lo golpean sus compañeros o le roban sus pertenencias, prefiere no denunciar "porque, si lo hago, me pegan y me castigan, mejor me quedo callado para no tener problemas".
- Otro adolescente en Baja California dice que, si fuera director: "Daría más derechos, por ejemplo, dejaría pasar lo que trae la familia. También dejaría pasar los materiales para hacer manualidades cualquier día, y no solamente un día a la semana, porque nomás estamos encerrados en los dormitorios y no podemos hacer nada".
- Otro adolescente de Baja California propuso: "Mejorar la calidad de la comida, poner más teléfonos para que hablen tranquilos y dar cursos que beneficien a los internos; también, dar más presupuesto a la escuela porque no hay profesores suficientes".
- Un adolescente de Baja California dice: "Cambiaría todo el sistema, propondría que todos se fueran y traería nuevas personas. Haría más talleres para aprender a trabajar, como computación o inglés. Daría más tiempo para las visitas. Daría mejor comida porque se ajusta al número de internos y no puedes repetir, también cambiaría los horarios porque ahora son: cinco de la mañana desayuno, 12:30 la comida y 16:30 la cena y no comemos hasta el otro día. También permitiría salir al patio, porque ahora estamos la mayoría del tiempo en los dormitorios".
- Otro chico en Baja California dice: "Lo que no me gusta de aquí es que siempre nos hacen andar con las manos atrás y nos revisan todo el tiempo al pasar de un área a otra".
- Otro chico de Baja California dice: "Yo sería parejo con todos y quitaría los privilegios que les dan a los mayores".

- Una chica interna en Baja California dice: "Lo que no me gusta aquí de las custodias es que todo el día se la pasan hablando de sexo".
- Un muchacho interno en Baja California dice: "Yo daría cursos de psicología que no fueran religiosos y a las mujeres les daría actividades que les gusten, porque ahorita les dan a ellas actividades para hombres y eso no les gusta".
- Un chico tarahumara, interno en Ciudad Juárez, dice que se siente solo, triste, desanimado y aburrido en el centro de internamiento, ya que solo colabora sembrando productos en la granja y haciendo deportes. No puede ir a la escuela porque no tiene papeles y el resto del tiempo lo mantienen encerrado en su celda. "Lo que menos me gusta es estar lejos de mi familia y lo que me gustaría es que impartieran talleres para aprender otros trabajos, pues solo me dejan trabajar en la granja".
- Una chica interna en Chihuahua y que tiene siete meses de embarazo, refiere que no le han proporcionado atención médica durante su embarazo y que solo espera que le otorguen pronto su libertad para que su familia pueda proporcionarle la atención médica que requiere. También señala que hay muy pocas actividades paras las adolescentes internas y que los dormitorios requieren estar más acondicionados, pues se encuentran en mal estado.
- Un chico náhuatl, del estado de Puebla, que nunca fue a la escuela y que trabajaba en el campo, dice: "A mis padres no los veo porque no tienen dinero para venir y no hablan español. Creo que les da miedo venir aquí. Aquí no piensan en los que no tenemos familia que nos visite, eso me pone triste".
- Un chico huichol, interno en Guadalajara, dice que se siente solo, triste y aburrido en el centro de internamiento: "Ya que no me toman en serio, no puedes decir nada. Los custodios cotorrean entre ellos, pero a uno no lo atienden". Va a la preparatoria, pero comenta: "Pusieron la prepa en un horario que se encima con la hora de comida y debo salir un poco antes del horario que aparece o me quedo sin comer". Lo que menos le gusta es estar lejos de su familia y lo que más le

gustaría es que impartieran algún oficio o carrera como, por ejemplo, de Contaduría.

- Otro adolescente huichol, internado en Zacatecas, dice que, si bien desea ir a su pueblo para ver a sus padres, su familia no quiere que regrese: "Porque el pueblo no me quiere por estuve vinculado al crimen organizado". Nadie lo visita, ni recibe llamadas ni ayuda para poder cubrir sus necesidades.
- Un adolescente náhuatl internado en el Estado de México, señala: "Acá nos tienen mucho tiempo encerrados y extraño mucho a mi familia".

Hasta aquí los testimonios de los y las adolescentes que, como puede apreciarse, proporcionan una imagen muy nítida de la vida cotidiana en los centros de internamiento. Varios temas nos preocupan de manera especial. Por un lado, como habíamos mencionado, la carencia de programas educativos y de capacitación laboral suficientes y de buena calidad. Por otro, la falta de provisión suficiente y de buena calidad de alimentos, así como de materiales e insumos para los talleres. De igual modo, el tema de las malas condiciones y la falta de mantenimiento en las instalaciones, que también fue mencionado por los adolescentes.

Por lo que se refiere a los grupos más vulnerables, las mujeres adolescentes señalan con claridad que no se les dan las mismas oportunidades –ya de por sí escasas– que a los varones, y que tienen muy pocos cursos y actividades, ya que no les permiten participar en los talleres que imparten a los varones. También señalan que no les dejan utilizar las canchas deportivas y que las hacen permanecer todo el tiempo confinadas en un área muy pequeña que no les está permitido abandonar.

Los adolescentes indígenas, por su parte, señalan que ellos se encuentran en desventaja, ya que sus familias no pueden acudir a visitarlos, pues viven lejos de los centros de internamiento y carecen de recursos, lo que también impide que puedan llevarles comida u otros bienes que requieren. Ellos solicitan que las instituciones cuenten con programas para ayudar a estos chicos que carecen de apoyo por parte de sus familias.

Por su parte, los adolescentes que ya vivían en pareja, así como los que han cumplido la mayoría de edad estando internos, solicitan que se les permita tener visita íntima. De hecho, así lo establece ya el Artículo 55 de la nueva ley: "La persona adolescente emancipada privada de la libertad tendrá derecho a visita íntima sin que la autoridad del Centro de Internamiento pueda calificar la idoneidad de la pareja".

En cuanto a los testimonios que refieren malos tratos y golpes, especialmente por parte de algunos custodios, así como otros que señalan la existencia de castigos de aislamiento[24] por tiempos prolongados, o bien los que apuntan a que les obligan a caminar con las manos atrás y la cabeza agachada, es importante tomar en cuenta que el Artículo 15 de la *Nueva Ley de Justicia para Adolescentes*, establece: "Quedan prohibidos los castigos corporales, la reclusión en celda oscura y las penas de aislamiento o de celda solitaria, así como cualquier otra sanción o medida disciplinaria contraria a los derechos humanos de las personas adolescentes". Y, el mismo Artículo, establece que: "Estarán prohibidos todos los actos que constituyan tortura y otros tratos o penas crueles, inhumanos o degradantes".

Con respecto a este punto, vale la pena señalar que existen diversos estudios que han demostrado los efectos que dañan la salud física y la estabilidad psicológica y emocional de los adolescentes que son encerrados en celdas de castigo al interior de los centros de internamiento, por días, semanas e incluso meses. De igual manera, se ha demostrado que, el encierro y el aislamiento por periodos prolongados produce daños que pueden incluso ocasionar la muerte y que no contribuyen a los fines que se pretende conseguir. Estos castigos deben aplicarse solo en circunstancias extremas y por periodos lo menos prolongados posibles (Enggist *et al.*, 2014; Haney, 2003; Shalev, 2008; Smith, 2006; Corcoran, 2016; Castillo, 2015; Weir, 2012; Kijowski, 2015).

Con base en las evidencias sólidamente documentadas por estos y otros estudios, fue que, en enero de 2016, el expresidente Obama, mediante una Orden Ejecutiva, prohibió el confinamiento solitario para los delincuentes juveniles internos en prisiones federales. Entre los efectos que se ha demostrado que produce el confinamiento, se encuentran: el insomnio, la depresión, alteración del ritmo cardíaco,

[24] Un análisis más profundo sobre el aislamiento puede verse en: CNDH. Recomendación General N. 22 "Sobre las prácticas de aislamiento en los centros penitenciarios de la República Mexicana", 13 de octubre de 2015.

fatiga, palpitaciones, pérdida de peso, dolor de cabeza crónico, temblores, sudoración en las palmas, dolor del cuello y espalda, mareo y sobre reacción a estímulos normales. Estos efectos pueden prevalecer aun cuando el aislamiento ha sido suspendido. La falta de socialización y la depresión se acumulan en los adolescentes causando otros síntomas tales como: irritabilidad, cambios repentinos de humor, hostilidad, pérdida de memoria, dificultad para concentrarse, confusión, desorientación, psicosis, alucinaciones, estrés y paranoia, todo lo cual produce problemas de comportamiento que, a menudo, generan nuevos castigos produciéndose un círculo vicioso sin que logren identificarse las causas que subyacen en estas manifestaciones. Quienes han estado en aislamiento, a menudo presentan dificultades para adaptarse al contacto social y con frecuencia expresan mayor hostilidad hacia el personal. También los castigos y el aislamiento pueden expresarse en heridas auto infligidas, como cortadas, mutilaciones o golpes de cabeza. La depresión puede incrementar el riesgo de suicidio. De igual modo, está claro que los problemas de agresión y hostilidad se incrementan fuera de la prisión entre aquellos que han pasado por experiencias de castigo y han sido puestos en confinamiento solitario (Enggist *et al.,* 2014; Haney, 2003; Shalev, 2008; Smith, 2006; Corcoran, 2016; Castillo, 2015; Weir, 2012; Kijowski, 2015).

En el mismo sentido, el *Reporte del Departamento de Justicia* norteamericano sobre los sistemas de justicia juvenil señala que con sus prácticas rutinarias, los centros de internamiento pueden producir daños adicionales para los chicos que padecen traumas por haber estado expuestos a la violencia. Ello ocurre, por ejemplo, con el uso del confinamiento solitario, el aislamiento y las restricciones impropias que pueden tener efectos devastadores para estos adolescentes. Los centros de internamiento deben mantener la seguridad sin depender de prácticas que son peligrosas y comprometen el bienestar físico y mental de los jóvenes a su cuidado (Department of Justice, 2012: 175).

También el estudio de la Fundación MacArthur señala que, mientras que los cambios en el cerebro que tienen lugar durante la adolescencia son altamente receptivos al aprendizaje, esto mismo incrementa la vulnerabilidad de los adolescentes. Las experiencias negativas o traumáticas pueden desviar el curso del desarrollo del cerebro, con consecuencias permanentes tanto para el individuo como para la sociedad. Experiencias tales como mantener a los adolescentes esposados, en confinamiento solitario o aislamiento, obstaculizar el contacto con sus familias o internarlos en establecimientos para adultos, pueden ser particularmente dañinos para los adolescentes y pueden poner en riesgo las posibilidades que tienen de alcanzar una transición sana hacia la adultez, siendo respetuosos de las leyes (MacArthur Foundation, 2015:12).

Dejaremos aquí la descripción de las condiciones de vida en los centros de internamiento y pasaremos a analizar lo que las y los adolescentes nos dijeron que imaginan para su futuro.

Su futuro

Al preguntarles a los y las adolescentes, cuando salgas de aquí, ¿qué es lo que más te gustaría poder hacer?, obtuvimos las siguientes respuestas:

- 33% trabajar.
- 27% estudiar.
- 15% estar con mi familia.
- 13% trabajar y estudiar.
- 5% no sé.
- 3% irme a otra ciudad y hacer una nueva vida.
- 3% ser militar, marino o policía.
- 1% sentirme libre y caminar por el parque.
- 1% vender droga o seguir robando.

Como puede observarse, la gran mayoría de las y los adolescentes, 88% en conjunto, desearía salir para trabajar, estudiar y poder estar con su familia. Solo 1% refirió que quisiera salir para seguir vendiendo drogas y robar.

Y, al preguntarles, ¿cuál sería tu sueño más grande en la vida, lo que más desearías poder alcanzar?, respondieron:

- 27% ser profesionista y tener un buen trabajo.
- 24% poder formar una buena familia y tener una casa.
- 21% no tengo sueños.

- 8% ser militar, marino o policía.
- 8% terminar mis estudios y trabajar.
- 5% ser un deportista destacado.
- 4% conocer el mundo.
- 3% ser un cantante o artista reconocido.
- 1% vivir muy bien.

También en este caso vemos que, lo que más soñarían, es coincidente con la respuesta anterior; es decir, sus sueños tienen que ver con estudiar, trabajar, formar una buena familia y tener una casa. Sin embargo, preocupa el alto porcentaje, 21%, de adolescentes que dijeron no tener sueños o no permitirse soñar, porque consideran que no tendrán un futuro. Esto último se relaciona con la respuesta que dieron a la pregunta ¿y qué tan probable es que puedas alcanzar tus sueños?, a lo que respondieron:

- 68% muy probable.
- 20% poco probable.
- 10% nada probable.
- 2% no sé.

En otras palabras, casi una tercera parte de las y los adolescentes, 32%, tienen dudas de que sus aspiraciones de poder continuar estudiando, obtener un empleo, formar una buena familia, tener un buen nivel de vida, tener una casa y poder recorrer el mundo puedan realizarse.

Esto último es importante sobre todo si recordamos lo que dicen los estudios en relación con la delincuencia juvenil que citamos en el primer capítulo. Es decir, que aquellos que están más propensos a delinquir o a continuar delinquiendo, son quienes no tienen nada que perder y no tienen frente a sí el proyecto o la expectativa de que podrán alcanzar un futuro mejor.

Escucharemos a continuación algunos testimonios acerca de lo que dijeron las y los adolescentes internos que les gustaría para su futuro.

- Un adolescente de Veracruz dice que, cuando salga, lo que más le gustaría poder hacer es "trabajar y ayudar a mi familia" y que su mayor sueño sería "tener un trabajo, hacer una carrera, tener un buen hogar y un carro".

- Otro chico de Veracruz dice que, cuando salga, lo que más le gustaría es "recuperar el tiempo perdido con mi familia" y que su mayor sueño, sería "tener un buen trabajo, donde no tenga que matarme mucho y que el dinero me alcance para mantener a mi familia".
- Otro adolescente de Veracruz dice que, cuando salga, lo que más le gustaría poder hacer es "estar con mi hijo y encontrar un buen trabajo para poderlo sacar adelante" y que su mayor sueño, sería "meterme al Ejército para ser ingeniero forestal".
- Otro chico de Veracruz dice que, cuando salga, lo que más le gustaría poder hacer es "seguir estudiando para llegar a ser ingeniero mecánico" y que su mayor sueño, sería "regalarle una casa mi mamá, pero con esfuerzo".
- Otro adolescente de Veracruz señaló que, en el futuro, le gustaría "llegar a ser marino para progresar y por el entrenamiento que les dan".
- Un chico de Oaxaca explica: "Yo, cuando salga, quiero ser personal de seguridad penitenciaria, ya tengo mi padrinito que me va a ayudar a entrar. Él formaba parte de la misma pandilla de mi colonia con la que robaba, o sea que él es de Seguridad Penitenciaria, pero al mismo tiempo hace otras cosas y él me va a ayudar a entrar porque me aprecia mucho".
- Otro chico de Oaxaca dice: "Me gustaría estudiar Derecho y trabajar para dejarle algo a mi familia, que tengan todo y no cometan los errores que yo cometí".
- Otro adolescente de Oaxaca dice que cuando salga "…quisiera acabar mi estudio para poder entrar a la Policía Estatal o a la Marina, para poder ayudar a controlar la delincuencia y ser alguien reconocido".
- Una chica interna en Chihuahua dijo que, cuando salga, le gustaría: "Estudiar la prepa, luego una carrera, luego una maestría para poder trabajar y formar una familia".
- Un chico interno en Puebla dice: "Cuando salga, me gustaría conseguir un empleo, ver a mi familia y hacer algo que ayude a mi familia".

- Otro chico de Puebla dice: "Cuando salga, me gustaría tener un carro, un local de ropa propio, tener una novia y estudiar".
- Al preguntarle a un adolescente de Puebla, ¿cuál sería su sueño más grande?, contestó: "Nada. No he pensado en eso".
- Otro adolescente de Puebla dice sobre cuál sería su sueño más grande: "Quiero ser abogado para ayudar a otros como yo y terminar con los abusos".
- Un chico de Puebla dice sobre su sueño: "Poner una panadería, tener hijos y esposa, viajar y tener un auto y casa propia".
- Otro chico de Puebla dice: "Cuando salga, me gustaría ser policía para no ser como los demás policías que maltratan".
- Un adolescente de Yucatán dice: "Voy a ponerme a chambear para ya no tener problemas y también voy a dejarme de drogar, ya llegué a ese acuerdo con mi abogado".
- Otro chico de Yucatán dice: "Yo cambié, pero hay que tener pantalones para aceptar lo que uno hizo, ¿de qué sirve mi vida loca? ¿De qué sirve que te vean como un delincuente?".
- Un adolescente de Jalisco dijo que, al salir, va a "trabajar con caballos, porque ya me conocen y saben que soy bueno. Sueño con tener caballos propios, un ranchito y estar con mi familia, también disfrutar a mi niño".
- Otro chico de Jalisco dice sobre su futuro: "Quiero poner un estudio de tatuajes y una tienda que venda ropa para la gente que le gusta el tatuaje. Antes me quiero ir a Estados Unidos para juntar dinero y regresar para poner el estudio".
- Otro adolescente de Jalisco comentó su deseo "de volver para juntarme con mi esposa e hijo y buscar trabajo y para ser feliz con mi familia y no volver a caer. No tengo otro sueño".
- Un adolescente de Zacatecas dice sobre su futuro: "Quiero ser marino en Estados Unidos, me voy a ir con mi papá. Después, quiero casarme, tener hijos y tener todo para vivir bien".
- Otro adolescente de Zacatecas dijo: "No tengo idea qué hacer más adelante. Pienso en mi futuro, salir a los 21 para trabajar, quiero mejorar, pero no tengo alguna idea de cómo mejorar".
- Un adolescente de Durango comenta que se convirtió en pastor de la iglesia: "Tengo un grupo de 15 internos que les leo la biblia y analizan su vida. Hacemos planes para no volver a lo mismo. También, organizamos actividades deportivas y ha-

blamos. Al salir quiero ser pastor de una iglesia grande y bien organizada y predicar. También formar una familia grande".

- Otro adolescente de Durango señaló que en el futuro desea "tener una casa, familia e hijos y un buen trabajo para mantenerlos. Quiero que mis padres estén orgullosos de mí, que vean que no me fui por el mal camino".
- Un adolescente de Durango dijo que su sueño es: "Estudiar derecho, trabajar y apoyar a mi familia; necesito reponer los daños que causé".
- Una adolescente de Durango comentó que desea: "Seguir estudiando y trabajar porque necesito apoyar a mis hermanas. En el futuro quisiera tener una carrera, me gustaría Contabilidad, y trabajar para mantener a mis hermanas porque ellas dependen de mí".
- Un adolescente de Sonora se propone "seguir estudiando y trabajar. En el futuro pienso trabajar como paramédico, tener a mi familia junta y ver a mi hija crecer".
- Otro adolescente de Sonora dice que tiene "una meta y una ilusión para vivir. No quiero ver a mis padres entre rejas y cuando salga de aquí quiero ir a mi casa, llorar con mi familia para pedir perdón a todos por todo lo que he hecho. Después de pedir perdón, quiero irme a Estados Unidos para ser de la Marina".
- Un adolescente del Estado de México piensa, al salir "visitar a mi familia, seguir estudiando, convertirme en médico veterinario y tener una granja de perros".
- Otro adolescente del Estado de México dice que piensa salir para "trabajar en un café Internet y hacer música rap; mi sueño es llegar a ser un famoso cantante de rap".
- Una adolescente del Estado de México, al salir, quisiera irse a Estados Unidos "para reunirme con mi papá, quedarme allá para siempre, formar una familia y tener un buen trabajo".
- Una adolescente de Tabasco dijo que desea seguir estudiando y llegar a ser médico forense y trabajar en eso. También quiere aprovechar que está interna para estudiar porque afuera no lo haría.
- Un adolescente de Tabasco quiere: "Trabajar para ayudar a mi familia, seguir con mis estudios universitarios para llegar

a ser ingeniero petroquímico, comprar una casa y formar una familia".

- Otro adolescente de Tabasco dice: "Quiero terminar aquí mis estudios para después ingresar a estudiar Psicología o Criminología, formar una familia y tener ingresos legales para vivir bien".
- Un adolescente en Baja California dice: "Me quiero ir con mi familia y trabajar para pagar las deudas que le dejé a mi familia con esto. Después de eso, quiero ser militar, me gusta la disciplina y me ayudaría".
- Otro adolescente en Baja California dice que quiere "trabajar y terminar sus estudios y, en el futuro, tener estudios universitarios de arquitecto o ingeniero en sistemas, tener un buen trabajo y formar una familia".

Hasta aquí lo que las y los adolescentes dicen sobre lo que quisieran lograr en el futuro. Como hemos dicho, es claro que la mayoría tiene el deseo y la aspiración de poder reincorporarse a la sociedad para continuar estudiando, tener un empleo y formar una familia. Sin embargo, encontramos también que 21% dijo que no tiene sueños y 32% que considera poco probable poder alcanzarlos. Vale la pena agregar que, en comparación con otras entidades, fue en Baja California en donde encontramos los porcentajes más altos de adolescentes que dicen no tener expectativas o tienen dudas de poder alcanzarlas, tema que deberían atender por parte de las autoridades que les brindan atención.

CONCLUSIONES Y RECOMENDACIONES

Conclusiones

Este estudio se propuso analizar la situación de las y los adolescentes que se encuentran sujetos a una medida de privación de la libertad por haber cometido infracciones graves haciendo uso de la violencia.

Como lo hemos mostrado, la violencia es un fenómeno complejo que tiene múltiples rostros en nuestro país. El de la adolescencia es solo uno más de ellos, cuya importancia no reside en el número de víctimas, sino en las consecuencias devastadoras que la violencia tiene para su futuro y el de la sociedad. La conducta de los adolescentes constituye una reacción, una respuesta a las circunstancias que encuentran en su entorno y a las que les ha tocado vivir dentro del ámbito de sus relaciones más próximas. "Los adolescentes no maduran en el vacío, sino en un contexto social complejo. Su comportamiento es el resultado de interacciones entre las influencias que reciben en su entorno, y su proceso de desarrollo emocional, psicológico, cognitivo y cerebral" (MacArthur Foundation, 2015: 12).

Como lo subrayan los estudios más recientes, la adolescencia es un periodo volátil y transitorio de la vida. Los adolescentes, por naturaleza, actúan de manera impulsiva, toman malas decisiones, riesgos y piensan poco en las consecuencias de largo plazo. Siendo así, de manera natural casi todos los adolescentes maduran y salen de este periodo transitorio y pasan a ser adultos sin volver a tener contacto con las instituciones de justicia. Sin embargo, no debe desdeñarse el hecho de que los jóvenes que han pasado por la justicia cargan con un estigma social y encuentran barreras para continuar estudiando o para trabajar. No obstante, lo que requieren es precisamente educación, empleo, una familia o grupo de apoyo, una vivienda estable y la posibilidad de participar en la vida comunitaria. Todo ello les permite adquirir los conocimientos, habilidades y experiencias, así como la madurez psicológica que les posibilite transitar sanamente a la edad adulta (MacArthur Foundation, 2015: 34).

En este estudio hemos dado cuenta con detalle de las situaciones de vulnerabilidad que los y las adolescentes han enfrentado y que precedieron, y en buena parte contribuyeron, a su involucramiento en actividades delictivas. Estas son, por así decir, las condiciones de vulnerabilidad primaria que enfrentaron en su entorno.

De igual modo, hemos mostrado con detalle que, a las condiciones de vulnerabilidad primaria, se agregan las que tienen lugar cuando los adolescentes entran en contacto con las instituciones de seguridad y justicia. A estas las denominaremos condiciones de vulnerabilidad secundaria. Con ello nos referimos a las dificultades que muestran estos sistemas para operar, en todas sus fases, dentro del marco de la ley y proporcionar, así, a los adolescentes una experiencia de legalidad y de ejercicio de derechos.

Esta dificultad incluye también la que se observa en estas instituciones para lograr dotar a las y los adolescentes de los conocimientos, competencias, experiencias y las habilidades que les permitan hacer frente y superar sus condiciones de vulnerabilidad. Con frecuencia, el paso de los adolescentes por las instituciones de justicia, no solo no los dota de los elementos que requieren para enfrentar sus condiciones de vulnerabilidad primaria, sino que les genera nuevos daños o condiciones de vulnerabilidad secundaria que reducen sus posibilidades de incorporarse a la sociedad como personas competentes, responsables, autónomas y capaces de tomar decisiones que promuevan su bienestar y el de su comunidad.

Como lo señala el reciente reporte elaborado por la Fundación MacArthur sobre los sistemas de justicia juvenil en Estados Unidos: los sistemas de justicia para adolescentes no han sido diseñados prioritariamente para castigar a los infractores, sino para hacerlos responsables de sus actos al tiempo que se les pueda dotar de oportunidades para su rehabilitación. Para hacer esto, el sistema debe tener cuidado de no responder en maneras que contribuyan a generar más delincuencia y pongan a los adolescentes y a la sociedad en mayor riesgo de daños. Esto no significa que el sistema deba tolerar el comportamiento delictivo juvenil, sino que debe actuar de manera justa, humana, proporcional y efectiva (2015: 17).

El mismo reporte agrega: cuando los jóvenes consideran que han sido tratados de manera injusta, están menos dispuestos a colaborar con el sistema de justicia y con las autoridades en general y pueden continuar con esta actitud incluso en la vida adulta. De hecho, han quedado traumatizados por su contacto con las instituciones de justicia. Esto es especialmente dañino para quienes ya habían sufrido otros traumas o habían experimentado situaciones de exclusión (MacArthur Foundation, 2015:29).

Buena parte de los adolescentes que hemos podido escuchar a lo largo de este estudio, han atravesado por experiencias difíciles y dolorosas que les han producido daños importantes y que ellos, a su vez, han replicado en los demás. La mayor parte de las veces, los elementos que los centros de internamiento deben brindarles, como lo establece la ley, no les permiten hacerse cargo de su responsabilidad, comprender a fondo su situación y estar en condiciones de reparar los daños físicos y emocionales que han sufrido y que han hecho padecer a otros.

Como hemos visto, las instituciones de internamiento carecen de los medios, la orientación, los profesionistas especializados, los programas idóneos y de la atención integral que estos adolescentes requieren para poder sanar y para poder asumir su responsabilidad. Más grave aún, se carece de la visión y de la voluntad política para dotar a estos centros de los medios indispensables que requieren para cumplir con sus objetivos. Ello deja en claro el poco interés y el poco valor que, los responsables de las políticas de seguridad y de justicia, asignan a que los y las adolescentes de los sectores marginados puedan superar esta condición y participar como miembros de pleno derecho en la sociedad.

Como lo expresó el reciente informe sobre la adolescencia de Save the Children: "El ejercicio pleno de los derechos de las y los adolescentes no es un accidente, es el resultado de la toma de decisiones que excluye a un grupo de la población por diseño y/o negligencia. Vivimos en un país en el que las decisiones de las y los adolescentes están influenciadas por los contextos de pobreza, desigualdad, discriminación, violencia, falta de oportunidades, desigualdad de género y otras barreras culturales" (2016).

En un sentido similar se pronunció también el reciente reporte que realizó el Departamento de Justicia norteamericano sobre los niños, niñas y adolescentes que han sido expuestos a los abogados defensores, los centros de aplicación de medidas alternas y los de ejecución de sanciones privativas de la libertad. Recomienda que todos estos actores tengan conocimientos y competencias para brindar la atención que requieren los adolescentes que han vivido situaciones traumáticas o han sido expuestos a la violencia. "Si nuestra finalidad es criar niños y adolescentes sanos dentro de comunidades seguras, necesitamos cambiar los enfoques y valores de nuestras respuestas a la violencia. Las políticas que priorizan las medidas altamente punitivas no están funcionando: estas medidas provocan mayor alienación y enojo, y alimentan ciclos de venganza y, por si no fuera suficiente, son muy costosas" (Department of Justice, 2012: 174).

Por último, el reporte señala: debemos ayudar a los adolescentes en el sistema de justicia a sanar, respondiendo de manera apropiada a sus necesidades de desarrollo y asegurando que el sistema en sí mismo no les produzca más daños. Cuando los adolescentes traumatizados violan las leyes y se involucran en actividades delictivas, incluso de manera repetida, ellos aún necesitan y merecen la ayuda por parte de los adultos. Los sistemas deben tener la capacidad para reconocer la pesada carga que algunos niños y adolescentes llevan y ayudarlos a transitar hacia una adultez saludable y productiva, proveyéndoles servicios que tomen en cuenta los daños que les ha provocado el haber estado expuestos a la violencia. Con mucha frecuencia los sistemas de justicia se apoyan en respuestas punitivas y hacen juicios que resultan tan dañinos como inefectivos para los adolescentes infractores.

Queda claro, entonces, que nuestro país tiene mucho por hacer para brindar mejores condiciones a sus niños, niñas y adolescentes, especialmente a aquellos que se encuentran en circunstancias de mayor vulnerabilidad. Y hay también mucho por hacer para que los sistemas de justicia logren proporcionar a los y las adolescentes los elementos, y las herramientas que requieren para poder efectuar el tránsito hacia la edad adulta en las mejores condiciones posibles, que les permitan reducir su situación de desventaja en relación con otros jóvenes del país. De no hacerlo, se les estará condenando a vivir de manera permanente en condiciones de desventaja, sin que logren desarrollar todo su potencial y sus capacidades y sin que tengan la oportunidad de aportarlos en beneficio de ellos mismos y de la sociedad.

Recomendaciones

1) Prevención

La nueva Ley Nacional del Sistema Integral de Justicia para Adolescentes, contiene un capítulo amplio de disposiciones generales sobre la prevención social de la violencia y la delincuencia para personas adolescentes. Por tanto, es preciso que todas las instituciones que tienen alguna responsabilidad relacionada con este sector de la población, en los diferentes ámbitos y niveles de gobierno (salud, educación, trabajo, deporte, cultura, protección, seguridad, justicia, etc.), diseñen y ejecuten los programas correspondientes para cumplir con las disposiciones que esta ley establece. Algunos de los párrafos de estas disposiciones que conviene destacar son:

- Art. 252. La prevención social del delito tiene como pilares fundamentales la cohesión, la inclusión y la solidaridad sociales, así como la obligación de todos los ámbitos y órdenes de gobierno de garantizar que las personas adolescentes puedan desarrollarse en un ambiente de respeto y garantía efectiva de todos sus derechos, desde un enfoque holístico y no punitivo."
- La fracción II del Artículo 253 hace referencia a la transversalidad en las políticas públicas de prevención, donde se establece que: "Se deberán considerar aspectos de prevención del delito en el diseño de todos los programas y políticas sociales y económicas, especialmente en el diseño de las políticas laborales; educativas; culturales y deportivas; de salud; de vivienda y planificación urbana, desde la perspectiva de género; y de combate contra la pobreza, la marginación social y la exclusión".

- La fracción X del mismo Artículo, señala: "Las estrategias de prevención social de la violencia y la delincuencia deben tener en cuenta las características específicas de los diferentes actores de la sociedad, quienes coadyuvan; así como, las necesidades específicas de las personas adolescentes, con especial énfasis en aquellas que se encuentran en un estado de mayor vulnerabilidad o riesgo".
- El Artículo 254 estipula: "Las políticas públicas en materia de prevención social de la violencia y la delincuencia para personas adolescentes, no podrán sustentarse de manera exclusiva en acciones de seguridad pública".

2) *Políticas públicas*

A partir de los resultados que obtuvimos en el presente estudio, habría también un conjunto de políticas públicas que nos parecería importante impulsar, reorientar o fortalecer. Entre ellas:

- Mejorar la cobertura y la calidad de la atención que brindan las instituciones de protección a la infancia, para asegurar que no haya ningún niño, niña o adolescente en el país que viva en la calle o en situaciones de abandono, negligencia, maltrato o abuso sexual por parte de su familia.
- Dotar de los recursos materiales y humanos necesarios para que el Sistema Nacional de Protección de Derechos de los Niños, Niñas y Adolescentes pueda operar, como está previsto en la ley, como el instrumento general de la garantía del cumplimiento de los derechos, y pueda gestionar, de manera coordinada, los recursos y los esfuerzos multisectoriales.
- Mejorar la cobertura y la calidad de los programas de atención a la violencia intrafamiliar y de género, tomando especialmente en cuenta a las niñas, niños y adolescentes víctimas de este tipo de violencia. También deberán crearse programas para niñas, niños y adolescentes indígenas, que tomen en cuenta sus circunstancias específicas y las creencias y valores propios de su cultura.

- Crear programas especializados de atención para las niñas, niños y adolescentes que viven con adultos que tienen problemas de abuso de substancias. También deberán crearse esta clase de programas para niñas, niños y adolescentes indígenas, que tomen en cuenta sus circunstancias específicas y las creencias y valores propios de su cultura.
- Crear programas de atención integral especializada para los niños, niñas y adolescentes que tengan a su padre o a su madre en prisión.
- Mejorar la cobertura y la calidad de los programas de atención integral especializada para los niños, niñas y adolescentes con problemas de abuso de substancias. Estos programas deberán contar con enfoques especializados desde una perspectiva de género, para atender a las mujeres, y también con enfoques especializados para atender a los y las adolescentes indígenas.
- Crear programas específicos en el ámbito educativo para: *a)* dotar al personal escolar de las competencias y habilidades que les permitan identificar y dar atención a los niños, niñas y adolescentes que han sido víctimas de violencia; *b)* reducir los niveles de violencia en el ámbito escolar; *c)* dotar de habilidades a alumnos y maestros para la mediación y la resolución pacífica de conflictos; *d)* brindar atención especializada a los niños, niñas y adolescentes con problemas de conducta y de violencia y, *e)* diseñar programas que prevengan y eviten la deserción escolar.
- Efectuar una revisión a fondo de las políticas salariales en el país para asegurar que, cualquier persona que desempeñe un trabajo, pueda vivir dignamente. Reducir las profundas desigualdades, debe ser una de las metas principales de las políticas económicas y sociales, que impactaría favorablemente en la reducción de los actuales niveles de violencia y delincuencia que existen en nuestro país.
- Mejorar la cobertura y la calidad de los servicios de salud y crear programas de atención integral especializada para las víctimas directas e indirectas de la violencia, incluyendo la salud mental.

- Efectuar cambios de gran calado para asegurar que ningún integrante de fuerzas policiales (municipales, estatales o federales), militares, marinos o personal de las agencias de investigación o de procuración de justicia, inflija malos tratos, tortura o penas crueles, inhumanas y degradantes a las y los adolescentes presuntamente infractores. De ocurrir esta clase de hechos, deben ser siempre investigados y sancionados conforme a la ley, no solo para impedir que queden impunes, sino para asegurar que no continúen ocurriendo.

- Se requieren diseñar y poner en práctica programas que promuevan la participación de los y las adolescentes y los jóvenes en la solución de los problemas que atañen y preocupan a su comunidad, con un enfoque que privilegie la cohesión y la inclusión social. El potencial que tienen las y los adolescentes para participar activamente en las tareas comunitarias y en el cuidado y la preservación de los espacios públicos, no debe ser desdeñado y puede aportar grandes beneficios para ellos mismos y para sus comunidades.

- Se requieren diseñar y poner en práctica programas que promuevan la participación de los adultos en la solución de los problemas que atañen y preocupan a los y las adolescentes y jóvenes de su comunidad, con un enfoque que privilegie la cohesión y la inclusión social.

Por su parte, Ernesto Rodríguez, elaboró para la Unesco un documento que reúne algunas de las lecciones aprendidas durante los últimos años acerca de las políticas que se han puesto en marcha para evitar la participación de los jóvenes en la violencia en Latinoamérica. Algunos de los puntos que destaca, son los siguientes (Rodríguez, 2013: 3-4).

- Lejos de lo que se suele creer, las principales expresiones de violencia están en la familia y en las instituciones (desde las cárceles hasta las escuelas) y no en las pandillas juveniles.

- La "mano dura" ha fracasado en sus intentos de pacificar a los países que asumieron ese enfoque (puramente represivo) frente a la violencia juvenil existente. El reconocimiento de las y los jóvenes como sujetos de derechos y como actores estratégicos del desarrollo, ha logrado mejores resultados.

- Las respuestas más pertinentes han sido aquellas que han operado desde enfoques integrales, asumiendo que estamos ante un fenómeno complejo, tratando de incidir en la cultura ciudadana y apostando a la sostenibilidad, mientras que se evitan las respuestas apresuradas de corto plazo.

- Los gobiernos deben diseñar una "agenda de seguridad", que ponga límites a la actuación de los cuerpos de seguridad y que apueste a la pacificación en un marco de respeto a los derechos humanos.

- Se deben utilizar en forma sistemática mecanismos de regulación y control social, que incorporen normas de buen trato, solidaridad, civilidad y tolerancia, y promuevan el rechazo colectivo a la violencia.

- Se requiere mejorar sustancialmente la justicia penal juvenil, trabajando con los adolescentes infractores y priorizando las medidas alternativas a la privación de libertad, dejando esta solo como último recurso.

- Es necesario fortalecer las instituciones públicas que brindan atención a los adolescentes y jóvenes, promoviendo la especialización del personal, la generación de conocimiento y la evaluación de planes y programas.

3) Sistema de Justicia

En 2012, el procurador general de los Estados Unidos ordenó que se llevara a cabo un estudio sobre los niños, niñas y adolescentes que habían estado expuestos a la violencia. Como, frecuentemente, estos terminan llegando a las instituciones de justicia, en su informe formuló una serie de recomendaciones dirigidas a estas instituciones. Nos parece pertinente retomarlas, ya que tienen que ver con algunas de las carencias y deficiencias que nuestro estudio también identificó en las instituciones de justicia de nuestro país.

- El Departamento de Justicia recomendó que todos los adolescentes que ingresen a los sistemas de justicia sean evaluados con instrumentos objetivos que miden el nivel de exposición a la violencia y el daño que ello ha provocado, para poder determinar las medidas de atención adecuadas que requieren. Ello tomando en cuenta que muchos internos en los sistemas de justicia juvenil, no son agresivos de manera dolosa, sino que actúan de manera defensiva como resultado de haber estado expuestos a la violencia. Los sistemas deben ayudar a los jóvenes proveyéndoles las habilidades para identificar y administrar el estrés, como una manera de reducir el comportamiento agresivo reactivo. Los instrumentos objetivos pueden determinar también en qué medida se trata de una agresividad reactiva. Proveer atención especializada que reconozca estos traumas ayudará a reparar los daños que la exposición a la violencia ha provocado, con lo que mejorará la seguridad de todos en los lugares donde ellos se encuentran detenidos, así como en las comunidades en las que más tarde serán liberados.

- El reporte también recomendó: abandonar las prácticas correccionales tradicionales que castigan, humillan o degradan a los adolescentes, reduciendo su potencial y sus oportunidades de llegar a ser miembros productivos de la sociedad.

> Las sanciones y prácticas punitivas que utilizan los cuerpos de seguridad o el personal de las instituciones de justicia juvenil, llevan a los adolescentes que han sobrevivido a la violencia en sus hogares y comunidades, a percibir al personal de esas instituciones como una amenaza, más que como una autoridad legítima o un modelo a imitar. Cuando estas sanciones amenazan la autonomía y su espacio personal, los adolescentes tienden a resistirse y a retomar las reglas de la calle, volviendo a hacer uso de la agresión, la secrecía, el engaño y el rechazo, en lugar de los comportamientos sanos y responsables. El impacto del encarcelamiento más dañino para los adolescentes vulnerables es el que involucra el confinamiento solitario, práctica responsable del mayor número de suicidios en las instituciones de justicia juvenil (Department of Justice, 2012: 178).

- Dado el ambiente que se establece en los centros de internamiento, la falta de actividades significativas y el fracaso para ayudar a los adolescentes a lidiar con las experiencias de violencia que han vivido no sorprende que carezcan de los elementos que les permitan modificar su comportamiento cuando obtienen su libertad. De hecho, un estudio longitudinal que siguió a más de mil ofensores juveniles durante siete años después de haber sido liberados concluyó que permanecer durante más tiempo en los centros de internamiento no contribuía a reducir la reincidencia. Otro estudio mostró incluso que la privación de la libertad incrementa el riesgo de reincidencia entre los adolescentes con perfiles de bajo riesgo y ofensas poco graves. Todo ello permitió al Departamento de Justicia recomendar a los oficiales de los sistemas de justicia juvenil en Estados Unidos "privar de la libertad como el último recurso y únicamente para los adolescentes que poseen un riesgo para la seguridad y no puedan recibir tratamientos efectivos en su comunidad" (2012: 179).
- Otra recomendación importante, que también sería válida para nuestro país, es que los sistemas de justicia deben proporcionar servicios apropiados para el contexto etno-cultural del que provienen los adolescentes. Ello porque las normas culturales y las prácticas influyen en la manera como las y los adolescentes y sus familias experimentan y definen los acontecimientos traumáticos y los síntomas post traumáticos. Es decir, el reporte insiste en que, si bien todos los adolescentes que han estado expuestos a la violencia deben ser identificados y deben recibir ayuda, esta resulta más efectiva cuando los servicios y los tratamientos están diseñados tomando en cuenta los distintos bagajes etno-culturales.
- Otro grupo con necesidades especiales es el de las mujeres, por lo que los sistemas deben ser capaces de identificar estas necesidades y atenderlas de manera apropiada. La mayor parte de las adolescentes que ingresan a los sistemas de justicia han sufrido de abusos físicos y sexuales o negligencia, y ello les ha producido profundas heridas emocionales. A pesar de que numerosos estudios han hecho visibles las circunstancias y la manera distinta en que afectan a las mujeres, los sistemas

de justicia no han logrado dar una respuesta apropiada a sus necesidades. La autoimagen negativa, la baja autoestima, el abuso de substancias, la automedicación y los daños corporales autoinfligidos, son expresiones de la manera como las adolescentes tienden a lidiar con las experiencias traumáticas que han sufrido. Estos síntomas deben poder ser identificados y atendidos por las instituciones de justicia para mujeres, las que no siempre cuentan con los profesionales calificados y con las herramientas para hacerlo de manera adecuada. Las mujeres en los sistemas de justicia requieren de manera crítica de programas, establecimientos y personal especializado. La mayoría de ellas no poseen un riesgo importante para la seguridad pública y lo mejor sería que no fueran privadas de su libertad, sino que pudieran tener acceso a servicios y tratamientos en centros cercanos a sus hogares. También sería recomendable que las mujeres embarazadas o con hijos pequeños pudieran estar en residencias con un estilo de vida familiar para ellas y sus hijos.

- Otra recomendación está dirigida a que el sistema educativo diseñe programas e implemente políticas que contengan a los niños y niñas en las escuelas en lugar de acudir a medidas de sanción, suspensión o expulsión, que dejan a los niños expuestos a involucrarse en conductas delictivas. "Las escuelas deben ser un lugar seguro para que los niños aprendan y se desarrollen. Los niños y niñas que han sido expuestos a la violencia deben poder recibir apoyo y medidas de contención en las escuelas, en lugar de ser sujetos de duras sanciones disciplinarias por no poder someterse a las reglas del ámbito escolar. Sin la estructura y la supervisión que las escuelas proporcionan, los niños con problemas de conducta o los desertores, a menudo toman el camino de la delincuencia. La falta del compromiso y la responsabilidad que implican estar inscritos en la escuela han sido establecidas como factores de riesgo para una variedad de posibles resultados negativos, incluyendo el abuso de substancias, el embarazo, la deserción escolar y la delincuencia" (2012: 184).

- El escenario ideal sería que los entornos escolares y las comunidades pudieran proveer a los adolescentes con las actividades y la retroalimentación necesaria para hacerlos conscientes de sus fortalezas, al tiempo que contribuyera a dotarlos de habilidades para manejar altos niveles de estrés sin tener que dañarse a ellos mismos o a los demás. Sin embargo, esto raramente ocurre en la práctica, ya que en la mayoría de las escuelas no se tienen las competencias ni los modelos de intervención adecuados para identificar a los estudiantes que, como resultado de estar expuestos a eventos traumáticos, muestran comportamientos agresivos, disruptivos o impulsivos, por lo que las escuelas no están preparadas para proveer a los estudiantes con herramientas que les permitan reconocer, prevenir y administrar las reacciones provocadas por el estrés. En cambio, las escuelas que sí cuentan con esta clase de programas que han logrado traducir la investigación científica del cerebro en conocimientos prácticos, integran en su currícula la recuperación de los traumas, con lo que logran reducir la frecuencia y la severidad de los daños que causan, así como los comportamientos peligrosos, disruptivos o delincuentes y reducir las intervenciones disciplinarias por parte del personal e incrementar las habilidades de los estudiantes para tener experiencias positivas con la educación, la recreación, las relaciones entre los pares y con la comunidad en general.
- Otro elemento importante es que los adolescentes que lleguen al sistema de justicia cuenten con una defensa justa y apropiada, que realmente represente sus intereses y proteja sus derechos al debido proceso en todo momento. Proteger los derechos al debido proceso de los adolescentes sometidos a la justicia es indispensable para asegurar que su tránsito por los sistemas de justicia no les genere nuevos daños (Department of Justice, 2012: 176-186).

Por su parte, el informe de la Fundación MacArthur sobre los sistemas de justicia juveniles norteamericanos, recomienda:

- Desde hace casi dos décadas, se cuenta con evidencia robusta de que mantener a los adolescentes infractores en sus comunidades, impartiéndoles desde ahí los programas y la atención que requieren en lugar de privarlos de su libertad, no solo resulta menos costoso sino también más eficaz para reducir la reincidencia. Los programas comunitarios que han tenido mayor éxito son aquellos que logran el involucramiento de las familias, la limitación del contacto con pares antisociales, la promoción de oportunidades y estructuras para un desarrollo sano y la incorporación de herramientas para contrarrestar las influencias negativas en su entorno (MacArthur Foundation, 2015: 10).

- Los científicos señalan tres condiciones esenciales en el entorno del adolescente para su desarrollo sano: el involucramiento y cuidado por parte de sus padres o figuras parentales, un grupo de pares con comportamientos prosociales y actividades en las que puedan construir un pensamiento crítico y aprender a tomar decisiones adecuadas. Las intervenciones exitosas, ya sea de prevención o de corrección, requieren apoyar el desarrollo de los adolescentes a través de cada uno de estos aspectos, lo que tiene más probabilidad de lograrse en los programas que se imparten en la comunidad, que los que se proporcionan en confinamiento.

- El estudio *Pathways to Desistance* (Mulvey, 2011), que llevó a cabo un vasto análisis longitudinal de adolescentes infractores, mostró claramente que la gran mayoría de los adolescentes dejarán por sí mismos su involucramiento en conductas delictivas, como consecuencia del desarrollo cerebral moldeado por el aprendizaje. Otros adolescentes responderán como consecuencia de varios tipos de intervenciones y podrán aprender a escoger alternativas responsables. Ayudar a los adolescentes a madurar significa saber cuándo intervenir, con cuáles adolescentes y cuándo, encontrando para cada uno la intervención más efectiva y menos dañina (MacArthur Foundation, 2015: 11).

- El confinamiento solitario puede representar un punto de quiebre tanto para los adolescentes como para los adultos. Sin embargo, dado que sus cerebros son maleables, los adolescentes son altamente vulnerables al daño psicológico que les produce ser mantenidos en aislamiento. Aquellos con discapacidades mentales o que han sufrido traumas de manera repetida, son especialmente vulnerables, pero todos los adolescentes pueden resultar afectados y desarrollar síntomas de paranoia, ansiedad y depresión, aun si el periodo del aislamiento fuera breve. Pueden también autolesionarse y perder contacto con la realidad. Si el aislamiento se prolonga, existe un alto riesgo de que puedan suicidarse. Los daños del aislamiento no terminan cuando el adolescente es liberado, pues ellos no poseen la capacidad de recuperación que tienen los adultos y requerirán de apoyo para poder desarrollarse sanamente. Además del trauma psicológico ocasionado por el aislamiento, el confinamiento solitario interfiere con el desarrollo físico y social de los adolescentes. Al ser privados del ejercicio, del contacto con sus seres queridos, de la atención a su salud mental y de los programas educativos y de rehabilitación, será difícil para los adolescentes retornar a sus comunidades y hacer una transición exitosa hacia la adultez. Por todas estas razones, emplear el confinamiento solitario como sanción debe eliminarse como una práctica en las instituciones de justicia para adolescentes. De hecho, las mejores prácticas prohíben el uso del confinamiento solitario como castigo y limitan este tipo de aislamiento, como máximo, a cuatro horas.

4) *Organismos de Derechos Humanos*

- Todos los organismos públicos de derechos humanos deberían redoblar sus esfuerzos, estar atentos y supervisar los centros de detención a fin de impedir toda forma de malos tratos, tortura, tratos crueles, inhumanos o degradantes, especialmente desde el momento en que los y las adolescentes son detenidos y hasta que son presentados a las instituciones de justicia para adolescentes.
- Los organismos de derechos humanos de la sociedad civil deberían interesarse y comprometerse con los y las adolescentes

que se encuentran privados de su libertad, llevándoles cursos, talleres, actividades artísticas, culturales y deportivas, a fin de enriquecer su formación y asegurar que cuenten con los conocimientos y las herramientas que les permitan mantener el contacto con sus comunidades y reincorporarse a la sociedad como ciudadanos responsables y respetuosos de las leyes y de las normas que rigen la convivencia social.

Bibliografía

(2014). "Ley General de los Derechos de Niñas, Niños y Adolescentes". *Diario Oficial de la Federación*, 4 de diciembre.

(2016). "Ley Nacional del Sistema Integral de Justicia para Adolescentes". *Gaceta Parlamentaria de la Cámara de Diputados*, *XX*(4519), 29 de abril.

ADAMS, Tani M. (2012). *Chronic Violence and its Reproduction: Perverse trends in Social Relations, Citizenship, and Democracy in Latin America*. Washington, DC: Woodrow Wilson Center.

AKERS, Ronald (1977). *Deviant Behavior: A Social Learning Approach*. Belmont, CA: Wadsworth.

ARRIAGADA, M. I. (2015). *Identidad violenta en los jóvenes: análisis de cómo influye la familia y cómo se refuerza en las maras y/o pandillas*. Santiago de Chile, Chile: Diplomado en Prevención del Delito a Nivel Local.

AZAOLA, E. (Coord.) (2009). *Informe Nacional de Violencia de Género en la Educación Básica en México*. Ciudad de México: SEP-Unicef.

______ (2015). *Diagnóstico sobre los adolescentes que cometen delitos graves en México*. Ciudad de México: Unicef-Secretaría de Gobernación.

______ (2018). La Crisis de Seguridad y de Derechos Humanos en México. En: Carlos Flores (Coord.), *La Crisis de Seguridad y Violencia en México*. Ciudad de México: CIESAS.

AZUELA, Maite (2013). "Estado desertor". *El Universal*, 26 de julio.

BANCO MUNDIAL (2011). *Conflicto, Seguridad y Desarrollo: Informe sobre el Desarrollo Mundial 2011*. Washington DC: Banco Mundial.

BARRAGÁN, A. J. (2015). *Por el recorrido de la vida y la muerte: identidad y aprendizaje social de jóvenes sicarios en Sonora* (Tesis de Maestría en Ciencias Sociales). El Colegio de Sonora.

BECKER, H. S. (1963). *Outsiders: Studies in the Sociology of Deviance.* Nueva York: Free Press.

BONNIE, R., Johnson, R., Chemers, B. y Schuck, J. (2013). *Reforming Juvenile Justice: A Developmental Approach.* Washington DC: National Academies Press. Recuperado de http://nap.edu/catalog/14685/reforming-juvenile-justice-a-develpmental-aproach

CASTILLO, L. C. (2015). No child left behind: Why Iowa should ban juvenile solitary confinement. *Iowa Law Review, 100*(3), 1259-1284.

CAUFFMAN, E. y Steinberg, L. (2000). (Im) maturity of judgment in adolescence: Why adolescents may be less culpable than adults. *Behavioral Sciences and the Law, 18,* 741-760.

CLOWARD, R. y Ohlin, L. (1960). *Delinquency and Opportunity.* Glencoe, IL: Free Press.

COHEN, Albert (1955). *Delinquent Boys.* Glencoe, IL: Free Press.

CORCORAN, M. M. (2016). Effects of Solitary Confinement on the wellbeing of prison inmates. Recuperado de http://nyu.edu

DEPARTMENT OF JUSTICE (2012). *Report of the Attorney General's National Task Force on Children Exposed to Violence.* Washington, DC: Department of Justice.

ENGGIST, S. *et al.* (2014). *Prisons and Health.* Copenhague, Dinamarca: World Health Organization.

FARRINGTON, D. P. (1986). Age and Crime. *Crime and Justice: A Review of Research, 7,* 189-250.

FREUD, Sigmund (1966). *The Complete Introductory Lectures on Psychoanalysis.* Nueva York: Norton.

GÓMEZ, Natalia (2015), "Suman 26 mil asesinatos de mujeres en 15 años: Inegi". *El Universal,* 26/11/2015. Recuperado de https://www.eluniversal.com.mx/articulo/nacion/sociedad/2015/11/26/en-15-anos-suman-26-mil-feminicidios

GORING, Charles (1972). *The English Convict: A Statistical Study, 1913.* Montclair, NJ: Patterson Smith.

GOTTFREDSON, M. y Hirschi, T. (1990). *A General Theory of Crime.* Stanford, CA: Stanford University Press.

GUERRERO, D. (2015). Trabajar desde niños. *Letras Libres* (197), 20-25.

GUERRERO, Eduardo (2016). La inseguridad 2013-2015. *Nexos.* Recuperado de http://www.nexos.com.mx/? p-27269

HANEY, C. (2003). Mental health issues in long-term solitary and supermax confinement, *Crime and Delinquency, 49*(1), 124-156.

HIRSCHI, Travis (1969). *Causes of Delinquency.* Berkeley, CA: University of California Press.

HIRSCHI, T. y Gottfredson, M. (1983). Age and the Explanation of Crime. *American Journal of Sociology, 89*(3), 552-584.

HOLMES, Sherlock (2018). "Las personas desaparecidas en México han aumentado un 40% en 4 años" Blastingnews. Recuperado de https://mx.blastingnews.com/politica/2018/06/las-personas-desaparecidas-en-mexico-han-aumentado-un-40-en-4-anos-002616779.html

HOURIGAN, K. L. (2016). Homicide Survivors' Definitions of Forgiveness: Intrapersonal, Interpersonal, and Extrapersonal Orientations. *Violence and Victims*, (31), 5.

INEGI (2011-2014). *Encuesta Nacional de Victimización y Percepción sobre Seguridad Pública.* Ciudad de México: Inegi.

_______ (2016). *Informe Preliminar sobre Estadísticas Vitales, 2015.* http://www.inegi.org.mx/est/contenidos/proyectos/registros/vitales/mortalidad/default.aspx

INSTITUTE FOR ECONOMICS AND PEACE (2015). Índice de Paz México 2015. Ciudad de México: IEP.

INSTITUTO DE JUSTICIA PROCESAL PENAL (2013). *Informe sobre la justicia para adolescentes en conflicto con la ley penal en México.* Ciudad de México: Fondo Canadá/IJPP.

INSTITUTO NACIONAL DE PSIQUIATRÍA (2014). *Encuesta Nacional de Consumo de Drogas en Estudiantes.* Ciudad de México: INP.

KIJOWSKI, Matthew (2015). Eliminating Juvenile Solitary Confinement: An Evaluation of the Detrimental Effects on Juveniles. *Poster Conference at the American Criminal Justice Society Congress celebrated in Denver, Colorado,* Marzo.

LEMERT, E. M. (1951). *Social Pathology.* Nueva York: McGraw-Hill.

LEVINSON, David (Ed.) (2002). *Encyclopedia of Crime and Punishment.* Vol. 3. Thousand Oaks, California: Sage Publications: 990-991.

LOMBROSO, Cesare (1876). *L'uomo Delinquente.* Milán: Hoepi.

LOZANO, Rafael (2013). Violencia. Un problema de salud pública. *Revista México Social,* (septiembre), 15-18.

MACARTHUR FOUNDATION (2015). *Juvenile Justice Report 2015.* Chicago, IL: MacArthur Foundation.

MCGUIRE, James (2010). Comparing coercive and non-coercive interventions. *Transition to Adulthood,* 2 (febrero).

MERTON, Robert (1957). *Social Theory and Social Structure.* Glencoe, IL: Free Press.

MILLER, W. (1958). Lower Class as a Generating Milieu of Gang Delinquency. *Journal of Social Issues, 14,* 5-19.

MONAHAN, K. C., *et al.* (2009). Trajectories of antisocial behavior and psychosocial maturity from adolescence to young adulthood. *Developmental Psychology, 45*(6), 1654-1668.

MULVEY, Edward (2011). *Highlights from pathways to Desistance: A Longitudinal Study of Serious Adolescent Offenders.* Washington DC: Department of Justice, Office of Juvenile Justice and Delinquency Prevention. Recuperado de https://www.ncjrs.gov/pdffiles_I/ojjdp/230971.pdf

NIETO, PEÑA (2012). Seamos, todos, parte del México que no le tiene miedo a la transformación, del México dispuesto a trascender y a dejar huella. Recuperado de https://www.excelsior.com.mx/2012/12/01/nacional/872692

ORGANIZACIÓN DE LOS ESTADOS AMERICANOS (2011). *Informe sobre Seguridad en las Américas.* Washington, DC: OEA.

ORGANIZACIÓN MUNDIAL DE LA SALUD (2003). *Informe Mundial sobre la Violencia y la Salud.* Washington; DC: OMS.

PEREA, C. M. (2007). *Con el diablo adentro. Pandillas, tiempo paralelo y poder.* Ciudad de México: Siglo XXI Editores.

REDIM (2020). *Balance 2019. Entre la invisibilidad y la violencia.* Ciudad de México: Red por los Derechos de la Infancia en México.

ROBERSON, Clifford (2010). *Juvenile Justice. Theory and Practice.* Boca Raton, FL: CRC Press.

RODRÍGUEZ, Ernesto (2013). Jóvenes, violencias y cultura de paz en América Central: enfoques, dilemas y respuestas a desplegar en el futuro. *Foro de Ministros de Desarrollo Social de América Latina y el Caribe*. Unesco.

SARAVÍ, G. (2009). *Juventud, desorganización y exclusión social en México*. Ciudad de México: Publicaciones de la Casa Chata, CIESAS.

SAVE THE CHILDREN (2016). *Las y los adolescentes que México ha olvidado*. Ciudad de México: Save the Children. Recuperado de https://www.savethechildren.mx/sites/savethechildren.mx/files/resources/Las%20y%20los%20%20adolescentes%20que%20Mexico%20ha%20olvidado_0.pdf

SECRETARIADO EJECUTIVO DEL SISTEMA NACIONAL DE SEGURIDAD PÚBLICA (2017). Tasas por cada 100 mil habitantes 1997-2017, Recuperado de http://secretariadoejecutivo.gob.mx/docs/pdfs/tasas%20por%20cada%20100%20mil%20habitantes/Tasas072017.pdf

SHALEV, S. (2008). The health effects of solitary confinement. Recuperado de http://solitaryconfinement.org

SHAW, C. y McKay, H. (1942). *Juvenile Delinquency and Urban Areas*. Chicago, IL: University of Chicago Press.

SHELDON, W. (1949). *Varieties of Delinquent Youth*. Nueva York: Harper Brothers.

SMITH, P. (2006). The effects on solitary confinement on prison inmates. A brief history and review of the literature. *Crime and Justice, 34*(1), 441-528.

STEINBERG, L., Cauffman, E., Manahan, K. C. (2015). Psychosocial maturity and desistance form crime in a sample of serious juvenile Offenders. *Juvenile Justice Bulletin,* (marzo).

STEINBERG, L., Blatt-Eisengart, I., y Cauffman, E. (2006). Patterns of competence and adjustment among adolescents from authoritative, authoritarian, indulgent, and neglectful Homes: A replication in a sample of serious adolescent offenders. *Journal of Research on Adolescence, 16*(1), 47-58.

STEINBERG, L., Chung, H. L., y Little, M. (2004). Re-entry of young offenders from the justice system: A developmental perspective. *Youth Violence and Juvenile Justice, 1*(1), 21-38.

STEINBERG, L. y Monahan, K. C. (2007). Age Differences in Resistance to Peer Influence. *Developmental psychology*, *43*(6), 1531-1543.

SUTHERLAND, Edwin (1939). *Principles of Criminology.* Philadelphia: Lippincott.

SWEETEN, G., Piquero, A. R. y Steinberg, L. (2013). Age & the explanation of crime, revisited. *Journal of Youth and Adolescents*, *42*(6), 921-938.

SWEETEN, G., Pyrooz, D. C. y Piquero, A. R. (2013). Disengaging from Gangs and Desistance from Crime. *Justice Quarterly*, *30*, 469-500.

SYKES, G. M. y Matza, D. (1957). Techniques of neutralization: A theory of delinquency. *American Sociological Review*, *22*, 664-670.

TODOROV, Tzvetan (1995). *La vida en común.* Madrid: Taurus.

UNICEF (2014). *Hidden in Plain Sight: A Statistical Analysis of Violence Against Children.* Nueva York, NY: Unicef.

UNICEF y Coneval (2016). *Análisis sobre pobreza y derechos sociales de niñas, niños y adolescentes en México,* Ciudad de México: Unicef/Coneval.

UNICEF y Fundación Paz Ciudadana (2011). *Concurso sobre buenas prácticas en rehabilitación y reinserción de adolescentes infractores de la ley.* Santiago de Chile: Unicef/Fundación Paz Ciudadana.

UNITED NATIONS (2003). *Report on Juvenile Delinquency. World Youth Report.* Berlín: United Nations.

VERA INSTITUTE (2009). *Charting a New Course: A Blueprint for Transforming Juvenile Justice in New York State.* Nueva York, NY: Vera Institute.

WEIR, K. (2012). Alone, in 'the hole': Psychologist probe the mental health effects on solitary confinement. *Monitor on Psychology,* *43*(5), 54-56.

WILSON, J. Q. (1993). *The Moral Sense.* Nueva York: Free Press.

La autora

Elena Azaola

Es antropóloga y psicoanalista. Colabora como investigadora en el Centro de Investigaciones y Estudios Superiores en Antropología Social. Durante más de 30 años ha recorrido las cárceles, recogiendo de manera directa testimonios que buscan entender los fenómenos de la criminalidad y la violencia en nuestro país. Varios de sus estudios han sido pioneros en México y Latinoamérica; y han obtenido diversos premios y reconocimientos. Es investigadora emérita del Sistema Nacional de Investigadores (SNI) y ha publicado más de 200 trabajos tanto en México como en otros 17 países.

ÍNDICE

Lectura contemporánea de los clásicos

¿Por qué leer a Alamán hoy?

Andrés Lira, Catherine Andrews, Josefina Z. Vázquez

¿Por qué leer a Bentham hoy?

José Juan Moreso, Germán Sucar

¿Por qué leer a Ferguson hoy?

Isabel Wences, José Hernández Prado, Julio Beltrán

¿Por qué leer a Mill hoy?

Mark Platts, Miguel Carbonell, Juan Carlos Geneyro

¿Por qué leer a Rabasa hoy?

Jesús Silva-Herzog Márquez, José Antonio Aguilar, Pablo Mijangos

¿Por qué leer a Rousseau hoy?

Antonella Attili, Luis Salazar Carrión, Julieta Marcone

¿Por qué leer a Smith hoy?

Alfonso Ruiz Miguel, Isaac Katz, Pablo Larrañaga

¿Por qué leer a Tocqueville hoy?

Roberto Breña, Claudio López-Guerra, Jesús Silva-Herzog Márquez

¿Por qué leer a Weber hoy?

Nora Rabotnikof, Ulises Schmill, Gina Zabludovsky

Otros títulos publicados

Amor platónico
Hans Kelsen

Análisis de un examen estandarizado
José Manuel Casillas Domínguez

Derechos humanos. Un camino hacia la pacificación
Julio Cabrera Dircio

Experiencias adversas de la seguridad del paciente
Rosa Ortiz Rivera

Nuestros niños sicarios
Elena Azaola Garrido

En guerra por la vida. Crisis climática y transformación social
Josep Cabayol

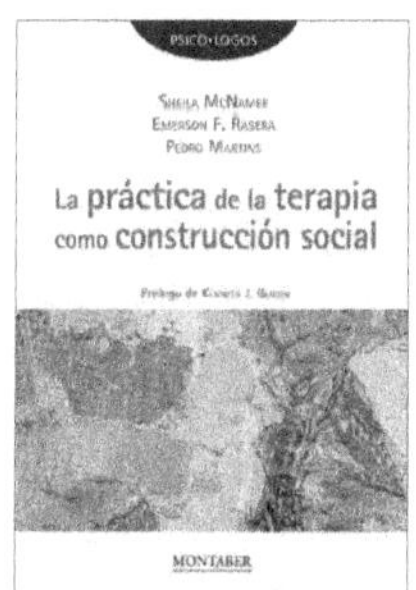

La práctica de la terapia como construcción social
Sheila McNamee, Emerson F. Rasera, Pedro Martins

El imperativo relacional Recursos para un mundo al límite
Kenneth J. Gergen

Ideología y opiniones Estudios de psicología retórica
Michael Billig

MONTABER   Tel. +34-931 429 486 – montaber@montaber.es – www.montaber.es